문재인 정부의 헌법 파괴

정권교체
확실하다

문재인 정부의 헌법 파괴 **정권교체** 확실하다

초판 1쇄 인쇄 2021년 9월 25일
초판 1쇄 발행 2021년 9월 30일

지은이 임찬용
펴낸이 홍준용
펴낸곳 (주)홍주 LPN로컬파워뉴스
신고번호 제2016-238호

주소 06140 서울특별시 강남구 논현로94길 13, 4층
전화 1800-2358

값 15,000원
ISBN 979-11-960502-1-4 (03300)

* 잘못 만들어진 책은 구입하신 서점에서 친절하게 바꿔드립니다.

제20대 대선 결정판(제2판)
문재인 정부의 헌법 파괴

정권교체 확실하다

임찬용 지음
(前 대전지검서산지청 수사과장)

금 150억 원 검사비리사건을 은폐한 주도세력은 누구인가?

▶문재인 정부 및 민주당의 공적◀
★가짜 검찰개혁 추진 및 가짜 공수처 설립★
★비리 판·검사들에게 치외법권 인정 및 헌법 파괴★
★문제는 결국 문재인, 대통령이 썩어서 사법정의 실현 불가★

로컬파워뉴스
Local Power News

| 제2판 발간사 |

존경하고 사랑하는 독자 여러분!

이 책은 보고서 등 기타 형식을 갖춘 출판물에 포함시킬 경우에는 제4판에 해당하지만, 국립 중앙도서관에 소장되는 정식 책자로 출판한 경우에는 제2판에 해당합니다.

제1판에서는 이 책자에서 다루고 있는 소송사기 범죄수익금 약 150억 원을 착복하기 위한 일명 '검사비리사건'에 대한 실체적 진실과 이를 은폐하려는 박근혜 정부 검찰 및 양승태 대법원장 휘하 각급법원의 범죄 실상을 역사 앞에 그대로 보고하는데 초점을 맞췄습니다.

또한, 지난 제19대 대통령 선거에서 검찰개혁 및 경찰수사권 독립, 공수처 설립을 주장해 왔던 민주당 문재인 후보에게 조금이라도 유리한 선거공약으로 활용될 수 있도록 꾸몄습니다. 즉, 당시 필자는 검찰개혁을 통해 사법정의가 실현되기 위해서는 문재인 후보가 당선되어야 한다고 생각했습니다.

그러나 문재인 후보는 대통령에 당선된 이후 자신이 임명한 민갑룡 경찰청장과 윤석열 검찰총장으로 하여금 위 검사비리사건을 악랄한 수법으로 은폐해 버리도록 한 다음, 거기에 터 잡아 국가의 운명을 가를 검찰개혁과 공수처 설치에 대해서도 자신의 비리를 감추고, 장기 집권을 위한 방편으로 추진해 왔다는 사실이 만천하에 드러나고 말았습니다.

이에, 공정과 정의로운 세상을 갈구하는 모든 국민들은 다가오는 제20대 대통령 선거에서 만큼은 가짜 검찰개혁 및 가짜 공수처 설립을 추진해 왔던 문재인 정부 및 민주당을 심판해야 함은 물론, 정권교체를 통해 새로 들어서는 정부로 하여금 위 검사비리사건 은폐 책임자들을 모조리 단죄하도록 하여야 합니다.

썩은 판·검사들의 부정축재를 위한 사건조작을 미연에 방지하고, 이미 선택적 수사를 통해 범죄단체로 변해 버린 공수처를 폐지하든지, 그렇지 않으면 당초 설립 취지에 맞게끔 제 기능을 발휘할 수 있도록 제도적 개선을 통해 전관예우, 유전무죄·무전유죄 등 모든 법조비리를 사전에 차단함으로써 사법정의를 실현해야 합니다.

이는 "모든 국민은 법 앞에 평등하고, 사회적 특수계급의 제도는 인정되지 아니 한다"는 헌법 규정을 충실히 이행하기 위해서도 반드시 필요한 일입니다.

제1판이나 제2판이나 공히 피의자들의 실명을 그대로 밝혀왔던 이 책의 특성상 한 치의 오차도 없도록 하기 위해 가공이 아닌 팩트만을 그대로 담을 수밖에 없었습니다.

즉, 제1판에서는 위 검사비리사건에 대한 실체적 진실을 밝히기 위하여 관련 수사서류나 재판서류를 그대로 게재해 놓았다면, 제2판에서도 문재인 정부가 이를 악랄한 수법으로 은폐하기 위하여 국가권력기관인 민갑룡 경찰, 윤석열 검찰, 김진욱 공수처를 동원함은 물론, 현 국무총리 김부겸, 행정안전부장관 전해철, 전 법무부장관 조국 등 문재인 정부 실세들의 범죄 실상까지, 그와 관련된 LPN 로컬파워뉴스 신문기사를 거의 그대로 게재해 놓았습니다.

따라서 이 책의 구성요소나 내용면에서, 제1판과 마찬가지로 흥미가 전혀 없을 뿐만 아니라 수사용어나 법률용어가 주를 이루고 있어 딱딱한 측면이 없지 않으나, 역사적으로 보존할 필요성이 제기됨은 물론, 정권교체를 위해서라면 문재인 정부 및 민주당으로부터 어떠한 공격의 빌미를 받아서는 안 된다는 이유 때문에 다소 흥밋거리를 곁들린 가공인물이나 사건전개를 전혀 허용하지 않았음을 밝혀두고자 합니다.

부디, 이 책이 많은 유권자들에게 읽히고 전파됨으로써, 그동안 문재인 정부가 싸질러 놓은 모든 부정과 탈선, 적폐들이 모조리 청산되고, 다가오는 제20대 대통령 선거에서는 반드시 정권교체가 이루어질 수 있도록 적극적인 관심과 성원을 부탁드립니다.

우리나라 최고의 수사기관인 대통령이 자신의 휘하에 있는 경찰, 검찰, 공수처로 하여금 사건을 조작하게 하거나 묵인하고 이를 자신의 정치적 목적에 활용합니다. 이래서야 나라가 제대로 되겠습니까?

앞으로 대통령의 사건조작만큼은 막아야 하며 깨끗하고 정직한 대통령을 선출해야 하는 이유가 바로 여기에 있습니다.

이를 통해 우리나라가 부정부패가 없고 공정과 정의가 도도히 흐르는 나라, 노력한 만큼 그에 대한 대가가 반드시 뒤따르는 살맛나는 나라, 법 앞의 평등이라는 헌법 규정이 제대로 이행되고, 사법정의가 실현됨으로써 후세들에게 떳떳하게 물려줄 수 있는 나라다운 나라가 찾아올 수 있기를 간절히 기원해 봅니다.

2021. 9. 필자 임찬용

제2판 발간축사

존경하는 독자 여러분!

저희 회사에서는 다가오는 제20대 대통령선거에서 가짜 검찰개혁 및 가짜 공수처 설립을 추진해 왔던 문재인 정부를 심판하기 위하여 이 책자를 발간하게 되었습니다. 평소 저희 인터넷 신문을 애독해 주신 독자 여러분과 더불어 진심으로 환영의 인사를 드리고자 합니다.

이 책에서 화두로 떠오르고 있는 일명 '금 150억 원 검사비리사건'은 우리나라 검찰이 지난 수십 년간 걸어온 '전관예우', '유전무죄·무전유죄', '권력형 비리' 등 종합적인 비리세트 성격을 띠고 있습니다.

더욱이 위와 같은 적폐들이 강력한 형사처벌 및 제도개선을 통하여 단절되는 것이 아니라, 당초 위 검사비리사건이 발생한 박근혜 정부보다 촛불혁명에 기해 탄생하였다고 자랑해 온 문재인 정부에 와서는 더욱더 악랄한 수사기법으로 이를 은폐해 버림으로써 검찰의 적폐들은 청산되지 못하고 사법정의는 실종되고 말았습니다.

즉, 문재인 정부의 민갑룡 경찰은 사전에 윤석열 검찰과 짜고, 위 검사비리사건 피의자들인 전관 변호사와 현직 검사들을 어떻게 해서든지 무혐의로 처분할 수 있는 근거를 마련하도록 하기 위해 저희 회사 임찬용 법조팀장을 고소인 자격으로 소환한 후 당시 무고사건 피의자 주관용과 대질한다는 명목을 달아 임찬용 법조팀장을 위 검사비리사건 피해자가 아니라 가해자로 둔갑시키기 위한 대질조사를 실시하였다는 것입니다.

　임찬용 법조팀장이 검찰에서 약 28년간 근무한 경력이 있고, 특히 검찰 수사과장 출신이기 때문에 민갑용 경찰의 피해자와 가해자 간 뒤바꾸기 사건조작 수사에 속아 넘어가지 않았을 뿐이지, 법 없이도 살아가는 순진한 일반 국민이라면 그 조작수사에 100% 넘어가고 말았을 것입니다.

　더더욱 이해가 가지 않는 점은 민갑룡 경찰청장이 수년 전 송파경찰서장 시절부터 당시 서울동부지방검찰청 수사과 제1호 수사사무관으로 근무 중인 임찬용 법조팀장을 고향 형님으로 모셔왔고, 위 검사 비리사건을 제대로 수사하여 평소 자신의 소신인 경찰수사권독립에 도움을 받고자 했던 사람입니다.

　그렇다면, 민갑룡 경찰청장의 위와 같은 변신과 배신의 배후에는 누가 존재할까요?

　경찰청장의 인사권을 쥐고 있었던 당시 조국 민정수석, 더 나아가 문재인 대통령이라는 사실은 넉넉하게 짐작하고도 남음이 있을 줄 압니다.

　이 책을 통하여 확인할 수 있듯이 문재인 정부가 위 검사비리사건의 피해자와 가해자 간 뒤바꾸기를 위한 조작수사까지 실시하는 등 악랄한 수법으로 위 검사비리사건을 은폐해 버림에 따라 자신들이 추진해 오던 검찰개혁은 가짜로 확인되었고, 나중에 문재인 정부에 의해 설립된 공수처 역시 위 검사비리사건을 은폐해 버렸습니다.

즉, 공수처는 우리나라 고위공직자들의 부정부패를 일소하는 수사기관으로 태어난 것이 아니라, 선택적 수사를 통해 집권세력의 범죄를 은폐하거나 경감해 주는 역할자로 전락하고 말았습니다.

이 점만 보아도, 문재인 대통령은 이미 탄핵되었어야 했고, 새로운 정부가 하루라도 빨리 탄생되어 공정과 정의로운 국가 건설에 매진했어야 했습니다.

저희 회사는 어떠한 권력 압박에도 굴하지 않은 채 우리나라에 권력형 부정부패가 없고, 권력형 갑질이 없으며, 모든 국민들이 법 앞에 평등하며 최소한 인간답게 살 헌법상 권리를 누릴 수 있는 사회를 만들어 나가기 위해 최선의 노력을 다하여 왔습니다. 앞으로도 그럴 것입니다.

다시 한 번 저희 회사 임찬용 법조팀장이 저술한 제2판 책자 탄생을 독자 여러분과 함께 진심으로 축하하며, 이를 계기로 금번 대선에서 내로남불로 얼룩진 문재인 정부에 대한 심판의 기회로 삼았으면 하는 바람입니다.

감사합니다.

2021. 9.
LPN 로컬파워뉴스 대표 홍준용

| 목차 |

제2판 발간사 … 4

제2판 발간축사 … 7

제1부: 썩은 문재인 정부의 사건조작
악랄한 수법으로 금 150억 원 검사비리사건을 은폐해 버렸다.

01 〔칼럼시리즈(제2판) (1)〕 … 18
전 검찰수사과장, 사법정의 실현을 위해 목숨 바쳐 검찰권력에 맞선다. 〔2017. 12. 20.〕
- 문재인 정권, '썩은 검찰 적폐청산' 불가피

02 〔칼럼시리즈(제2판) (2)〕 … 22
문재인 정부, 정의사회 구현 의지 있나? 〔2018. 3. 19.〕
- 검찰개혁 반기 든 '문무일 검찰총장'을 즉각 해임하라.

03 〔칼럼시리즈(제2판) (3)〕 … 28
문재인 정부, 썩은 검찰조직을 계속 믿고 따를 것인가?
〔2018. 4. 4.〕
- 검찰개혁 반기 든 '문무일 검찰총장' 즉각 해임을 재차 촉구한다.

04 〔칼럼시리즈(제2판) (4)〕 … 32
전 검찰수사과장, 민주당 이해찬 대표 및 행정안전부장관 김부겸에게 묻는다. 〔2019. 1. 26.〕
- 검사비리사건 조작수사에 대한 입장을 밝혀라.

05 〔칼럼시리즈(제2판) (5)〕 … 37
3·1절 100주년, 문재인 대통령 탄핵운동에 깃발을 꽂다.
〔2019. 2. 28.〕
- 국회의원 전해철 소속 민주당 해체·청와대 민정수석 조국 파면

06 〔칼럼시리즈(제2판) (6)〕 … 73
문재인 정부가 추진하는 검찰개혁은 진짜일까, 가짜일까?
〔2019. 9. 14.〕
- 지금은 가짜 대통령, 가짜 법무부장관

07 〔칼럼시리즈(제2판) (7)〕 … 77
민갑룡 경찰청장에게 배신과 변절을 강요한 배후는? 〔2019. 9. 22.〕
- 금 150억 원 검사비리사건에 침묵하는 검·경
- 썩은 윤석열 검찰에 백기 투항한 민갑룡 경찰

08 〔칼럼시리즈(제2판) (8)〕 … 85
윤석열 검찰이 무서워 도망쳐 나온 조국 법무부장관
〔2019. 10. 14.〕
- 조국 장관은 금 150억 원 검사비리사건 은폐 공범

09 〔칼럼시리즈(제2판) (9)〕 … 89
민초들이여! 똘똘 뭉쳐 비리검사들을 감싸고 도는 문재인 정권을 몰아내자. 〔2019. 10. 25.〕
- 금 150억 원 검사비리사건을 은폐한 대통령 탄핵·민주당 해체

10 〔칼럼시리즈(제2판) (10)〕 … 103
검사의 중대 범죄를 감추는데 골몰한 썩은 대통령과 집권여당!!
〔2020. 3. 1.〕
- 이들 모두 150억 원 검사비리사건 은폐 공범
- 검찰, 수사 중인 수사사무관 약 1년 7개월간 '내부 불법감찰', 감찰대상자인 필자는 근무 중 자살기도
- 경찰수사권독립을 위해 동고동락해 왔던 필자를 배신한 민갑룡 경찰청장

11 〔칼럼시리즈(제2판) (11)〕 … 113
하늘이 두 쪽 나도 전해철 국회의원의 집권당 원내대표 임명을 막아야 한다. 〔2020. 4. 18.〕
- 공수처는 가동 즉시 문 대통령 최측근 전해철부터 구속 수사하라.

12 〔칼럼시리즈(제2판) (12)〕 … 118
　　검사비리사건을 은폐한 김부겸 후보는 부적격자다. 〔2020. 7. 25.〕
　　　● 민주당은 김부겸 후보를 사퇴시키고, 즉시 공수처법을 실시하라.

13 〔칼럼시리즈(제2판) (13)〕 … 125
　　이낙연 민주당 대표에게 바란다!! 〔2020. 8. 29.〕
　　　● 탄핵대상에 몰려 있는 문재인 대통령을 구원하라.

14 〔칼럼시리즈(제2판) (14)〕 … 128
　　문재인 정부는 윤석열 검찰총장을 구속수사하고, 즉시 공수처를 실시하라!! 〔2020. 11. 27.〕
　　　● 즉각적인 공수처 출범이 필요한 이유

15 〔칼럼시리즈(제2판) (15)〕 … 137
　　문재인 대통령과 윤석열 검찰총장 중 누가 검찰개혁 반역자인가? 〔2020. 12. 23.〕
　　　● '검사비리사건' 공소시효가 임박하다.
　　　● 내일 당장 공수처를 출범하라.

16 〔칼럼시리즈(제2판) (16)〕 … 141
　　공수처 출범을 방해하는 기득권과 부패세력 집단인 '국민의힘'을 해체하라!! 〔2020. 12. 27.〕
　　　● 정부·여당은 주호영 원내대표를 협박죄·직권남용죄로 구속하라.

17 〔칼럼시리즈(제2판) (17)〕 … 150
　　공수처장 후보자 김진욱의 진정성을 믿는다!! 〔2021. 1. 5.〕
　　　● 왜 '검사비리사건'이 공수처 제1호 사건이 되어야 하는가?

18 〔칼럼시리즈(제2판) (18)〕 … 152
　　금일 역사적인 공수처 출범에 부쳐!! 〔2021. 1. 21.〕
　　　● 검찰총장 윤석열이 보낸 서한 전격 공개
　　　● 검찰총장 윤석열은 가장 비겁한 변절자이자 검찰개혁의 반항아
　　　● 공수처는 '검사비리사건'을 제1호 사건으로 빨리 선정하라.

19 〔칼럼시리즈(제2판) (19)〕 … 157
사법정의 실현을 위해서는 검찰청 폐지가 정답이다!!
〔2021. 3. 4.〕
- ● '중대범죄수사청'(중수청) 설립 관련, 검찰총장 윤석열의 궤변
- ● 사법정의 실현 및 검찰개혁을 위한 공수처장 김진욱의 선도적 역할 기대

제2부: 썩은 문재인 정부 및 민주당 失政
범죄단체조직으로 변질된 대한민국 정부

- ● 조국 사태를 통한 국민 갈라치기 조장
- ● 선택적 수사를 통한 내로남불 정적 제거
- ● 공정과 정의보다 특권과 반칙이 앞선 나라
- ● 가짜 검찰개혁, 가짜 공수처 설립
- ● 판·검사들에게 치외법권 인정, 법 앞의 평등 부정 등 헌법 파괴

20 〔칼럼시리즈(제2판) (20)〕 … 168
우리나라가 대통령에 이어 국무총리까지 범죄자의 손에 넘어가서는 안 된다. 〔2021. 4. 17.〕
- ● 국회는 범죄자 김부겸을 국무총리 임명에 동의할 것이 아니라, 당장 구속 수사토록 하라.

21 〔칼럼시리즈(제2판) (21)〕 … 171
대한민국 정부는 권력형 부정부패 검사들을 감싸고 도는 범죄단체조직으로 변해 버렸다!! 〔2021. 5. 15.〕
- ● 범죄단체조직 두목 대통령 문재인, 부두목 국무총리 김부겸, 행동대장 행정안전부장관 전해철, 전 법무부장관 조국
- ● 공수처장 김진욱은 '검사비리사건'을 공수처 제1호 사건으로 선정하지 않는 이유를 밝혀라.

22 〔칼럼시리즈(제2판) (22)〕 … 180
모든 국민들은 횃불을 들고 일어나 범죄단체조직 두목 문재인 대통령을 하야시켜 국외로 추방하자!! 〔2021. 5. 17.〕
- 문재인 대통령은 야당의 우려대로 공수처를 자신의 범죄를 감추려는 신변보호처로 설립된 사실이 입증되었다.
- 당장 공수처를 폐지하고, 공수처장 김진욱·검사 김수정을 구속수사하라.

【첨부 1】
2021. 1. 28.자 공수처 접수번호 47호(검사비리사건 등 고소장)
【첨부 2】
2021. 1. 28.자 공수처 접수번호 46호(검사비리사건 은폐범죄 고소장)
【첨부 3】
2021. 4. 21.자 공수처 접수번호 909호(검사비리사건 은폐범죄 고소장)

23 〔칼럼시리즈(제2판) (23)〕 … 274
왜 우리 국민들은 다가오는 대선에서 정권교체를 꼭 이뤄야만 하는가? 〔2021. 6. 1.〕
- '검사비리사건'을 은폐한 범죄단체조직 두목 문재인, 부두목 김부겸, 행동대장 전해철 및 조국에 대한 구속수사를 위해서
- 가짜 검찰개혁을 추진하고, 가짜 공수처를 설립한 문재인 정권 및 민주당을 심판하기 위해서

24 〔칼럼시리즈(제2판) (24)〕 … 292
문재인 정부의 사건조작 범법행위는 하늘도 놀라 천벌을 받을 것이다!! 〔2021. 6. 12.〕
- 문재인 정부는 왜 자신들의 사건은폐 범죄를 일선 경찰서 수사관에게 떠넘기려 하는가?
- 당장 공수처를 해체하고, 공수처장 김진욱·공수처검사 김수정을 즉각 구속하라.

25 〔칼럼시리즈(제2판) (25)〕 … 297
  공수처가 '금 150억 원 검사비리사건'을 은폐해 버렸다!!
  〔2021. 6. 21.〕
  ● 가짜 공수처를 설치한 문재인 정부 및 민주당은 국민 앞에 석고대죄하라.
  ● 당장 공수처를 폐지하고, 공수처장 김진욱을 구속수사하라.

26 〔칼럼시리즈(제2판) (26)〕 … 314
  문제는 결국 문재인, 대통령이 썩어서 사법정의 실현 불가능!!
  〔2021. 8. 2.〕
  ● 대통령이 임명한 김진욱 공수처장과 김오수 검찰총장은 금 150억 원 검사비리사건을 은폐한 공동정범
  ● 가짜 공수처를 설립하고, 가짜 검찰개혁을 추진한 문재인 정부 및 민주당은 국민과 역사 앞에 사죄하라.

【제1부】
썩은 문재인 정부의 사건조작

악랄한 수법으로 금 150억 원 검사비리사건을
은폐해 버렸다.

〔칼럼시리즈(제2판) (1)〕 〔2017. 12. 20.〕

전 검찰수사과장, 사법정의 실현을 위해 목숨 바쳐 검찰권력에 맞선다.

● 문재인 정권, '썩은 검찰 적폐청산' 불가피

　본 필자는 검찰 일반직 수사과장 출신으로서 후술하는 '검사비리 사건'에 대한 실체적 진실을 밝히기 위해 2014. 7. 30.자 명예퇴직 후 검찰과 법원을 상대로 현재에 이르기까지 법적 투쟁을 해오고 있다.

　위 검사비리사건(이하 '이 사건')의 요지는 박근혜 정부 검사장 출신이자 장관급인 국민권익위원장을 역임한 성영훈이 자신의 부하직원 또는 후배검사로 근무한 적이 있는 차장검사급인 안병익, 김훈, 백방준 검사들로 하여금 필자가 서울동부지방검찰청 수사과 제1호 수사사무관 직책으로 수사 중에 있던 금 54억 원 소송사기 등 피의사건(이하, '주관용사건')을 조작(무마)하도록 하고, 이를 토대로 이미 관련 민사소송인 '금 54억 원 공사대금 등 청구소송' 항소심에서 승소판결을 받아 놓은 위 54억 원은 물론 대법원 판결문상 이자를 포함한 약 150억 원의 소송사기 범죄수익금을 착복하기 위해 검사로서의 모든 권한을 남용하여 필자 및 사건관계자를 상대로 2차례에 걸쳐 약 1년 7개월 동안 불법적인 감찰수사를 실시하도록 하였다는 내용인 바, 현재 이 사건은 책자로 발간되어 시중에서 판매 중에 있다.

　그동안 이 사건은 검찰 및 법원에 의해 은폐되어 왔으나, 필자는 이에 대항하기 위하여 위 책자를 역사와 국민 앞에 보고함과 동시에, 제19대 대통령 선거를 목전에 두고 민주당 문재인 대통령 후보를 비롯한 자유한국당 홍준표 후보, 국민의당 안철수 후보, 바른정당 유승민 후보, 정의당 심상정 후보 등 유력 정치인에게 배포하였다.

그렇다면, 제19대 대선 이후 문재인 대통령을 비롯한 각 당 대표들이 이 사건을 파헤치지 못하고 위 성영훈을 비롯한 비리 검사들에게 면죄부를 씌워주기 위해 지금까지 방치하고 있다면, 이는 검찰로부터 자신들의 비리를 감추려는 의도 이외에 어떠한 명분도 있을 수 없다. 그 이유는 이 사건과 같은 검찰의 권력남용이 역사적으로 불행한 박근혜 전 대통령의 탄핵을 몰고 왔기 때문이다.

그동안 우리나라 검찰(특히, 검찰 뒤에 숨어서 검찰을 뒤흔들어 왔던 정치검사들)은 역사적으로 살펴볼 때 막강한 수사권과 기소권을 한 손에 움켜쥔 채 대통령을 탄생시키거나 탄핵해 왔으며, 한편으로는 그 권력에 터 잡아 일반 형사사건에 대해서도 전관예우 등 못된 관습을 받아오면서 사건조작을 통하여 엄청난 부를 축적하고 이를 발판으로 삼아 정치권에 들어와 법사위원 등 실세 정치행위를 해오며 대통령과 함께 부귀영화를 누려왔다.

그때 당시 검찰권력 주변에 있는 법원 판사들 역시 검찰의 눈치를 살피는 판결을 할 수 밖에 없는 사정이 있었다.

이를 해결하기 위해 촛불 민심으로 탄생한 문재인 정부는 이 사건을 포함한 사법정의를 훼손한 모든 형사 및 민사사건과 관련, 검찰 및 사법부를 개혁하고 썩은 판·검사들을 처벌해야 하는 역사적 운명을 맞게 되었다.

따라서 문재인 대통령은 우리나라가 정의롭고 선진국으로 나아갈 수 있는 유일한 길이 법과 원칙에 따라 살아가고 있는 선량한 국민들에게 범죄자나 가해자로 몰고 있는 전과예우 및 법조비리를 척결해야 함을 인식하고, 그동안 허위 결정문이나 판결문을 작성하는 검사나 판사들을 낱낱이 파헤쳐 당장 구속수사를 하도록 검찰총장에게 지시하여야 한다.

이를 위해서는 검사나 판사에 의해 피해를 입은 사법피해자로부터 민원을 제출받아 이를 제대로 수사할 수 있게끔 가칭 '판·검사의 직권남용 등 불법행위로 인한 국민피해 구제법'이라는 법률제정 등 정책을 추진할 필요가 있다.

이 사건의 경우에 있어서도 당초 박근혜 정부하에 있던 강신명 경찰청장이 당시 김기춘 청와대 비서실장 및 우병우 민정수석 지시에 의해 이 사건을 덮어버린 우를 범하였지만(현재에는 서울지방경찰청 지능범죄수사대 지능수사2계에서 수사 중), 문재인 정부하에 있는 경찰은 오로지 법과 원칙에 따라 국민과 민족을 위해 열심히 수사하는 것으로 믿고 있다.

특히, 필자는 사법정의를 위해 항상 검찰과 맞서 싸워온 황운하 울산지방경찰청장 및 민갑룡 경찰청 차장과 함께 이 사건 실체적 진실 및 경찰수사권 독립을 위해 많은 고민을 해왔다.

만에 하나, 이 사건이 또다시 문재인 정부 검찰에 의해 수사가 중단되고 사건 덮기를 계속한다면 제2 책자 발간을 통하여 문재인 정부 퇴진운동에 앞장설 것이며, 필자가 검찰 재직 당시 이 사건 이외에 직접 수사한 사건과 관련하여 사건조작을 해왔던 비리검사들의 추가 명단을 공개할 것임을 선언한다.

이를 통해 판·검사들의 비리행위로 인하여 사건이 조작되고 사법정의가 부정되는 현실을 타파할 수 있는 계기를 만들어 나갈 것이다.

한걸음 더 나아가, 사법정의를 훼손하는 모든 적폐청산이 문재인 대통령에 의해 완결되고, 우리나라에는 검찰권력이 남용되지 아니하고 부정부패가 없는 살기 좋은 나라가 하루빨리 다가오기를 바란다.

[칼럼시리즈(제2판) (2)] [2018. 3. 19.]

문재인 정부, 정의사회 구현 의지 있나?

● 검찰개혁 반기 든 '문무일 검찰총장'을 즉각 해임하라.

본 필자는 본지 칼럼시리즈 수십 회에 걸쳐 박근혜 정부 당시 검찰 간부들이 사건조작을 통하여 범죄수익금 약 150억 원을 착복할 목적으로, 검사에게 부여된 모든 권한을 남용한 일명 '검사비리사건'의 실체적 진실과 이를 덮으려는 검찰 및 법원의 제2차 범죄행위를 자세하게 소개한 바 있고, 이를 문재인 대통령 후보 시절인 2017. 4. 10.경 "사법정의 실현을 위한 새 대통령 당선조건"이라는 책자로 발간하여 경찰수사권독립 당위성을 국민과 역사 앞에 보고 드린 바 있다.

이와 관련, 문재인 대통령은 2018. 3. 13. 오후 충남 아산시 경찰대학에서 열린 경찰대생 및 간부후보생 합동 임용식에 참석해 "검·경 수사권 조정은 경찰이 수사기관으로서 본연의 역할을 다하도록 하는 일"이며, "경찰이 더 큰 권한을 가질수록 책임도 더 커진다"는 취지로 자신의 정치철학이자 대통령선거 공약인 경찰수사권독립 추진의사를 재천명한 바 있다.

(최근 언론이나 정부, 국회에서 다루고 있는 '검·경 수사권 조정'과 관련된 정확한 개념은 엄격히 말하면 '수사는 경찰', '기소는 검찰'을 의미하며, 문 대통령 선거공약에서도 이 점을 분명히 하고 있다. 따라서 필자는 '검·경 수사권 조정'의 개념을 '경찰수사권독립'의 개념으로 이해하고, 앞으로도 계속 이를 사용하고자 한다.)

그 반면, 같은 날 문무일 검찰총장은 국회 사법개혁특별위원회에 직접 나가 "경찰을 사법 통제에서 풀어놓는 것은 굉장히 위험하다"는 이유로, "검·경수사권 조정의 핵심 안건인 경찰 지휘권과 수사종결권, 영장심사권은 검찰이 계속 행사해야 한다"라고 밝힌 바 있다.

즉, 문 검찰총장의 국회 답변내용은 검찰이 기존처럼 수사권(수사착수권, 직접수사권, 경찰에 대한 수사지휘권 및 각종 영장심사권, 수사종결권 등을 총칭함) 및 기소권 등 모든 형사사법 권력을 행사해 가면서, 동시에 수사보조기관에 불과한 경찰에 대해서는 수사과정에서 발생할 수 있는 인권침해 및 수사오류를 방지하기 위하여 수사지휘권 및 영장심사권을 계속 행사하겠다는 것이다.

그런데 문무일 검찰총장이 피의자 인권침해 방지를 이유로 경찰에 대한 수사지휘권을 계속 행사하겠다는 점과 관련, 그에 대한 진정성을 가지려면 검찰 스스로 직접 수사권을 포기해야 한다.

그 이유는 검찰이 직접 수사권을 발동하여 수사하는 도중 피의자가 검사들의 자백강요와 모욕감에 못 이겨 자살하는 등 피의자 인권을 침해할만한 행위가 있었다고 하더라도 강압수사로 밝혀지지 않는 이상 문제가 될 수 없다고 치부해 버리는 반면, 경찰 수사 도중 피의자 인권을 침해할만한 사소한 문제가 있었더라도 이를 근거로 담당 경찰관을 처벌하거나, 그 사건이 전관 변호사가 선임되어 있을 경우에는 사건 무마를 위한 '무혐의 처분' 근거로 삼는 등 검찰의 이중 잣대 비난을 피하기 어렵기 때문이다.

더 나아가, 검사들은 경찰에서 수사한 사건 중 피의자가 의뢰한 전관 변호사가 선임되어 있는 경우에는 담당 경찰관의 실체적 진실을 밝히기 위한 적극적인 수사 활동에 대해 오히려 담당 경찰관을 피의자에 대한 강압수사 또는 편파수사로 몰고 가 자신들의 사건조작(무마) 핑곗거리로 삼기도 한다.

그 실례로 위 검사비리사건의 경우를 살펴보면, 검사장 출신 전관 변호사와 검사들이 공모하여 당시 필자가 수사사무관 직책으로 수사 중에 있던 금 54억 원 소송사기 등 피의사건을 무마하고, 이에 터 잡아 약 150억 원에 이르는 소송사기 범죄수익금을 착복할 명분을 만들기 위하여 열심히 수사한 필자를 상대로 피의자 주관용의 허위내용 진정서와 조작된 증거만을 근거로 불법적인 감찰수사를 장기간 실시하여 오는 등 검사에게 부여된 절대적 수사권을 남용하였다.

돌이켜 보면, 문 검찰총장이 경찰 통제의 근거로 삼고 있는 피의자 인권침해와 관련하여, 우리나라 형사소송법상 임의적 수사방식을 기본으로 삼고 있는 데다, 수사착수 단계에서부터 증거수집, 피의자 소환 및 조사과정에 이르기까지 각 단계마다 피의자 인권을 침해할 만한 수사방식을 이중, 삼중으로 통제하고 견제하는 장치가 마련되어 있기 때문에 과거 군사독재 시절에서나 볼 수 있는 피의자 고문이나 폭행, 협박과 같은 강압수사는 원천적으로 불가능할 뿐만 아니라, 사소한 적법절차를 어기는 증거수집에 대해서는 재판과정에서 증거능력이 인정되지 않아 무죄판결로 돌아올 수밖에 없다.

결국, 경찰수사와 관련된 피의자 인권침해 방지는 검사의 수사지휘권 행사 등 검찰의 사전 통제로 이루어지는 것이 아니라, 개개 사건을 수사하고 있는 경찰관의 전문수사기법 연마 및 경찰 자체적인 인권침해 수사 통제시스템 그리고 기소 및 재판과정에서 검찰 및 법원의 사후 통제에 의해 이루어져야 한다.

검찰이 경찰수사의 인권침해를 방지하기 위해 수사지휘권을 유지해야 한다는 문 검찰총장의 주장은 앞서 살펴본 위 검사비리사건의 경우처럼 월등한 수사권을 가진 검사들로 하여금 전관 변호사와 짜고 사건무마에 악용하도록 할 소지를 낳게 하고 있다.

나아가, 문 검찰총장은 피의자 인권침해를 방지하겠다는 구실을 핑계 삼아 경찰을 검찰의 수사보조 기관으로 계속 가둬두면서, 강력한 수사지휘권과 직접 수사권, 각종 영장청구권은 물론 기소권까지 독점적으로 행사하면서 사건조작(무마)을 통하여 범죄피해자의 인권을 침해해 보겠다는 더러운 본색을 그대로 드러내 놓고 있다.

모든 범죄는 공공의 이익과 관련된 범죄이든, 개인 간 범죄이든, 또는 인지수사 단서에 의한 범죄이든, 고소나 고발 수사단서에 의한 범죄이든 항상 범죄피해자가 따르기 마련이다.

우리나라 검찰이 수사권은 물론 기소권까지 보유함으로써 위와 같은 모든 범죄 사건들에 대해서는 마음먹기에 따라 얼마든지 사건조작이 가능하고, 그중 범죄피해자가 직접 드러나지 않는 고소나 고발 사건 이외 또 다른 인지사건에 대해서는 아무도 모르게 식은 죽 먹듯 사건조작이 가능하다.

이번 기회에 필자는 그동안 검찰의 독점적 공소권 행사와 관련, 사건조작이 있어 왔는지 확인하기 위하여, 경찰에서 기소의견으로 송치한 사건 중 검찰에서 불기소 처분한 사건에 대해 경찰이나 검찰이 아닌 제3의 기관에서 전수조사를 할 필요가 있다고 생각한다.

검찰은 군사독재시절부터 현재 문재인 정부에 이르기까지 경찰수사를 통제한다는 명목하에 검찰 본연의 업무인 기소권은 물론 경찰이 행사하여야 할 수사권까지 몽땅 뺏어와 한 손에 움켜쥐고 어떠한 외부 통제나 견제장치 없이 형사사법 권력을 독점적으로 행사해 오면서 수많은 정치 검사들을 배출시켜 왔고, 급기야 국가적으로는 박근혜 대통령의 탄핵사태까지 몰고 왔으며, 일반 국민들을 상대로는 전관예우, 유전무죄·무전유죄, 법조비리를 양산함으로써 사법 불신의 중심축에 서왔다는 사실은 이미 역사가 증명해 주고 있다.

문 검찰총장은 경찰수사의 인권침해 및 수사오류를 방지하기 위해서는 계속 경찰을 통제하여야 한다고 주장만 할 것이 아니라, 그동안 경찰이 행사해야 할 수사권까지 뺏어와 막강한 형사사법 권력을 검찰조직에 유리하게끔 이중 잣대로 행사하다 보니 사건조작을 통한 범죄피해자에게는 큰 상처를 입혔고, 사법정의를 실현하기 위한 시스템 구축에는 방해요인이 되었으며, 전임 대통령들이 퇴임 후 줄줄이 감옥에 가는 불행한 사태가 발생한 점에 대해서는 석고대죄부터 해야 한다.

문 검찰총장의 위와 같은 내로남불 태도를 자세히 들여다보면, 전관예우를 통한 사건조작, 유전무죄·무전유죄, 판·검사들끼리 사건 봐주기 등 법조비리와 관련된 자신들의 비리에 대해서는 지금껏 누려왔던 바대로 수사권 및 기소권을 가지고 검찰에서 알아서 처리할 것이니, 누구든지 이에 대해 간섭하지 말라는 것과 전혀 다를 바 없다.

이와 같은 사정에 비추어 볼 때, 결국 검·경 수사권 조정과 관련된 문제는 판·검사들의 사건조작을 방지하고 사법정의 실현을 위해 '수사는 경찰', '기소는 검찰'이라는 명제하에 경찰수사권독립이 100% 이행되어야 한다는 것이다.

즉, 수사권은 경찰과 검찰 간 죄명이나 수사대상에 따라 누가 어느 정도 가져가야 되는지 흥정의 대상이 아니며, 수사권은 경찰, 기소권은 검찰, 재판권은 법원이 각각 독점적으로 행사함으로써 형사사건의 실체적 진실 발견과 사법정의 실현을 위해 각 국가기관 간 견제와 균형을 이루고자 하는데 있다는 것이다.

따라서 문재인 대통령은 검찰조직의 기득권을 계속 유지하면서, 검찰개혁을 거부하고, 사법정의 실현을 위한 대통령의 정치철학과 선거공약 그리고 문재인 정부의 검·경 수사권조정 정책에 반기를 든 문 검찰총장을 즉각 해임하여야 한다.

〔칼럼시리즈(제2판) (3)〕 〔2018. 4. 4.〕

문재인 정부, 썩은 검찰조직을 계속 믿고 따를 것인가?
● 검찰개혁 반기 든 '문무일 검찰총장' 즉각 해임을 재차 촉구한다.

본 필자는 2018. 3. 19.자 본지를 통해 박근혜 정부 당시 검사장 출신 전관 변호사 성영훈과 그의 부하 직원이었던 안병익, 김훈, 백방준 등 검찰 간부들이 필자가 수사 중에 있던 금 54억 원 소송사기 등 피의사건의 조작을 통하여, 이미 관련 민사소송 항소심에서 승소판결을 받아 놓은 54억 원을 포함한 판결문상 범죄수익금 약 150억 원을 착복할 목적으로, 검사에게 부여된 모든 권한을 남용한 일명 '검사비리사건'의 실체적 진실과 이를 덮으려는 검찰 및 법원의 제2차 범죄행위를 다룬 책자를 소개한 바 있고, 대통령 공약사항인 문재인 정부의 정의사회 구현을 위한 경찰수사권독립 정책을 추진하기 위해서는 반드시 위 검사비리사건이 먼저 처리되어야 한다는 당위성을 강조한 바 있다.

그런데, 박근혜 정부 검찰에서는 필자가 위 검사비리사건은 물론, 이를 은폐한 검찰의 제2차 범죄행위(이하, '이 사건')에 대해 경찰에 고소할 때마다, 수사지휘권을 발동하여 경찰로부터 사건기록을 강탈해 간 후 전혀 수사를 진행하지 않은 채 허위내용의 불기소 결정서를 작성하는 수법으로 계속 각하처분을 해오고 있었다.

그러나 다행히도 검찰개혁을 부르짖는 촛불민심에 힘입어 탄생한 문재인 정부가 들어서자, 경찰에서는 위 검사비리사건과 관련, 박근혜 정부 때의 수사태도와 달리 고소장이 접수된 2017. 8. 23.경부터 현재에 이르기까지 약 7개월 이상 검찰의 부당하고 불법한 사건송치

수사지휘에 맞서 수사를 진행해 오고 있다.

즉, 고소인인 필자가 판단하건대, 서울지방경찰청 지능범죄수사대 지능2계 2팀(팀장 배은철 경감, 담당 한종구 경위)에서 위 검사비리 사건을 약 7개월 이상 수사 진행 중에 있는 이유는 이미 고소인으로부터 제출받은 수많은 증거자료에 의거 사건의 실체적 진실이 모두 확인되고 있으나, 또다시 사건을 덮으려는 검찰의 수사방해로 관련 피의자들인 전관 변호사 및 검사들에 대한 소환조사마저도 제대로 실시하지 못하고, 오히려 막강한 수사권(수사지휘권, 수사종결권, 체포영장 및 압수수색영장, 사전구속영장 등 청구권)을 쥐고 있는 검찰의 힘에 밀려 이러지도 저러지도 못하고 있는 상황으로 보여진다.

바라옵건대, 경찰 수사팀에서는 검찰에 의해 위 검사비리사건 관련 피의자들에 대한 구속수사 등 제대로 된 수사환경이 방해를 받고 있는 상황에서, 검찰의 부당한 사건송치 지휘를 단호히 거절하면서 경찰이 신청한 체포영장이나 각종 압수수색영장과 관련된 검찰의 기각 사실만이라도 수사기록 및 송치의견서에 그대로 현출해 주었으면 한다.

문제는 고소인이 위 검사비리사건과 톱니바퀴처럼 맞물려 있는 이 사건에 대해 또다시 검찰에서 허위내용의 불기소 결정서를 작성하는 수법으로 은폐하지 못하도록 2018. 3. 16.자 이 사건 고소장을 청와대에 제출하면서 경찰청에 지휘해 달라고 요청하였으나, 청와대에서는 박근혜 정부 때와 마찬가지로 이 사건 고소장을 검찰로 하여금 처리하도록 대검찰청에 지휘하고 말았다.

청와대가 위와 같이 이 사건 고소장을 경찰청이 아닌 대검찰청에 지휘한 이유는 문재인 정부의 검찰은 이전 박근혜 정부의 검찰과 다르므로 이 사건에 대해 제대로 된 수사를 하겠다는 것인지, 박근혜 정부와 마찬가지로 검찰로 하여금 이 사건을 은폐하도록 하겠다는 것인지, 도무지 이해할 수 없다.

만일, 청와대가 이 사건을 은폐하기 위해 검찰에 지휘하였다면 역사적 저항은 물론, 당장 경찰수사권독립 선거공약은 물거품이 될 것이고, 그 책임은 문재인 대통령의 탄핵으로 이어질 것임을 경고한다.

필자는 본지 2015. 12. 24.자 "전관 변호사 및 검사비리사건 주범인 성영훈 변호사의 국민권익위원회 위원장 임명을 강행한 박근혜 대통령의 인사스타일을 경험하고 나서……"라는 기고에서, "박근혜 대통령은 전관예우 변호사 성영훈에 대해 결국 권익위원회 위원장(장관급)으로 임명함에 따라 우리나라는 깡패집단보다 못한 국가로 전락하고 말았다.", "박근혜 대통령은 형사 피해자로부터 피를 빨아먹는 흡혈귀와 같은 범죄자인 성영훈 태평양 고문변호사에 대해 권익위원장 임명을 강행함으로써 엄연한 흠결이 있든 없든 간에 자신에게 충성하기만 하면 국민과의 소통과 희망은 전혀 고려하지 않은 채 장관 자리마저 서슴없이 내어주는 불통의 대통령으로 기억되고 평가될 것으로 확신한다.", "이러한 자에 대하여 국가의 장래나 국정의 투명성은 전혀 고려하지 않고 오로지 지시에 잘 따르고 충성한다는 이유만으로 국민의 아픔을 어루만져줘야 할 국민권익위원회 위원장 자리에 임명한 박근혜 대통령의 처사는 두고두고 역사에 오점으로 남을 것임을 확신한다."라고 주장한 바 있다.

그런데 필자의 위와 같은 주장은 불과 채 1년도 지나지 않은 시점에서 현실로 돌아왔고, 검찰개혁을 바라는 촛불민심에 의거 박근혜 정부는 역사 속으로 사라졌으며, 그 주인공인 박근혜 전 대통령은 평생 감방에서 범죄자의 신세로 살아가게 되었다.

   문재인 정부 역시 위 검사비리사건과 이 사건을 박근혜 정부와 마찬가지로 또다시 은폐하고 썩은 검찰을 개혁하지 아니한 채 대통령선거 공약사항인 경찰수사권독립 정책을 거부한다면, 역사는 반드시 박근혜 정부의 비참한 말로를 경고해 주고 있다는 사실을 잊어서는 안 될 것이다.

〔칼럼시리즈(제2판) (4)〕 〔2019. 1. 26.〕

전 검찰수사과장, 민주당 이해찬 대표 및 행정안전부장관 김부겸에게 묻는다.

● 검사비리사건 조작수사에 대한 입장을 밝혀라.

2017. 6.경 서울지방경찰청 차장 민갑룡(현 경찰청장)의 지시에 따라, 서울지방경찰청 지능범죄수사대 지능2계 2팀(팀장 : 배은철 경감)에서 수사 중인 사건요지는,

(가) 박근혜 정부 검사장 출신 전관 변호사 성영훈(그 이후 국민권익위원장도 역임)과 그의 부하직원으로 근무한 적이 있는 안병익, 김훈, 백방준 등 검찰 고위 간부들은(이하, '성영훈 일당') 본 필자(이하, '고소인')가 2012. 7.초경 서울동부지방검찰청 수사과 제1호 수사사무관 직책으로 근무하면서 정당한 배당절차를 거쳐 수사 중에 있던 금 54억 원 소송사기 등 피의사건(이하, '주관용사건')을 조작(무마)하고, 이에 터 잡아 관련 민사소송 항소심에서 이미 승소판결을 받아 놓은 금 54억 원 등 판결문상 이자 포함 약 150억 원에 이르는 소송사기 범죄수익금을 대법원의 확정판결을 통해 착복할 목적으로, 고소인을 비롯한 위 주관용사건 관련자(민간인)들을 상대로 2차례에 걸쳐 약 1년 7개월간 형사사법 절차상 검사에게 부여된 모든 권한을 남용하여 고소인의 위 주관용사건 수사에 관한 권리행사를 방해함은 물론 위 민간인들을 불법 사찰해 왔고,(이하, '검사비리사건', 서울지방경찰청 사건번호 2017년도 5513호, 입건일자 2017. 8. 23.)

(나) 위 주관용사건 피의자인 주관용은 자신에게 가해지고 있는

고소인의 수사를 방해하여 검찰에서 무혐의처분을 받거나, 기소 후 공판과정에서 무죄선고를 받은 다음, 이에 터 잡아 위 (가)항 기재 범죄수익금 약 150억 원을 편취할 목적으로 2012. 10.경부터 2013. 6.초경까지 '고소인이 주관용사건에 대해 편파수사 및 강압수사를 하였다'는 취지로 작성된 허위내용의 진정서를 대검 감찰본부에 2회 제출하여 위 (가)항과 같이 고소인 및 위 민간인들로 하여금 성영훈 일당으로부터 불법적인 감찰수사를 받도록 함으로써 고소인을 무고하고, (이하, '무고사건', 서울지방경찰청 사건번호 2017년도 6160호, 입건일자 2017. 9. 18)

(다) 주관용의 변호인이자 태평양 법무법인 고문변호사인 성영훈
과 그의 소송대리인 임장호, 허승진 변호사는 고소인이 2015. 9.경 서울중앙지방법원에 제기한 검사비리사건 민사소송에서 사실은 각 심급별 담당 재판부로부터 허위내용의 승소판결을 받아냈음에도 불구하고, 2017. 6.경 마치 그 승소판결문이 사실인 것처럼 그 정을 모르는 사건 외 서울중앙지방법원 사법보좌관 조경애에게 제출하여 위 성영훈의 소송비용 약 1,200만 원 상당을 고소인으로부터 교부받았다. (이하, '소송사기사건', 서울지방경찰청 사건번호 2017년도 5513호, 입건일자 2017. 8. 23.)

그런데 위 3개의 고소사건들은 관련 피의자들이 위 주관용사건의 조작(무마)을 통하여 이미 관련 민사소송 항소심에서 승소판결을 받아 놓은 금 54억 원 및 대법원 판결문상 이자 포함 약 150억 원에 이르는 소송사기 범죄수익금을 착복하기 위하여 저지른 범죄이기 때문에 서로 톱니바퀴처럼 얽혀질 수밖에 없고, 따라서 위 고소사건들 중 한 사건의 범죄사실이 인정될 경우 또 다른 범죄사실도 당연히 인정될 수밖에 없는 구조적인 특성을 갖고 있다.

특히, 위 고소사건들 중 '검사비리사건'은 검사장 출신 전관 변호사와 그의 부하직원이었던 현직 검사들이 서로 공모하여 위 주관용사건의 조작(무마)을 통하여 약 150억 원의 범죄수익금을 착복하기 위해 검사에게 부여된 수사권 및 영장청구권 등 모든 형사사법권력을 남용한 범죄이기 때문에 전형적인 권력형 비리사건, 전관예우사건, 법조비리사건이라는 특성마저도 가지고 있다.

그러나 위 고소사건들은 현재 경찰청장 민갑룡, 검찰총장 문무일, 법무부장관 박상기, 청와대 민정수석 조국의 지시 또는 묵인에 따라 경찰수사팀이 성영훈 일당에 대해 구속은커녕 약 1년 6개월 이상 소환조사마저도 실시하지 못하고 있다.

더 나아가, 경찰수사팀은 위 검사비리사건을 은폐하기 위한 방안으로 이미 위 무고사건 범죄사실이 확정되었음에도 불구하고, 2018. 4. 11.(수) 고소인인 필자와 무고사건 피의자 주관용 간 대질조사를 실시한다는 명목하에 위 검사비리사건을 무마하기 위한 조작수사까지 실시하였다. 이는 경찰수사팀의 머리에서는 전혀 나올 수 없는 발상으로써 비선라인 검사들의 머리에서 나온 수법임이 분명하다.

이쯤 되면, 이전 정부에 대한 적폐청산을 한다면서 자신의 정부에 대한 적폐에 대해서는 눈을 감아온 문재인 대통령에 대한 탄핵은 당연한 것이 아닌가 싶다.

여기에서 위 검사비리사건 은폐와 관련, 더불어민주당 소속 전해철 국회의원의 책임부터 살펴보기로 한다.

대통령의 최측근 실세 인물로 알려진 더불어민주당 소속 국회의원 전해철은 2014. 10. 23.경 대검찰청 국정감사에서, 박근혜 정부 검찰 총장 김진태 및 감찰본부장 이준호를 상대로 당시 위 검사비리사건과 관련하여 경찰수사를 거부하고 있던 성영훈 일당에 대해 즉시 경찰 소환조사에 응하도록 하겠다는 약속을 받아 냈다.

그러나 국회의원 전해철은 검찰총장 김진태 및 감찰본부장 이준호 가 불과 10일이 지나지 않은 시점에 경찰로부터 위 검사비리사건을 불법으로 송치 받아 허위내용의 불기소 결정서를 작성하는 수법으로 각하 처분한 사실을 어느 누구보다 잘 알고 있었음은 물론, 필자의 거듭된 재국감 요청에도 불구하고, 다음 해 대검찰청 국정감사에서 박근혜 정부 검찰과 모종의 거래를 통하여 위 검사비리사건 은폐사실 을 문제 삼지 않고 눈감아주었다.

이는 민주당 소속 전해철 국회의원이 제19대 대통령 선거 이전부터 검찰개혁을 외쳐왔던 문재인 정부가 들어섰음에도 불구하고 위 검사 비리사건을 은폐하게 된 주원인을 제공하는 꼴이 되고 말았다.

문재인 대통령의 오른팔이라고 불러지고 있는 전해철 국회의원과 박근혜 정부 썩은 검찰 사이에 이루어진 위 모종의 거래가 무엇인지, 반드시 밝혀져야 할 부분이다.

이와 관련, 전해철 국회의원이 소속된 더불어민주당 이해찬 대표 에게 묻는다.

첫째, 전해철 국회의원이 위 검사비리사건을 은폐하기 위해 박근혜 정부 검찰과 모종의 거래를 하였다는 혐의와 관련, 특검이나 국정조사를 실시할 의향은 없는지, 그에 대한 의향이 없다면 그 이유는 무엇인지?

둘째, 문재인 정부의 경찰이 성영훈 일당에게 면죄부를 주기 위해 위 검사비리사건 조작수사를 실시한 사실이 명백하게 확인되고 있는 상황에서, '모든 국민은 법 앞에 평등하다'는 헌법가치를 실현하기 위해서라도 당장 성영훈 일당에 대한 구속수사를 촉구하여야 한다고 보여지는데, 그에 대한 의지를 전 국민들에게 확인시켜 줄 수 있는지?

또한, 민갑룡 경찰을 지휘, 감독하고 있는 행정안전부장관 김부겸에게 묻는다.

첫째, 문재인 대통령이 현 경찰수사팀의 위 검사비리사건 은폐와 관련된 조작수사에 대해 모르쇠로 일관한 점과 관련, 앞으로 제20대 대통령 후보 출마를 위해서라도 문재인 대통령과 대립각을 세울 의향은 없는지?

둘째, 경찰청장 민갑룡에게 위 검사비리사건 조작수사를 지시한 배후에 대해 특별수사팀을 구성하라고 지시할 의향은 없는지? 그에 대한 의향이 없다면 그 이유는 무엇인지?

우리나라 경찰 중 최정예 수사팀이라고 자부할 수 있는 서울지방경찰청 지능범죄수사팀이 약 150억 원에 이르는 소송사기 범죄수익금을 착복하기 위해 검찰수사권을 마음대로 휘둘렀던 중대범죄자 성영훈 일당에 대해 중형으로 처벌하기는커녕 이를 면제하기 위해 사건조작 수사까지 감행하였다니, 그저 할 말을 잃게 한다.

이러한 경찰에게 수사권을 부여하면 다른 사건에서도 얼마나 많은 사건조작 수사가 만연할지 등꼴이 오싹할 정도로 두렵다. 문 대통령의 탄핵 운동까지 번지지 않도록 신속한 조치가 있었으면 한다.

〔칼럼시리즈(제2판) (5)〕 2019. 2. 28.〕

3·1절 100주년, 문재인 대통령 탄핵운동에 깃발을 꽂다.

● 국회의원 전해철 소속 민주당 해체 · 청와대 민정수석 조국 파면

국민 대다수는 운명적으로 국가 구성원으로 태어나 약자 또는 을의 위치에서 나름대로 국가발전에 헌신하며 살아가면서도, 다른 한편으로는 국가를 운영하는 위정자들이 정의롭지 못하고 자신들에게 유리하게끔 이중 잣대를 적용하여 차별을 강요할 경우에는 단호히 이에 맞서 싸우는 괴력을 가지고 있다.

우리 선조들이 선진 외래 문물을 조금 늦게 받아들인 탓에 국력을 키우지 못하고 일본 제국주의로부터 나라를 빼앗긴 비운을 맞은 일이 있었으나, 일제 강점기에 나라를 되찾기 위해 3·1운동이라는 비폭력으로 맞서 싸웠던 이유 중의 하나도 위와 마찬가지라고 생각한다.

이는 5년이라는 임기 동안 국민들로부터 국가 운영권을 위임받은 문재인 대통령 및 그에 의해 임명된 고위 공직자들이 자신들에게 부여된 권한을 남용하여 주권자인 국민을 해치거나 부정부패를 범해서는 안 된다는 교훈을 남겨주고 있다고 볼 수 있다.

특히, 고위 공직자 중 공정과 정의를 생명처럼 받들고 살아가야 할 판·검사들이 오히려 국민들로부터 부여받은 권력을 남용하여 특권층을 형성해 가면서 정치에 개입하거나, 국민 위에 군림하면서 사건 조작을 통해 부정부패를 일삼는 범죄만큼은 하늘이 두 쪽 나더라도 막아야 할 것이며, 이에 편승하거나 묵인하였던 박근혜 정권은 이미

탄핵되어 역사 속으로 사라져 버렸고, 현재 그와 같은 기조를 유지하고 있는 문재인 정권 역시 반드시 퇴출되어야 한다.

이전 박근혜 정권은 위와 같은 국가의 책무를 저버리고 스스로 국정농단이라는 권력남용에 심취되어 부정부패에 놀아나다가 촛불혁명에 의해 탄핵되었고, 그 탄핵의 중심에는 정치 검사들의 형사사법 권력남용이 이미 자리 잡고 있었다.

그렇다면, 촛불혁명에 의해 탄생되었다고 자랑하고 있는 문재인 정권은 이전 정권에 대한 적폐를 청산하면서, 과연 적폐대상인 검찰을 앞세워 공정하고 제대로 된 수사권과 기소권을 행사하여 왔다고 볼 수 있는가?

한마디로 말하면, 문재인 정권이 추진하고 있는 적폐청산 방식은 전형적인 내로남불이며, 자신들의 비리와 허물은 감춘 채 오로지 정적 죽이기 위한 수단으로만 활용되고 있다는데 강한 의구심을 품지 않을 수 없다.

이를테면, 문재인 정권이 이전 정권의 국정농단 및 부정부패에 대한 적폐청산을 추진하면서, 그 원인을 제공한 썩은 검찰에게 칼자루를 쥐어준 점도 아이러니 하거니와, 이전 정권에 몸담은 정적들의 사소한 허물에 대해서는 과도하리만큼 엄정한 잣대를 들이대고 있는 반면, 범죄수익금 약 150억 원을 착복하기 위한 일명 '검사비리사건'에 대해서는 아래에 설시한 바와 같이 민갑룡 경찰청장으로 하여금 조작수사까지 실시하도록 하면서 이를 은폐하고 있다.

본 필자는 2018. 12. 25.자 '경찰수사권독립 주장은 공염불'이라는 본지 연재기사를 통하여 제19대 대통령선거운동 당시 경찰수사권독립 및 검찰개혁을 외치던 문재인 후보의 선거공약에 적극 동참하고, 그에 대한 당위성을 설파하기 위해 2017. 4. 15.경 사법정의 실현을 위한 '새 대통령 당선조건(부제목 : 썩은 검찰 및 사법부 개혁, 경찰수사권 독립)'이라는 책자를 발간하여 국립 중앙도서관 및 시중 서점은 물론 각 정당 대통령 후보, 여야 유력 정치인들에게 직접 배포한 사실을 밝힌 바 있다.

위 책자에서 이미 입증되고 있는 위 검사비리사건 범죄사실 요지는 다음과 같다.

박근혜 정부 검사장 출신이자 국민권익위원회 위원장까지 역임한 전관 변호사 성영훈은 자신의 부하직원으로 근무한 적이 있는 현직 차장급 이상 검사들인 안병익, 김훈, 백방준(이하, '성영훈 일당')과 순차 공모하여, 당시 서울동부지방검찰청 수사과 제1호 수사사무관 직책으로 금 54억 원 소송사기 등 피의사건(이하,'주관용사건')을 수사 중에 있던 필자에 대해 수사를 방해하여 피의자 주관용에게 구속수사를 면하게 하였음은 물론, 더 나아가 위 주관용사건을 무마(조작)하기 위해 주관용의 허위 진정서 및 조작된 증거를 근거로 편파수사 및 강압 수사를 한 혐의자로 올가미를 씌워 2차례에 걸쳐 약 1년 7개월 동안 불법적인 감찰수사를 실시함으로써 형사소송법상 검사에게 부여된 모든 수사권을 남용하였다. (이하, '검사비리사건')

성영훈 일당이 위와 같이 위 검사비리사건을 일으킨 주된 목적은 위 주관용사건의 조작(피의자 주관용에게 검찰 수사과정에서 '무혐의 처분'을 받도록 하거나, 기소될 경우 공판과정에서 '무죄선고'를 받도록 하는 것)을 통하여, 이미 관련 민사소송 항소심에서 승소한 금 54억 원은 물론 대법원 판결문상 이자 포함 약 150억 원에 이르는 소송사기 범죄수익금을 착복하는 데 있었고, 이를 위해 위 주관용사건을 수사한 필자는 물론 수사에 협조하였던 관련 고소인·참고인 등 민간인들에 이르기까지 마구잡이로 대상자를 선정한 후 금방 확인 가능한 피의자 주관용의 허위 진정서 및 조작된 증거를 근거로 장기간 통화추적, 위치추적, 계좌추적 등 모든 강제처분을 실시하였다.

특히, 성영훈 일당은 위 주관용사건 수사지휘 라인인 서울동부지방검찰청 검사장 석동현, 차장검사 이영만, 부장검사 이성윤, 주임검사 장혜영의 적극적인 반대의사가 있었음에도, 이에 개의치 않고 미개국가에서나 발생할 듯한 범행을 강행할 수 있었던 이유는 당시 검찰총장 김진태의 공모와 법무부장관 황교안의 묵인·방조가 있었기 때문이었다.

이와 관련하여, 위 검사비리사건을 묵인·방조한 혐의를 받고 있던 황교안 법무부장관이 2015. 6.경 박근혜 대통령에 의해 국무총리에 임명되고, 위 검사비리사건의 주범 성영훈이 2015. 12. 24.경 황교안 국무총리 추천에 의해 국민권익위원장에 임명되기에 이르자, 당시 필자는 본지를 통해 '우리나라는 결국 깡패집단보다 못한 국가로 전락하고 말았다. 범죄수익금 약 150억 원을 착복하기 위해 자신의 의지대로 국가 공권력을 마음대로 휘젓고 다녔던 중대범죄자 성영훈에 대해 국민의 아픔을 어루만져줘야 할 국민권익위원장 자리에 임명한 박근혜 대통령의 처사는 두고두고 역사에 오점으로 남을 것임을 확신한다'라는 취지로 통탄한 바 있고, 2015. 12. 29.자 '전관예우 변호사 출신 성영훈에 대한 국민권익위원장 박탈과 구속수사를 촉구하면서'라는 제하의 본지에서도 '박근혜 대통령님! 아무리 대통령의 인사권이 통치행위라고 하더라도, 그 행사에 있어서는 국민의 암묵적인 동의가 필요함이 당연하고, 중대범죄를 저질러 놓고도 현재까지 경찰 및 검찰 수사를 자신의 의지대로 깔아뭉개버리는 인간 말종 성영훈에 대해 대한민국 모든 공직자의 청렴성을 대변하고, 국민의 억울함을 아우르는 장관급인 국민권익위원장으로 임명하였다는 그 자체만으로도 감히 탄핵사유라고 말씀드리고 싶다.'라고 충언한 바 있다.

 필자의 위와 같은 통탄과 충언은 불과 1년 3개월이 지나지 않는 시점인 2017. 3.경에 이르러 '대통령 박근혜를 탄핵한다'라는 불행한 사태로 이어졌고, 부정과 부패, 위선과 독선에 기반을 둔 정권은 반드시 역사가 심판하고 만다는 사실을 증명해 주고 있다.

 이는 문재인 대통령이 지금이라도 탄핵을 모면함은 물론, 박근혜 · 노무현 전 대통령과 같이 자신이 임명한 썩은 검찰로부터 뒤통수를 얻어맞지 않으면서 역사에 남을 대통령으로 기록되기 위해서는 타산지석으로 삼아야 할 부분임에는 틀림없는 사실이다.

 위와 같은 사정에 비추어 볼 때, 위 검사비리사건을 일으킨 성영훈 일당에 대한 형사처벌과는 별개로, 당시 검찰총장 김진태의 공모 부분 (이미 고소되었으나, 박근혜 정부 검찰이 서울중앙지검 검사 이동수로 하여금 허위내용의 불기소 결정서를 작성하는 수법으로 각하처분 하도록 함)과 법무부장관 황교안의 묵인 · 방조 부분에 대해서도 반드시 철저한 조사가 이루어져야 할 것이며, 그 조사과정에서 성영훈 일당이 당초 착복하려고 마음먹었던 범죄수익금 약 150억 원에 대한 사용계획 역시 규명되어야 한다.

 그렇다면, 성영훈 일당의 범행 중 필자에 대한 제2차 불법 감찰수사를 통하여 주관용에게 무죄를 선고받도록 하고, 이에 터 잡아 소송사기 범죄수익금 약 150억 원을 착복할 수 있는 가능성을 구체적으로 살펴 보기로 한다.

필자는 2012. 10. 16.경 위 주관용사건 수사를 성공적으로 마무리 짓고 피의자 주관용을 소송사기 미수, 사문서위조 및 동행사, 위증 교사, 조세범처벌법위반죄로 송치하였고, 주임검사 장혜영은 2012. 11. 19.경 필자의 송치의견 그대로 기소하였다.

성영훈 일당은 범죄수익금 약 150억 원을 착복할 목적으로 검찰 수사단계에서 필자에 대한 제1차 불법 감찰수사를 통하여 피의자 주관용에게 무혐의 처분을 받도록 할 계획이었으나, 그 계획이 주관용에 대한 기소로 무산되자, 또다시 공판과정에서 피고인 주관용에게 무죄를 선고받도록 하기 위해 필자에 대한 제2차 불법 감찰수사를 실시하기로 마음먹었다.

이에 따라, 성영훈 일당은 2013. 6.초경 대검 감찰본부에 접수된 주관용 명의의 제2차 허위내용의 진정서 및 조작된 증거만을 근거로 '필자가 위 주관용사건을 편파적이고 강압적으로 수사하였다'는 혐의점을 찾아내기 위해 필자는 물론 위 주관용사건 고소인 및 참고인들에 대해서까지 통화추적, 위치추적, 계좌추적을 장기간 실시해 왔고, 동시에 성영훈이 소속된 태평양 법무법인 변호인들로 하여금 '검찰수사관 임찬용은 주관용에 대해 편파적이고 강압적으로 수사하였고, 고소인 홍성춘은 상피고인 이차남을 매수하여 주관용에게 불리한 진술을 하도록 하였으니, 검찰수사관 임찬용 명의로 작성된 모든 수사서류는 신빙성이 없으므로 주관용은 당연히 무죄가 선고되어야 한다'는 취지로 공판과정 내내 허위 변론을 하도록 하였다.

필자는 위와 같은 공판 진행상황을 수시로 파악해 오고 있던 중 위 주관용사건 선고공판 기일을 약 한달 남겨둔 시점인 2014. 4. 10.경 손아지 공판검사를 찾아가 '주관용에 대한 선고 결과를 어떻게 예상하느냐'고 묻자, 손아지 공판검사는 대뜸 '주관용 측 변호인들이 공판과정 내내 담당 수사관(필자)이 편파수사 및 강압수사를 하여 왔다고 주장하여 왔고, 또 고소인 홍성춘이 상피고인 이차남 등을 매수하였다며 그와 같은 채증 증거를 법정에 제출함에 따라 검찰에서 제출한 모든 증거들이 신빙성 부분에 대해서 담당재판부가 좀 흔들리고 있는 것이 사실이므로 무죄 가능성이 있어 항소를 준비하고 있다'라고 답변하였다.

당시 필자는 성영훈 일당으로부터 제2차 감찰수사를 받고 있다는 이유 하나만으로 당연히 예정되어 있던 검찰서기관 승진심사에 이미 탈락된 상황에서 주관용에게 무죄선고까지 내려질 경우, 관련 민사소송 항소심에서 이미 승소판결을 받아 놓은 판결문상 이자 포함 약 150억 원의 소송사기 범죄수익금이 성영훈 일당의 손에 들어갈 수밖에 없었고, 덩달아 필자의 수사결과는 정당성을 잃고 성영훈 일당이 주장해 온 것처럼 편파수사 및 강압수사라는 굴레에서 벗어날 수 없는 최악의 상황을 맞고 있었다.

따라서 필자는 주관용의 무죄선고를 예상하고 있던 손아지 공판검사에게 "성영훈 일당의 주장과 달리 '필자의 주관용사건에 대한 편파수사 및 강압수사는 전혀 사실과 다르다'는 취지의 의견서를 작성하여 담당재판부에 제출함으로써 주관용에 대한 무죄선고만큼은 반드시 막아달라"고 간절하게 부탁할 처지에 놓이게 되었다.

그러나 손아지 공판검사는 필자의 위와 같은 간절한 부탁을 들어

주고 싶었으나, 당시 성영훈 일당에게 일방적으로 치우쳐 있는 김진태 검찰총장의 지시를 받고 있었던 서울동부지방검찰청 송찬엽 검사장의 뜻을 거역할 수 없었다.

위와 같은 급박한 상황에서, 필자는 주관용에 대한 무죄선고를 막고 위 주관용사건의 실체적 진실에 입각한 법원의 정당한 판단을 받기 위해서는 송찬엽 검사장을 움직여야 할 힘이 필요하였고, 그 힘을 구하기 위해 필자가 검찰 초임 발령지인 원주지청 근무 당시 지청장으로 모신 바 있고, 수원지검성남지청 근무 당시 차장검사로 모신 바 있는 김진관 변호사를 찾아가게 되었다.

김진관 변호사는 성격이 강직하여 불의에는 참지 못하는 성품을 지니셨고, 당시 송찬엽 검사장과는 서울대 선배이자 고향 형님뻘로 통하는 분이셨기 때문에 송찬엽 검사장을 움직이기에는 안성맞춤이었다.

이에, 필자는 위 주관용사건 고소인 홍성춘에게 전화하여, 현재 공판진행 중인 주관용에 대한 무죄선고를 막기 위해서는 이미 변호인으로 선임되어 있는 홍만표 변호사를 해촉하고, 필자가 직접 모신 바 있는 김진관 변호사를 새로 선임해야 한다고 설득하여 당장 이를 이행토록 하였다.

그 결과, 김진관 변호사는 위 주관용사건 고소인 측 변호인으로 새로 선임된 후 개인적으로 담당 재판부에 의견서를 제출하는 한편, 송찬엽 검사장을 움직여 손아지 공판검사로 하여금 주관용에 대한 선고기일 불과 2주 앞두고, '검찰수사관(필자)은 주관용에 대해 편파수사 및 강압수사를 하여야 할 하등의 이유가 없을 뿐만 아니라, 오히려 주관용이 검찰수사관의 수사를 방해하고, 대검찰청 감찰본부에 허위내용의 진정서를 제출하여 감찰까지 받게 하였다'는 취지로 작성된 2014. 4. 30.자 공판검사 손아지 명의의 의견서(2014. 4. 15.자 필자 명의의 진술서도 함께 첨부됨)를 담당재판부에 제출하도록 함으로써 주관용에 대해 징역 4년이라는 실형을 선고받도록 하였다.

당초 위 주관용사건 고소인 측에서는 연 매출 3,000억 원이 넘는 ㈜ 에스코넥 회사가 소송사기꾼 주관용에게 통째로 넘어가려는 절체절명의 순간임을 감안, 변호인 선임 착수금만 무려 1억 원이라는 거액을 들여 검사장 출신 전관 변호사 홍만표를 선임하였다.

그러나 홍만표 변호사는 2012. 6.경 위 주관용사건 고소장을 새끼 변호사를 통해 서울동부지방검찰청에 제출할 당시 소송사기 부분을 작성해 주지 않아, 필자가 이를 고소인 홍성춘으로부터 보충진술을 받으면서 대신 작성해 주었던 바, 그로 인해 성영훈 일당에게 편파수사 혐의자로 내몰려 성영훈 일당 중 안병익 대검찰청 감찰 제1과장으로부터 제1차 감찰수사를 받게 되는 비운을 맞기도 하였다.

즉, 필자는 범죄피해자를 위해 형사소송법 제237조의 규정에 따라 고소장을 대신 작성해 주는 등 철저한 수사를 실시하였으므로, 매달 대검찰청 감찰본부에서 실시하고 있는 범죄피해자 권익보호를 위한 포상규정에 따라 위 안병익으로부터 포상을 받아야 함에도 불구하고, 오히려 감찰수사를 받게 되는 신세로 전락하고 말았던 것이다.

위와 같은 홍만표 변호사와 필자와의 악연은 필자가 위 주관용사건을 수사하는 기간은 물론, 성영훈 일당의 불법적인 감찰수사에 의해 검찰조직에서 퇴출된 이후에도 계속 이어졌다.

필자는 2014. 7. 31.자 검사비리사건 고소장을 당시 경찰청 기획관 민갑룡의 안내를 받아 경찰청 민원실에 제출한 이후, 같은 해 8. 27.경 홍만표 변호사에게 '홍 검사장님, 저는 검사장님께서 수임하신 홍성춘 고소사건(위 주관용사건)으로 인해 사표를 제출한 전직 임사무관입니다. 제가 억울하게 사표를 제출한 근본 이유는 홍 검사장님의 무능력 그 자체입니다. 제가 홍 검사장님으로부터 일 원 한 푼을 받았습니까? 왜 그것(성영훈 일당은 필자가 홍만표 변호사로부터 위 주관용사건을 잘 처리해 주겠다는 명목으로 돈을 받았다고 올가미를 씌워 필자의 계좌뿐만 아니라 홍만표 변호사의 계좌까지 낱낱이 추적하였던 사실)에 대한 대검 감찰부의 감찰을 방어하지 못하고 나를 사표내게 합니까? 한 마디로 당신은 지지리도 못난 변호사입니다. 이를 조만간 언론에 공표할 것이고, 변호사 수임료를 반납토록 할 것입니다.'라는 핸드폰 문자메시지를 보낸 사실이 있다.

홍만표 변호사는 위 문자 메시지와 관련, '임 사무관님 소식 듣고 있습니다. 오해받을 소지가 있어 전화 못 했습니다. 저도 임 사무관님 시련과정에서 같이 마음고생하고 있습니다. 수사과정에서 정말 한눈 팔지 않고 진실만 추구한 것 변호인 입장에서 누구보다도 잘 알고 있습니다. 일요일도 나와서 일하고……. 그래서 상대 피의자들 법정 구속되고……. 그러면 사실대로 수사하여 진실을 밝힌 것인데, 왜 임 사무관님에 대한 음해를 계속하고 대검도 무고하고, 책임감과 능력 뛰어난 수사관을 그리 만드는지 저도 화가 나고 대검에 항의도 했습니다……. (중략) 경위야 어떻든 저에게 섭섭한 부분은 제가 평생 임 사무관님에게 져야 할 업보 같습니다. 그들(성영훈 일당) 고소했다고 들었습니다. 조금이라도 임 사무관님 명예회복되는 데 도움되었으면 합니다. 필요하면 경찰조사에도 협조하고요. 정말 뭐 부정한 곳이 있어야 제가 캥기는 부분이 있겠지요……. (중략) 임 사무관님 법적

구제와 명예회복에 나서겠습니다. 저에 대한 섭섭함 누그러뜨리시고 장래를 도모하여 보지요. 조만간 뵙겠습니다.'라는 답변을 보내왔다.

그러나 홍만표 변호사는 위 문자메시지 답변에서 필자에게 약속한 바 있는 위 검사비리사건과 관련된 경찰수사에는 전혀 협조한 사실이 없고, 오히려 경찰수사를 깔아 뭉개버리는 성영훈 일당에게 달라붙은 배신행위를 해오다가, 2016. 6.초경 정운호 게이트에 연루되어 자신의 후배 검사들에 의해 구속되는 수모를 당하게 되었다. 당시 검찰은 정운호 게이트와 관련, 홍만표 변호사의 검찰 로비에 의한 사건무마에 대해서는 위 검사비리사건과 마찬가지로 수사조차 하지 아니하고 덮어버렸다.

지금까지 살펴본 바와 같이, 성영훈 일당 및 우리나라 대형 로펌인 태평양 법무법인 소속 변호사들은 필자가 수사한 위 주관용사건 수사결과에 대한 실체적 진실 부분은 내팽개치고, 금방 진위 여부를 확인할 수 있는 필자의 편파수사 및 강압수사 혐의 부분만을 문제 삼아 주관용에 대한 무죄 판결을 받아내겠다는 발상 자체가 놀랍거니와, 더더욱 놀라운 사실은 위와 같은 발상자체에 터 잡아 주관용 측의 무죄선고 주장 놀음에 휘둘려 왔던 검찰의 공소유지 및 법원의 재판 태도라고 아니할 수 없다.

또, 가장 주목해야 할 부분은 전관 변호사를 매개로 한 판·검사들의 사건조작으로 인하여 한평생 억울한 피해를 입고 살아가고 있는 사법피해자는 물론이거니와 사법정의 바로 세우기를 열망하는 모든 국민들이 왜 성영훈 일당에게 반드시 구속수사를 실시해야 하고, 왜 그들을 법정에 세워 형사처벌을 받도록 해야 하는 이유가 무엇인지 곰곰이 살펴볼 필요가 있다.

첫째 이유로는 검찰총장의 검찰권 행사를 바로잡아야 할 필요가 있기 때문이다.

성영훈 일당 중 안병익은 위 검사비리사건 발생 당시 대검찰청 감찰 제1과장으로서 검찰총장 명의로 전국 검사를 비롯한 검찰공무원에 대해 감찰(감찰수사권까지 포함하는 개념임)을 실시하고 있었다.

그런데 안병익은 2012. 7~8.경 위 주관용사건 수사를 진행하고 있던 필자에 대해 대검찰청 자체 첩보 3개를 생성하여 이를 즉시 감찰 하도록 서울동부지방검찰청에 지시하였다.

그러나 당시 서울동부지방검찰청 검사장 석동현을 비롯한 차장검사 이영만, 형사1부장 최세훈(감찰 담당 부장검사), 형사2부장 이성윤 (위 주관용사건 수사지휘 부장검사, 현재 문재인 대통령의 경희대 법대 후배이자, 문 대통령이 임명한 제1호 검사장으로서 대검찰청 반부패부장) 등 지휘부는 안병익의 감찰 지시에 따라 필자에 대해 위 주관용사건 수사에서 배제시킨 후 즉시 감찰을 실시하지 아니하고, 오히려 필자로 하여금 위 주관용사건 수사를 마무리하여 송치토록 한 후 2012. 11.중순경에 이르러 감찰을 실시하였다. 그 과정에서 이성윤 형사2부장은 필자를 감찰하라고 지시한 대검찰청 감찰본부 직원들에 대해 형사처벌까지 해야 한다고 주장하기도 했다.

그렇다면, 검찰총장으로부터 감찰권을 위임받아 이를 행사해 오고 있는 안병익은 필자에 대해 감찰을 실시할 것이 아니라, 당시 석동현 검사장 등 서울동부지방검찰청 지휘부에 대해 검찰총장의 지시사항을 즉시 이행하지 아니하고 필자로 하여금 위 주관용사건을 마지막까지 수사하도록 하게 된 경위 등에 대하여 감찰을 실시하였어야 했다.

그 이유는 서울동부지방검찰청 지휘부가 안병익의 지시대로 필자에 대해 즉각적인 감찰을 실시하였다면, 필자가 위 주관용사건 수사에서 배제되어 당초 검찰총장의 감찰실시 목적이 적기에 이루어지고, 필자 입장에서 보더라도 대검찰청 감찰본부로부터 제2차 감찰수사를 받을 필요성이 원천적으로 제거되므로 당해 연도 하반기에 실시예정인 서기관 승진심사에서 탈락하여야 할 하등의 이유가 없어졌기 때문이었다.

한마디로, 안병익은 자신의 지시사항을 어긴 서울동부지방검찰청 지휘부에 대해 감찰을 실시하여야 함에도 불구하고, 오히려 서울동부지방검찰청 지휘부의 지시에 따른 필자에 대해 엉뚱한 감찰을 실시함으로써 위 주관용사건 수사를 방해하려는 의도를 그대로 드러냈던 것인 바, 이는 검찰총장의 검찰공무원에 대한 감찰권이 위 주관용사건 조작을 위해 실시되었음을 증명하고 있다.

둘째 이유로는 위 검사비리사건에서 살펴본 바와 같이 검사들의 수사권 남용 및 사건조작을 막기 위해서는 성영훈 일당의 형사처벌이 반드시 이루어져야 하고, 이를 통해 경찰수사권독립 정책의 필요성 및 당위성을 확보할 수 있기 때문이다.

즉, 검찰수사권을 남용하여 개인적인 이득을 취하고, 더 나아가 사건조작을 일삼는 검사들에 대한 인적청산이 수반되지 않고서는 진정한 의미의 검찰개혁 및 경찰수사권독립 정책을 추진할 수 없다.

이와 관련, 우리나라 검사들의 특권의식과 악의적인 검찰권 행사가 공정한 국가 건설 및 정의사회 구현 그리고 사법정의를 어느 정도 훼손해 왔으며 경찰수사권독립이 왜 필요할 수밖에 없는 것인지,

이 모든 것을 각각 가늠해 볼 수 있도록 필자가 약 28년간 검찰조직 생활을 해오면서 직접 체험한 몇 가지 사례를 살펴보기로 한다.

필자가 2007. 2.경 검찰사무관 승진시험에 합격한 후 중앙공무원교육원에서 전 부처 5급 승진리더 과정을 이수하던 때이다. 검찰청법상 범죄수사와 기소를 담당하는 검사는 검찰행정을 관장하는 법무부에 원칙적으로 근무할 수 없다. 당시 중앙공무원교육원 신 모 교수가 법무부에는 일반직인 검찰사무직 직렬에 과장자리 단 1개도 배정되어 있지 않고, 모두 검사들이 독차지한 현실을 비판하면서 나온 말이다.

그 교수는 행정자치부 인사국장 재직 당시 각 부처 행정고시 출신 사무관들로부터 '우리들에게는 임용 시 사무관 직급에 상응하는 보수를 지급하면서 같은 고시 출신인 사법시험에 합격한 초임 검사들에게는 그 보다 2단계 높은 부이사관 직급에 상응하는 보수를 지급하는 것은 부당하다. 초임 검사들에게도 우리들과 마찬가지로 공정하게 사무관 직급으로 하향해 달라'는 건의를 받고, 검사들의 보수체계를 하향 작업하던 중 갑자기 법무부 예산담당 검사가 찾아와 '소위 먼지털이식 수사를 통해 손을 봐주겠다고 협박하는 바람에 그 작업을 포기할 수밖에 없었다'라는 취지로 검찰을 비판하였다. 이는 검사들의 특권의식 및 법 위에 군림하는 태도가 하늘을 찌를 정도가 아닌가 싶다.

이와 같은 검사들의 특권의식은 각급 검찰청 회의석상이나 행사 현장에서도 그대로 나타난다. 필자가 일선 검찰청 수사과장으로 근무할 때의 일이다. 당시 유관기관과 업무 관련 행사로 인한 오찬이나 만찬 시 어린 자식뻘 같은 신규 검사는 부이사관 직급이라는 이유로 가운데 상석자리에 앉히고, 20년 이상 검찰조직을 위해 봉사해 온 일반직 사무과장이나 수사과장은 양쪽 맨 끝에 앉아 외부인사가 보는 앞에서 물심부름이나 하곤 했다. 참으로 역겹고 비애감을 느낄 정도로 수치스러운 일이 아닐 수 없었다.

또한, 필자가 2004년경 검찰주사 직급으로 법무부 보호국 보호과에서 범죄예방 및 공익재단관리 업무를 담당했을 때의 일이다. 당시 보호과장은 부장검사급으로 보직되었고, 그 아래 평검사 2명이 배치되어 있었다. 그런데 검사들의 업무는 같은 부서에 근무하는 검찰 일반직 관리자인 서기관 및 사무관의 업무와 중복되는 바람에 그들을 무력화시키고 하는 일 없이 빈둥빈둥 놀게 만드는 상황을 야기시켰으며, 법무부 보호과장은 청소년보호위원회 등 정부부처 유관기관과 청소년보호 대책회의가 있을 경우 다른 부처 과장보다 직급이 높아 격이 맞지 않는다는 이유로 그 밑에 검사를 참석시키곤 했다.

필자가 담당하는 공익재단관리 업무 중에는 별도로 청소년육성기금 관리가 있었다. 청소년육성기금은 전두환 전 대통령이 집권할 당시 법무부 청송교도소를 방문한 기회에 하사한 약 5억 원가량의 격려금으로 조성되었다. 그 하사금은 당연히 국가 세입에 충당하여 정상적인 예산회계 절차를 거쳐 국가운영 경비에 사용하여야 함에도 불구하고, 법무부에서는 이를 독자적으로 사용하기 위해 (쉽게 말하면, 국민 혈세를 국회 예산심의를 받지 않고 입맛대로 사용하기 위해) 시중은행에 예치하여 그 원리금을 수십억 원까지 증식시켜 왔고, 그중 일부를 매년 정기적으로 범죄예방위원 행사 및 포상금 지급비용 등에 사용해 오고 있었다.

그런데 감사원에서는 위 청소년육성기금 지급내용을 감사하던 중 예산회계법상 통일국고주의 원칙에 위반함은 물론, 법무부 보호국장(검사장)이 해외 출장을 갈 때마다 정식으로 지급받은 출장비 이외에 위 청소년육성기금 중에서 별도로 1,000만 원을 지원받은 사실을 적발하였다. 당시 감사원에서는 보호국장에게 지원한 위 1,000만 원의 돈이 개인용도로 사용하였다는 심증을 굳히고 관련 증빙자료를 요구하였으나, 법무부 보호국에서는 이를 끝까지 거부하였고, 결국 수사권이 없는 감사원의 의욕적인 감사는 수사권이 있는 검찰의 힘에 밀려 더 이상 진행되지 못하고 포기할 수밖에 없었다. 이런 이유 등으로 감사원에서는 행정부 소속 공무원 중 유독 검사들의 수사 및 기소와 관련된 직무감찰을 실시할 수도 없다.

위와 같은 검사들의 특권의식 및 법 위에 군림하는 태도는 실제 직무 현장에서도 그대로 드러나고 있다. 고위공무원 직급인 일반직 검찰청 사무국장은 기존에 보유하고 있던 예산집행권과 일반직 인사권마저도 검사들에게 모두 빼앗기고 검사장 식사나 챙기는 수행비서 역할을 수행해 왔다는 사실은 비단 어제오늘 일이 아니다.

필자가 검찰사무관 승진시험에 합격한 후 전국 2등의 성적으로 2007. 6. 1.경 서울고등검찰청 관리과에 발령받아 근무할 때의 일이다. 필자의 상사인 서울고등검찰청 사무국장은 대검 사무국장 다음으로 일반직 서열 2위의 위치에 있음에도 당시 총무과 고참 사무관이 결재라인에서 고검검사(지검 부장검사급) 밑에 있는 사무국장을 그 위에 올려놓았다고 자랑하고 있었고, 직무기술서 기재내용을 살펴보더라도 다른 부처 6~7급 공무원 직무에나 해당할 법한 청사관리 업무나 직원 후생관련 업무가 고작이었다. 검찰 일반직 2인자치고는 참으로 초라하기 짝이 없는 수준의 업무내용은 물론 그 권한행사로 비추어 볼 때 고액의 봉급이 안타깝다는 생각이 들 정도였다.

전국 고등검찰청 처리 사건 중 항고 이외에는 특별히 내세울 만한 업무가 없는 상황에서 (항고업무 역시 위 검사비리사건에서 살펴본 바와 같이 검찰조직 내의 자체적인 통제업무에 불과하여 큰 실효성이 없고, 전관 변호사의 실익만을 챙겨주는 업무로 변질되어 있어 반드시 외부 통제 방식이 필요한 실정임) 그 많은 검사 및 보조 인력, 이와 관련된 검찰조직 운영 예산을 절약하여 국가 경제발전을 위한 재투자와 소외계층 복지 부분에 돌렸으면 하는 바람을 가져볼 때가 한두 번이 아니었다.

그 이유는 특권의식에 배어 있는 검사들의 인원수만 늘릴 경우, 이를테면 검사들이 근무하는 총무부와 일반직이 근무하는 사무국 사이에 업무의 중첩성만 생겨 갈등만 조장되고 일반직을 무력화시킴은 물론, 검사들끼리 사건청탁을 하면서 전관예우를 통한 사건조작에만 열을 올릴 수밖에 없는 구조적인 모순에 빠지기 때문이다.

이쯤 되면 검찰 일반직 간부들은 권한이나 역할 면에서 검사들의 수사 및 기소 업무 영역과 관련된 일탈행위에 대해 전혀 견제할 수 없는 허수아비에 불과할 뿐이다. 그 결과 평검사들이 부부장검사, 부장검사, 차장검사, 검사장으로 올라갈수록 군대서열보다 더 엄격한 위계질서 문화와 외부로부터 견제나 통제를 받지 않는 특권의식에 사로잡혀 현직은 물론 나중에 변호사 업무에 종사하더라도 성영훈 일당과 같이 사건조작을 일삼고 전관예우를 받으면서 중대범죄자로 타락할 수밖에 없는 불행한 사태를 낳게 하고 있다.

이와 같은 사정하에서 대한변호사협회나 주로 판·검사 출신으로 구성된 국회 법사위 위원들이 검찰과 한통속이 되어 기득권 유지를 위해 경찰수사권독립을 적극 반대하고 있다. 그들이 내세우고 있는 반대 이유는 경찰에게 수사권을 쥐어줄 경우 피의자의 인권침해가 염려되기 때문이라는 것이다.

그러나 검찰이 수사하면 피의자의 인권이 보장되고, 경찰이 수사하면 피의자 인권이 침해된다는 논리는 전형적인 내로남불에 해당된다. 오히려 검찰이 직접 수사하게 되면, 경찰수사에 비해 피의자 신문조서 증거능력이 우월하고 기소권까지 보유하고 있는 막강한 권한으로 인해 자연스럽게 무리한 수사를 할 수밖에 없고, 이 틈을 노린 판·검사 출신 전관 변호사나 검찰에 영향력을 미칠 수 있는 청와대 및 국회 법사위원 같은 실력자들이 하이에나처럼 달라붙어 사건무마 청탁을 통해 개인적인 이득을 취할 게 분명하며, 이는 다른 한편으로 범죄 피해자의 인권을 침해하는 엉뚱한 결과를 낳게 한다.

검찰이 진정으로 피의자 인권침해를 방지하는 기관으로 남기를 원한다면 스스로 직접 수사권을 포기해야 하는 것이 지극히 논리적으로 타당하다.

결국, 검찰과 대한변호사협회, 판·검사 출신인 국회 법사위원들이 한통속이 되어 경찰수사권 독립을 반대하고 있는 논리는 형식에 치우친 궤변에 불과하고, 그 이면을 살펴보면 경찰에 수사권을 내어줄 경우 은밀하게 사건부탁을 할 수 없는 상황에 이르게 될까 봐, 어떻게 해서든지 법조인들의 기득권을 유지하기 위해 몸부림을 치고 있다고 봐야 한다.

특히, 필자는 본지 기사를 통하여 판사, 검사, 변호사라는 법조 3륜 체제에 기반을 둔 '법조카르텔'이라는 기득권을 깨부수고, 전관예우가 개입할 틈이 없는 공정한 사법정의를 실현하기 위해서는 완벽한 경찰수사권독립을 이루는 이외에도 판사, 검사, 변호사들의 뿌리부터 달리하는 선발 및 임용제도에 대한 개혁 필요성을 제기한 바 있다.

위 검사비리사건에서 살펴본 바와 같이 우리나라 검사 및 판사들은 전관예우와 관련된 범죄만큼은 하나같이 똘똘 뭉쳐 한글을 터득한 수준이라면 삼척동자도 알 수 있게끔 허위내용의 결정문 및 판결문을 작성해 놓고도, 마치 이를 신줏단지처럼 모시고 있다.

여기에 한술 더 떠 위 검사비리사건 몸통인 성영훈은 자신의 로비를 통해 법원으로 하여금 금방 확인 가능한 허위내용의 판결문을 작성하도록 하였음에도 불구하고(허위내용의 결정문 역시 자신의 대학교 및 대학원 후배 김영기 검사로 하여금 작성한 사실이 확인되었음), 마치 이를 진실인 것처럼 서울중앙지방법원 사법보좌관 조경애를 기망하여 필자로부터 자신의 소송비용 1,200만 원 상당을 편취하였다. 성영훈이 소속된 대형로펌인 태평양 법무법인의 영향력 아래에서 대한민국 사법부가 놀아나고 있다고 생각하니 그저 숨구멍이 막혀올 뿐이다. 참으로 참담한 현실이 아닐 수 없다.

특히, 성영훈은 이전 박근혜 정부 장관급 공직자 재산공개 당시 제1의 부자로 확인된 상황에서 돈이 궁핍하기 때문에 공무원연금으로 근근이 살아가고 있는 필자로부터 위 소송비용 1,200만 원을 편취해 갔다고는 보지 않는다.

그 이유는 성영훈이 훗날 위 검사비리사건과 관련된 자신의 혐의점에 대해서는 법원 판결을 통하여 깨끗하게 벗어났다고 주장하면서, 오히려 필자에 대해서는 고소와 진정, 소송을 남발하는 나쁜 사람으로 몰아가기 위한 더러운 흑심이 숨어 있기 때문이다.

성영훈은 실제로 검사비리사건 민사소송 답변서에서 자신의 주장과 전혀 관련 없는 증거자료들을 담당 재판부에 제출하는 등 기만성을 보이고, 필자에 대해서는 고소나 진정을 남발하는 나쁜 사람으로 몰아가고 있다.

참으로 음흉하고 사기꾼 습성이 몸에 밴 성영훈이 약 150억 원의 범죄수익금을 착복하기 위해 대형 로펌인 태평양의 고문변호사 및 검사장 출신 전관 변호사임을 내세워 대한민국 검찰과 법원을 무력화시키고, 그것도 모자라 대한민국 공직자 청렴의 상징이자 장관급인 국민권익위원장에 눌러앉아 스승님께 카네이션을 바친 초등학생의 선물을 두고 김영란법에 저촉이 되니 마니 떠들어대고 있었으니, 그가 참여한 박근혜 정부는 당연히 탄핵되어야 마땅하지 않는가?

이와 같은 현상들로 인해 대통령의 비리는 처벌되고 있으나, 전관변호사 및 판·검사들의 비리는 처벌되지 않는 해괴한 나라 대한민국, 사법정의는 눈꼽만큼도 찾아볼 수 없고 전관예우, 무전유죄·유전무죄, 법조비리가 난무하는 대한민국을 탄생시키고 있는 것이다.

여기에서 한걸음 더 나아가, 검사들이 조직적으로 사건조작을 하기 위해 직원 배치까지 변경을 시도한 사례를 살펴보고자 한다.

검사들의 검찰수사권 남용에 따른 사건조작 방법에는 작위에 의한 사건조작과 부작위에 의한 사건조작으로 구분할 수 있다.

작위에 의한 사건조작 사례로는 위 검사비리사건에서 이미 알 수 있듯이 검사들이 평소 검찰수사권을 자신들의 이득이 있는 곳에는 언제든지 불법적으로 발동할 수 있는 특성을 갖고 있다.

부작위에 의한 사건조작 사례로는 최근 '울산 고래환부사건'에서 알 수 있듯이 수사지휘 검사의 비리를 은폐하기 위해 경찰이 신청한 압수수색영장을 의도적으로 기각해 버리는 방식으로 경찰수사를 방해하는 데서 찾을 수 있다.

작위 및 부작위에 의한 사건조작 사례로는 '최순실 국정농단 사건'에서 알 수 있듯이 이를 은폐하기 위해 수사 대상을 아예 청와대 업무 기밀 누설 혐의를 받고 있는 박관천 전 경정 등 해당 경찰관에게 돌려 버린 데서 찾을 수 있다.

이와 달리, 검사들의 사건조작 여부를 떠나 수사권과 기소권을 함께 행사할 수 있는 검사 신분 자체만으로 문제가 되고 있는 사회현실을 살펴보면, 세상을 떠들썩하게 만든 진경준 전 검사장의 '넥슨 공짜 주식 사건' 사례에서 알 수 있듯이, 평소 검사들에게 사건 청탁용 보험에 가입하여야 할 필요성을 원천적으로 제거해야 할 뿐만 아니라 검사들의 검찰권력 남용 가능성을 사전에 막기 위해서는 검사들의 막강한 권력 중 직접 수사권 및 수사지휘권, 독점적 영장청구권만큼은 반드시 박탈되어야 한다.

필자가 2009년경부터 약 2년간 서울중앙지검 조사과 수사사무관으로 근무한 시절에 일어난 일이다. 주로 재산범죄 피해자들이 서울중앙지검으로 고소장을 제출할 경우 통상 피해금액이 최소한 5억 원 이상일 경우에는 검사들이 근무하는 조사부에서 직접 수사하든지, 그렇지 않으면 수사지휘를 통해 조사부 소속 조사과에 내려 보내고, 피해금액이 그 이하의 사건일 경우에는 통상적으로 수사지휘를 통해 경찰에 내려 보내진다.

당시 조사과에는 서기관 보직 조사과장 1명 및 필자를 포함하여 사무관 5~6명의 인력으로 구성되어 있었고, 각 사무관 방에는 2명의 6~7급 수사관, 1명의 8급 수사관으로 구성되어 있었다.

각 방의 사무관은 조사과장을 통해 자신에게 배당된 고소사건에 대하여 자신이 직접 수사를 하든, 자신의 부하직원으로 하여금 수사를 하게 하든, 모두 자신의 책임하에 수사가 이루어지고, 그 수사결과는 조사과장의 결재를 걸쳐 조사부 소속 수사지휘 검사에게 송치하는 절차를 취해 왔다.

그런데 당시 서울중앙지검 지휘부에서는 위와 같은 조사과 운영 방식을 버리고 조사과장 밑에 있는 각 방 책임자인 사무관을 조사부 소속 검사 1명과 1:1로 매치시켜(즉, 조사과 각 사무관을 조사부 검사실 소속 6~7급 수사관과 마찬가지로 아예 검사 밑으로 배속시켜), 사무관과 그 부하직원인 6~7급 수사관이 수사에 착수할 경우 수사 초기부터 사건송치에 이르기까지 그때그때 검사의 수사지휘를 받도록 제도적인 조치를 취하겠다는 방침을 정했다.

그 당시 조사과장은 물론 필자를 포함한 모든 사무관들이 위와 같은 지휘부의 방침에 극렬 반대하여 성사되지 않았으나, 필자가 다른 청으로 전출되고 난 2~3년 후 지휘부의 위와 같은 방침은 일정기간 시행되다가, 또다른 부작용이 있었던 탓인지 원래 조사과 운영 방식대로 환원되었다고 한다.

서울중앙지검 지휘부가 위와 같은 방침을 세운 이유는 조사과 사무관 명의의 송치의견과 검사의 사건처분 결정내용이 수시로 달라, 외부에서 볼 때 검찰수사 신뢰성에 문제가 있으므로, 이를 시정하기 위해서는 사무관에게 수사 초기부터 검사의 의중이 실린 수사지휘를 그때

그때 내릴 수 있는 제도적 장치를 확보하기 위함이라고 설명하고 있으나, 이는 전혀 설득력이 없다.

그 이유는 설사 사무관의 수사에 미진한 부분이 발견되고 그에 따른 송치의견이 잘못되었다고 하더라도, 이에 대한 보완수사를 통하여 기소여부를 판단하는 것이 검사의 주된 역할일 뿐만 아니라, 오히려 그러한 과정을 거친 검사의 처분결정이 외부에서 볼 때 검사의 존재감이 더 부각되고 검찰수사 결과에 대한 신뢰성을 확보할 수 있기 때문이다. 더군다나 사무관이나 그 부하직원 6~7급이 수사한 모든 사건은 사무관 명의로 송치하기 이전에 수사지휘 검사로부터 송치의견 지휘품신을 받기 때문에 사무관 명의의 송치의견은 수사지휘 검사의 수사지휘 내용으로 봐도 무방하다.

그럼에도 불구하고, 서울중앙지검 지휘부가 조사과 사무관을 굳이 검사 밑으로 배속시켜 놓고, 사무관의 수사에 대해 수사초기부터 검사의 지휘를 받도록 하겠다는 발상 자체는 각 고소사건 피해자나 피의자 측 변호사로부터 청탁을 받고 그 청탁 취지대로 수사를 이끌어 보겠다는 불순한 의도가 숨어 있다는 것이다.

이와 관련, 필자는 2018. 3. 19.자 본지를 통하여 '문재인 정부 정의사회 구현의지 있나?'라는 제목의 신문기사에서, '그동안 검찰의 독점적 공소권 행사와 관련, 사건조작이 있어 왔는지 확인하기 위하여, 경찰에서 기소의견으로 송치한 사건 중 검찰에서 불기소 처분한 모든 사건에 대해 경찰이나 검찰이 아닌 제3의 기관에서 전수조사를 할 필요가 있다고 생각한다'라는 취지로 검찰 기소단계에서의 사건조작 혐의를 강하게 제기한 바 있다.

필자 역시 서울중앙지검 조사과 제2호 수사사무관, 서산지청 수사과장, 서울동부지검 수사과 제1호 수사사무관 직책으로 약 7년간 근무해 오면서, 당시 직접 수사한 사건 중 피해금액이 수십억 원에서 수백억 원에 이르는 사건과 관련하여 수사지휘 검사로부터 기소의견으로 송치하라는 지휘내용대로 검찰에 송치한 후 나중에 이를 확인해 본 결과, 수사지휘 검사가 교묘하게 허위내용의 불기소 결정서를 작성하는 수법으로 당초 필자의 기소의견을 뒤집고 불기소 처분이 내려지는 사건조작 사례를 수차례 겪어온 바 있다.

결국, 성영훈 일당에 대한 구속수사 및 공정한 재판과정을 통해 국민과 역사 앞에 내놓아야 할 결과물로는 앞서 살펴본 바와 같이 견제장치가 없는 검사들의 특권의식을 배제하여야 하고, 검찰수사권 남용에 의한 사건조작을 미연에 방지할 수 있는 형사사법제도를 구축하여야 하며, 그중 하나의 방안으로써 검찰수사권(검사의 직접수사권, 수사지휘권, 독점적 영장청구권)을 전부 박탈하여 이를 검사들의 수사보조기관에 머물러 있는 경찰에게 그대로 이양하여야 한다.

셋째 이유로는 행정부 소속 검사들의 권력남용과 부정부패에 맞서 싸울 수 있는 깨끗하고 강직한 국회의원이 국회에 입성하여야 할 당위성을 확보하여야 하기 때문이다.

국회의원들이 아무리 좋은 법을 만든다고 하더라도 그 법을 집행하는 검찰에서, 자신들의 이해관계에 따라 그 법 집행을 의도적으로 회피하거나, 이중 잣대를 적용하여 편파적으로 집행하면 무슨 의미가 있겠는가?

위 검사비리사건은 전형적인 전관예우사건이자 권력형 비리사건이며, 피해금액이 약 150억 원에 달하는 대형 부정부패 사범이다.

필자는 박근혜 정부 검찰에서 위 검사비리사건을 은폐해 온 사실을 위 책자 발간 및 배포, 본지를 통하여 우리나라 모든 국회의원에게 알려왔고, 이를 국정감사 등에서 다뤄줄 것을 요청해 왔다.

그러나 여·야를 불문하고 우리나라 국회의원들은 한결같이 검찰이 무서워 위 검사비리사건을 일으킨 성영훈 일당에 대해 신속한 수사 및 형사처벌을 요구하지 못하고 있다.

즉, 권력형 비리사건이자 전관예우사건, 대형 부정부패 사범인 위 검사비리사건은 정치적 이해득실을 떠나 국회의원 모두가 실체적 진실을 밝혀 관련자 처벌을 요구하고, 이의 재발 방지를 위한 검찰 개혁에 앞장서야 함에도 불구하고, 검찰의 보복이 두려워 꿀먹은 벙어리 행세를 하고 있다는 것이다.

무소불위의 검찰 권력을 감시하고, 법 개정을 통해 썩은 검찰 개혁에 앞장서야 할 우리나라 국회의원들이 검찰 앞에서는 고양이 앞에 생쥐처럼 변해 버리는 이유는 뭘까?

그 이유는 국회의원 스스로 검찰을 휘어잡을 만큼 공·사 다방면에서 깨끗하지 못하고, 만에 하나 검사들의 비리에 대해 쓴소리를 하였다가 검찰로부터 미운털이 박힐 경우에는 제대로 국회 의정활동을 수행할 수 없음은 물론, 다음 선거에서 공직선거법을 위반하였다고 시비를 걸어오는 검찰을 당해 낼 재간이 없기 때문이다.

이럴 때 일수록 정치적 계산 놀음 및 계파싸움에만 몰두하고 있는 우리나라 전체 국회의원들보다는 지난 과거에 정의사회 구현을 실현코자 삼성 떡값 검사들의 실명을 공개했다가 검찰에 미운털이 박혀 국회의원직까지 상실한 바 있는 고 노회찬 국회의원이 그토록 그리운 것은 필자만의 마음이 아니길 바랄 뿐이다.

특히, 민주당 전해철 국회의원은 2014. 10. 23.경 실시된 대검찰청 국정감사에서 당시 야당 소속 신분임에도 검찰총장 김진태 및 감찰본부장 이준호로부터 위 검사비리사건 피의자들이 경찰소환 조사에 신속하게 응하도록 하겠다는 약속을 받아냈으나, 김진태 검찰총장은 채 1주일도 지나지 않은 시점인 같은 해 10. 31.경 당초 약속을 파기하고 성영훈 일당에 대해 경찰 소환조사를 생략한 채 위 검사비리사건을 불법으로 송치받은 후 같은 해 12. 10.경 서울중앙지방검찰청 김영기 검사로 하여금 허위 내용의 불기소 결정서를 작성하는 수법으로 각하처분을 하도록 하였다.

그런데 전해철 국회의원은 김진태 검찰총장이 당초 약속을 파기하고 위 검사비리사건을 은폐해 버린 사실을 잘 알고 있었음에도 불구하고, 다음 해 국정감사에서 검찰총장 김진태를 상대로 약속 파기 및 위 검사비리사건 은폐 경위를 따져 달라는 필자의 거듭된 요청을 거절하였고, 박근혜 정부 검찰과 모종의 거래를 통해 위 검사비리사건을 은폐해 버렸다.

따라서 촛불민심에 의거 여당으로 변신한 민주당에서는 소속 국회의원 전해철이 박근혜 정부 검찰과 위 검사비리사건을 은폐하기로 야합하게 된 경위 및 서로 간 주고받은 대가가 무엇인지 솔직담백하게 공개하여야 하며, 문재인 정부에 와서도 위 검사비리사건을 은폐하고 있는 사실에 대하여도 분명한 입장을 밝혀야 한다.

그러나 민주당 이해찬 대표는 이에 대한 어떠한 사실관계나 입장 표명을 거부하고 있다. 한마디로 민주당은 전해철 국회의원을 지키기 위해 부패하고 썩은 정당으로 남기를 선택했다.

넷째 이유로는 법 집행의 형평성을 확보하고, 모든 국민은 법 앞에 평등하다는 헌법가치를 수호해야 하기 때문이다.

위 검사비리사건은 성영훈 일당이 범죄수익금 약 150억 원을 착복하기 위해 당시 위 주관용사건을 수사 중에 있던 필자에 대해 불법적인 감찰수사에 착수함으로써, 필자의 주관용에 대한 사전구속영장 신청권이 박탈되는 등 수사방해가 이루어짐으로써 직권남용권리행사방해죄로 처벌되어야 할 사안이다.

위 검사비리사건 범행과 유사하면서도 비교적 경미한 사건으로는 2007. 4. 8.경 발생한 한화그룹 김승연 회장의 보복폭행사건을 들 수 있다. 당시 노무현 정부 검찰에서는 일선 경찰서 소속 경찰관에게 위 보복폭행사건 수사를 방해한 혐의를 받고 있던 경찰청 지휘부에 대해 전원 사직서를 제출받고 직권남용권리행사방해죄로 구속수사를 실시한 전례가 있다.

또한 위 검사비리사건과 같은 범행의 사례로는, 최근 문재인 정부 검찰에서 이명박 정부 시절 국가정보원 댓글 수사 방해혐의를 받고 있던 정 모 변호사에 대해 과도한 수사를 진행하다가 2017. 10.경 자살에 이르게 했고, 같은 혐의로 수사를 받고 있는 서울고검 변창훈 검사에 대해서도 2017. 11. 6.경 자살에 이르게 했다.

그러나 성영훈 일당의 범행만큼은 문재인 정부 경찰 및 검찰이 한통속이 되어 형사처벌은커녕 이를 은폐하는데 급급하고 있는 실정에 있다. 이는 현재 우리나라에서 벌어지고 있는 불평등한 법집행의 현실이며, 문재인 정부가 추진하고 있는 내로남불식 적폐청산의 현실이기도 한다.

다섯째 이유로는 모든 국민에게 봉사하고 국가발전에 기여해야 하는 공직사회의 특별한 근무여건상 공정한 경쟁을 통하여 열심히 일하는 공무원에게는 그에 따른 보상 기회를 부여하고, 그렇지 못한 공무원에게는 불이익을 부여하는 등 신상필벌의 원칙이 확고하게 준수되어야 하기 때문이다.

그런데 불행하게도 성영훈 일당은 당시 전국 검찰청 수사사무관 중 제1의 수사실적을 올리고 있는 필자에 대해 위 주관용사건을 자신들의 의중대로 무마(조작)하지 아니하고 제대로 수사한다는 이유 하나만으로 편파수사 및 강압수사라는 올가미를 씌워 불법적인 감찰수사를 실시함으로써 필자의 서기관 승진 기회를 영원히 박탈하여 검찰조직에서 불명예 퇴진시키고, 동시에 자신들은 검찰 기관장 및 장관급인 국민권익위원장에 영전하는 등 부귀영화를 누려왔다.

여섯째 이유로는 국가기관 중 준사법기관인 검찰과 사법기관인 법원이 전관예우에 휘둘리지 않는 채 국민을 위한 사법기관으로 거듭 태어나야 하는 당위성을 확보하여야 하기 때문이다.

성영훈 일당은 검사장 출신 태평양 법무법인 고문변호사 및 현직 고위급 검사라는 막강한 신분과 위세를 내세워 준사법기관인 박근혜 정부 검찰에 대해서는 허위내용의 불기소 결정서를 작성하는 수법으로, 사법기관인 양승태 대법원장 휘하에 있는 각급 법원에 대해서는 각 심급별 허위내용의 판결문을 작성하는 수법으로 위 검사비리사건을 각각 은폐하도록 함으로써 사실상 우리나라 형사사법제도를 마비시켜 버렸다.(제1판 책자 '제1부 : 썩은 검찰, 이대로는 안 된다', '제2부 : 썩은 사법부, 이대로는 안 된다' 각 참조)

일곱째 이유로는 성영훈 일당의 범행수법이 너무 잔인할 뿐만 아니라 범죄의 중대성, 증거인멸 및 도주의 우려 등 구속사유가 이미 확보되어 있기 때문이다.

필자가 위 주관용사건 수사에 착수할 당시, 성영훈 일당은 관련 민사소송인 '금 54억 원 공사대금 등 청구의 소' 항소심에서 이미 승소판결을 받아 놓았음은 물론, 형사사건인 위 주관용사건 중 소송사기 미수죄에 있어서도 검찰에서 이미 2차례에 걸쳐 무혐의 처분을 받아 놓은 상황에 있었다.

또한, 위 주관용사건 피의자인 주관용은 제대로 된 수사를 실시하고 있던 필자에게 대놓고 '나중에 두고 보자'는 식으로 협박을 해 온 반면, 고소인 홍성춘은 위 주관용사건이 또다시 검찰에서 미진한 수사로 인해 무혐의 처분이 내려진다면 자살하겠다며 주머니 속에 독약을 지니고 다녔다.

위와 같은 상황에서 필자는 위 주관용사건을 직접 수사할 경우 주관용으로부터 투서나 진정을 받아 다가오는 정기인사에서 서기관 승진에 탈락할 염려가 있었고, 그와 달리 위 주관용사건을 부하직원인 6~7급 수사관에게 맡길 경우 또다시 수사미진으로 인한 무혐의 처분이 내려질 염려가 있었다.

그러나 필자는 사법정의 실현에 일조하고 억울한 범죄피해자를 구해야겠다는 신념에 따라 제대로 된 수사를 진행하기 위해 전자를 택했다. 그런데 아니나 다를까, 주관용의 협박이 현실로 다가왔다.

즉, 성영훈 일당은 필자에 대해 위 주관용사건 수사 초기부터 편파수사 및 강압수사를 하고 있다는 굴레를 씌워 2차례에 걸쳐 약 1년 7개월간 불법적인 감찰수사를 실시하면서 서기관 승진 기회를 2회 박탈하고, 아예 필자를 보복인사 조치 등으로 검찰조직에서 내쫓아 버리는 짐승과 같은 불법을 자행하였던 것이다.

또한, 성영훈 일당은 약 150억 원에 이르는 소송사기 범죄수익금을 착복하기 위해 검찰수사권을 남용해 오면서 당시 연매출 3,000억 원 이상을 달성하고 있고 코스닥에 상장된 ㈜에스코넥이 부도 발생으로 인하여 국가경제가 무너지든 말든, ㈜에스코넥 임직원 및 하청업체 직원 3,000여 명이 일자리를 잃고 길거리에 뛰쳐나오든 말든, ㈜에스코넥의 상장폐지로 수천 명의 소액주주 투자금액이 하루아침에 허공으로 사라지든 말든, 이에 전혀 아랑곳하지 않았다.

특히, 성영훈 일당에게 감찰수사를 실시하도록 하기 위해 필자를 무고한 바 있는 주관용은 2018. 4. 11.(수) 서울지방경찰청 지능범죄수사대 한종구 수사관으로부터 필자와 대질신문을 받는 과정에서 '태평양 법무법인 고문변호사인 성영훈에게 위 주관용사건을 변호해 달라고 부탁한 사실이 없다'는 취지로 진술한 바 있다.

주관용의 위와 같은 진술이 사실이라면, 성영훈은 주관용의 변호인을 가장하여 약 150억 원에 이르는 소송사기 범죄수익금을 편취하기 위해 필자에 대한 불법 감찰수사를 통하여 검찰 및 법원을 상대로 주관용에 대한 무혐의 처분 또는 무죄선고를 받으려고 시도하였다는 점에서 직권남용권리행사방해죄 이외에 약 150억 원 상당 소송사기 미수죄, 주관용 명의 도용에 따른 사문서 위조 및 위조사문서 행사죄로도 처벌받아야 한다.

이미 앞에서 살펴본 바와 같이, 성영훈 일당은 자신들의 처벌을 면하고자 위 검사비리사건을 은폐해 오면서 박근혜 정부의 검찰 및 양승태 대법원장 휘하의 법원을 사실상 무력화시켰으며, 촛불혁명에 의해 탄생하였다고 자랑하고 있는 문재인 정권에 들어와서도 그 기조에는 전혀 변함이 없다.

결국, 성영훈 일당에 대한 범행은 이미 제1판 책자를 통해 완벽하게 입증된 상황에서, 그 범행을 현재까지 은폐해 온 행위는 형사소송법상 규정하고 있는 구속수사의 사유 및 필요성, 상당성을 모두 넉넉하게 충족하고도 남음이 있다.

마지막으로 문재인 대통령에 대한 탄핵의 필요성 및 당위성을 살펴보고자 한다.

첫째, 문 대통령은 '모든 사회적 폐습과 불의를 타파하여야 한다'는 헌법전문 정신을 정면으로 위배하였다.

이와 관련, 대통령의 수족들이 위 검사비리사건을 은폐해 오거나, 이에 대한 조작수사를 실시한 내역을 더 구체적으로 살펴본다.

대통령의 최측근 실세인물로 알려진 민주당 소속 국회의원 전해철은 박근혜 정부 검찰과 모종의 거래를 통하여 위 검사비리사건 은폐사실을 눈감아 주었다.

이는 제19대 대통령 선거 이전부터 검찰개혁을 외쳐왔던 문재인 정부가 들어섰음에도 불구하고 위 검사비리사건을 지금까지 은폐하게 한 주원인을 제공하는 꼴이 되고 말았다.

따라서 문재인 대통령의 오른팔 격인 전해철 국회의원과 박근혜 정부 썩은 검찰 사이에 이루어진 모종의 거래가 무엇인지, 깨끗한 정부를 구현해야 하는 차원에서라도 반드시 국정조사나 특검을 통해 밝혀져야 할 부분이다.

법무부장관 박상기는 필자로부터 2018. 11. 1.경 법무부 홈페이지 '장관과의 대화' 사이트를 통하여, '위 검사비리사건은 현재 서울지방경찰청 지능범죄수사대 지능2계 2팀(팀장 배은철 경감)에서 수사 중에 있으나, 검찰의 수사방해 및 은폐 지시로 성영훈 일당에 대해 약 1년 이상 소환조사마저도 실시하지 못하고 있으니, 법무부 감찰관으로 하여금 경찰수사를 방해하거나, 은폐하도록 지시한 검사들을 색출하여 처벌하여 주시고, 이를 통해 검찰개혁이 이루어질 수 있도록 조치해 달라'는 취지의 민원을 제출받았음에도 불구하고, 2018. 11. 9.경 위 민원에 대해 전혀 이행될 수 없는 방식을 취해 폐기처분하고, 필자가 아예 접근하지 못하도록 위 '장관과의 대화' 사이트마저도 폐쇄해 버렸다.

검찰총장 문무일은 필자로부터 2018. 11. 11.경 대검찰청 온라인 민원실 '민원신청'란을 통하여 법무부장관 박상기가 폐기처분한 위 민원을 제출받았음에도 불구하고, 2018. 11. 15.경 법무부장관 박상기와 마찬가지 방법으로 폐기처분하였다.

경찰청장 민갑룡은 2018. 7. 24.경 문재인 대통령에 의해 제1호 경찰청장으로 임명되기 이전에는 위 검사비리사건에 대한 철저한 수사를 외쳐오다가 경찰청장으로 임명되자마자 갑자기 태도가 돌변하여 현 경찰수사팀의 위 검사비리사건에 대한 조작수사는 물론, 이를 감찰해 왔던 서울지방경찰청 감찰팀의 허위내용 공문서에 기재된 '혐의없음' 처분을 용인해 주었다.

민갑룡 경찰청장이 갑자기 태도를 바꿔 위 검사비리사건 은폐에 가담하는 이유는 뭘까? 그리고 그 배후는 누굴까? 이는 경찰수사권 독립을 위해 대립각을 세워온 검찰을 상정할 수 없고, 오로지 경찰청장 임면권을 쥐고 있는 청와대 민정수석 조국을 빼놓고는 도저히 설명할 수 없는 부분이다.

필자는 경찰청장, 검찰총장, 법무부장관 등 국가 권력기관 수장들이 한결같이 현 경찰수사팀으로 하여금 위 검사비리사건을 은폐하도록 지시 또는 묵인하거나, 더 나아가 조작수사까지 실시하도록 지시 또는 묵인한 상황에서, 2018. 12. 6.경 내용증명 민원을 발송하는 방법을 택해 문재인 대통령을 대리하여 사정업무를 총괄하고 있는 청와대 민정수석 조국에게 필요한 조치를 취해 줄 것을 요청하였다.

그러나 청와대 민정수석 조국 역시 어떠한 답변도 없이 필자가 발송한 내용증명 민원을 폐기처분하였다. 필자는 공수처가 설치될 경우 청와대 민정수석 조국을 상대로 위 검사비리사건 은폐에 대한 법적 책임을 물을 예정이다.

마지막으로, 필자는 2019. 1. 26.경 본지를 통하여 민주당 이해찬 대표에 대해서는 '소속 국회의원 전해철이 위 검사비리사건 은폐에 대해 박근혜 정부 검찰과 모종의 거래를 한 사실과 관련, 특검이나 국정조사를 실시할 의향은 있는지, 당장 성영훈 일당에 대한 구속수사 의지를 전 국민들에게 확인시켜 줄 수 있는지', 그리고 행정안전부 김부겸 장관에 대해서는 '경찰청장 민갑룡에게 위 검사비리사건 조작수사를 지시한 배후에 대해 특별수사팀을 구성하라고 지시할 의향은 있는지'를 각각 묻고 그에 대한 신속한 조치를 취해 줄 것을 요구하였으나, 그들 역시 필자의 요구를 단칼에 거절하였다.

이로써 민주당은 성영훈 일당을 옹호하면서, 법의 지배를 받지 않는 특권층을 인정하는 정당으로 확인되었고, 김부겸 장관 역시 '정의'라는 낱말을 입에 담을 수 없을 만큼 대통령 후보로서의 자격이 사실상 박탈되고 말았다.

결국, 성영훈 일당에게 면죄부를 주기 위해 위 검사비리사건을 은폐하고, 더 나아가 조작수사까지 실시한 모든 책임은 전적으로 문재인 대통령에게 돌아갈 수밖에 없다.

둘째, 문재인 대통령은 검찰에 대한 적폐청산의 일환으로 성영훈 일당의 중대범죄를 엄벌하여야 함에도 불구하고, 오히려 이전 박근혜 정부보다 더 악랄한 수법을 동원하여 위 검사비리사건을 은폐함으로써 '모든 국민은 법 앞에 평등하다'는 헌법 규정을 정면으로 위반하였다.

문 대통령은 자신의 경찰조직을 통하여 성영훈 일당에게 면죄부를 주기 위해 위 검사비리사건에 대한 조작수사를 실시하여 온 반면, 자신과 정치적 반대에 서 있는 이전 정부의 적폐청산에 대해서는 가혹하리만큼 엄격한 잣대를 들이대면서 전형적인 내로남불식 수사를 진행하여 왔다.

이는 문 대통령이 중대 범행을 저지른 성영훈 일당에 대해 면죄부를 씌워줌으로써 법의 지배를 받지 않는 특권층을 인정한 결과를 초래하였고, '모든 국민은 법 앞에 평등하며, 사회적 특수계급의 제도는 인정되지 아니한다'는 헌법 제11조 규정을 정면으로 위반하였다.

셋째, 문재인 대통령은 전 국민을 대상으로 거짓말 정치를 함으로써 정치 불신을 초래하고, 정의사회 구현에 역행하며 국민통합을 저해하는 결과를 낳게 하였다.

문 대통령은 후보 시절 '검찰 수사권과 기소권 분리, 검찰이 독점하고 있는 일반 수사권을 경찰에 이관'이라는 경찰수사권독립을 선거 공약으로 내세웠다. 즉, 권력기관 상호 간 견제와 균형이라는 시대 정신을 담아 수사는 경찰, 기소는 검찰이라는 순수한 의미의 경찰수사권독립을 주장해 왔다.

그러나 대통령으로 당선이 되고 난 후, '경찰수사권독립'이라는 용어 자체가 '검·경 수사권 조정'으로 변질되었고, 급기야 조국 민정수석을 통하여 무늬만 '경찰수사권독립' 정책을 내놓았다.

필자가 수없이 반복해 강조해 왔듯이 검찰이 모든 수사에서 손을 떼고, 각종 영장청구권을 경찰에도 동시에 부여하지 않는 한, 위 검사 비리사건 조작수사 및 은폐과정에서 확인한 바와 같이 검찰의 무소불위 권력남용 및 사건조작은 물론, 전관예우, 법조비리, 무전유죄·유전무죄라는 사법적 적폐 현상이 전혀 사라지지 않고, 나아가 검찰, 법원, 변호사로 대변하는 법조 3륜의 기득권도 여전히 존재한다는 것이다.

또한, 문 대통령은 2019. 1. 10.경 국민을 상대로 한 기자 회견에서

"검찰, 경찰, 국정원, 국세청 등 각 부처도 자율적으로 과거의 잘못을 찾아내고 바로잡아 나가는 자체 개혁에 나섰습니다. 이들 권력기관에서 과거처럼 국민을 크게 실망시키는 일이 지금까지 단 한 건도 발생하지 않았습니다."라고 거짓말을 한 이래 2019. 2. 15.경 청와대에서 주재한 국가정보원·검찰·경찰 개혁 전략회의에서도 같은 취지의 반복된 거짓말을 해오고 있다.

즉, 민갑룡 경찰청장은 비선라인의 검사들로부터 은밀한 지시를 받고 위 검사비리사건을 은폐하기 위해 사건조작 수사까지 펼치고 있는 마당에, 권력기관에서 권력형비리사건이 한 건도 발생하지 않았다는 대통령의 기자회견 내용은 민심을 몰라도 한참 모르고 있고, 거짓말 정치로 국민을 속이고 있다는 데 문제가 있다.

위와 같은 사정으로 미루어 볼 때, 문 대통령이 현재 추진하고 있는 검·경 수사권조정은 물론, 공수처 설치 등 형사사법제도를 법제화하지 못한 이유를 야당의 탓으로 돌리고 있으나, 이는 지극히 자기중심적 사고에서 나온 변명에 불과하고, 그 이면을 살펴보면 앞으로도 계속 내로남불식 적폐청산을 하겠다는 의지의 표현이자, 경찰 및 검찰 등 권력기관을 자신의 정권유지 및 정권 재창출을 위한 정치적 도구로 이용하겠다는 그 이상도 그 이하도 아님이 분명해 보인다.

결국, 문재인 대통령은 자신의 휘하에 있는 경찰 및 검찰로 하여금 위 검사비리사건을 은폐하도록 지시 또는 묵인하고 있는 상황에서, '정의', '공정', '기회균등', '법 앞의 평등'이라는 낱말조차도 입에 담아서는 안 될 것이며, 국민과 역사의 준엄한 심판을 기다려야 할 것이다.

[칼럼시리즈(제2판) (6)] [2019. 9. 14.]

문재인 정부가 추진하는 검찰개혁은 진짜일까, 가짜일까?

● 지금은 가짜 대통령, 가짜 법무부장관

본 필자는 각종 비리에 연루되어 검찰수사를 받고 있는 조국 법무부 장관에게 법무부 홈페이지 '장관과의 대화' 사이트를 통하여 아래 (1)과 같은 민원을 제기했다. 민원내용은 다음과 같다.

(1) 조국 법무부장관님!

인사청문회 당시 가족 비리와 관련, 연일 신문지상과 야당의 반대에도 불구하고 문재인 대통령으로부터 검찰개혁을 완수하라는 특명을 받고 법무부장관직에 취임하시게 된 점, 진심으로 축하드립니다.

민원인은 약 28년간 법무부 및 검찰에 근무한 검찰 수사과장 출신으로서, 검찰행정 및 검찰수사와 관련하여 검사들의 비리와 특권의식을 한 몸에 겪으면서 살아온 사람 중의 한 사람입니다.

민원인을 검찰조직에서 퇴출시켜 버렸던 별첨 '검사비리사건'은 당시 민원인이 서울동부지방검찰청 수사과 제1호 수사사무관 직책으로 수사 중에 있던 금 54억 원 소송사기 등 피의사건(이하, '주관용 사건')을 무마(조작)하고, 거기에 터 잡아 이미 관련 민사소송 항소심에서 승소판결을 받은 금 54억 원은 물론 대법원 확정 판결문상 이자 포함 약 150억 원의 소송사기 범죄수익금을 착복하기 위해 검사에게 부여된 모든 형사사법권력을 남용한 권력형 비리사건이자, 전관예우 사건입니다.

특히, 위 검사비리사건의 발단이 된 주관용사건은 현재 귀하의 가장 중요한 부하직원인 법무부 검찰국장 이성윤이 서울동부지방검찰청 형사2부 부장검사 직책으로 민원인에게 수사지휘까지 한 사건입니다.

따라서 법무부 검찰국장 이성윤이 어느 누구보다도 위 주관용사건은 물론 위 검사비리사건까지 잘 알고 있고, 당시 그가 민원인에게 불법 감찰을 지시한 바 있는 위 검사비리사건 피의자인 안병익 등 대검 감찰부 직원들에 대해서는 형사처벌을 해야 한다고 주장하기까지 하였습니다.

더군다나, 현 검찰총장 윤석열은 박근혜 정부하에서 국정원 댓글 사건으로 인해 대구고검에 좌천된 당시 민원인과 2차례 만난 이후 위 검사비리사건에 대한 실체적 진실은 물론 대검 감찰부 검사들의 위 주관용사건 사건조작 관여 사실들을 잘 알고 있으면서도, 서울중앙지검장에 재직하는 기간 동안 위 검사비리사건을 은폐했거나 대검찰청 국정감사에서 위증했던 비리검사들(당시 서울중앙지검 검사 김영기 및 대검 감찰본부장 이준호)에 대한 고소장을 전혀 수사를 진행하지 않은 채 2018. 5. 23.경 말단 부하검사인 김윤선으로 하여금 허위 내용의 불기소 결정서를 작성하는 수법으로 각하 처분하도록 하였습니다.

따라서 윤석열 검찰총장이나 그 지시를 받아 위 고소장을 각하 처분한 부하 검사들 모두 공수처가 설립된다면 그곳에서 반드시 형사처벌을 받아야 할 대상자들입니다.

조국 법무부장관님!

현재 위 검사비리사건은 서울지방경찰청 지능범죄수사대에서 수사 중에 있으나, 경찰 수사팀이 검찰로부터 부당한 수사중단 및 사건 조작 지시를 받고 약 2년 이상 수사가 보류된 상태에 있습니다.

위 검사비리사건을 해결하지 않고서는 문재인 정부의 어떠한 검찰 개혁도 정당성을 부여받을 수 없고, 더 나아가 조국 법무부장관님의 사법정의를 위한 시책들 역시 단 1%도 해결될 수 없습니다.

조국 법무부장관께서는 위 검사비리사건에서 나타나는 비리검사들의 권한남용 및 검찰의 조직적인 사건은폐 그리고 경찰에 검사비리사건 조작 지시 등 여러 문제점들을 일거에 해결하고, 이를 통해 완벽한 사법정의 구현을 위한 문재인 정부의 검찰개혁이 성공적으로 완수되기를 진심으로 기대합니다.

2019. 9. 13.
민원인 임찬용 드림

(2) **조국 법무부장관은** 윤석열 검찰총장에게 위 (1)항의 검사비리사건(동 범죄사실 중 비리 검사들의 직무유기 부분은 검찰의 경찰수사 중단지시로 인해 2019. 3.경 이미 공소시효가 지나 버렸음)은 물론, 현 경찰수사팀에게 검사비리사건 수사 중단(은폐) 또는 조작수사를 하도록 지시한 검사들에 대해서도 신속히 수사하여 보고하도록 지휘하지 못한다면, 이는 스스로 가짜 검찰개혁을 추진하고 있다는 사실을 자인하는 꼴이 되고 말 것이다.

한걸음 더 나아가, 인사청문회 당시 비리 백화점으로 낙인찍힌 조국 후보자에 대해 국민 반대여론을 무시하고 검찰개혁을 완수하라며 법무부장관에 임명한 문재인 대통령이나, 이를 대통령에게 건의한 민주당 역시 국민을 기만하고 거짓정치를 하였다는 사실을 증명하고도 남음이 있다고 할 것이다.

역사와 사법정의 구현을 바라는 모든 국민들은 두 눈을 부릅뜨고 조국 법부부장관의 현명한 조치를 지켜볼 것이다.

조국 법무부장관이 청와대 민정수석 당시 윤석열 서울중앙지검장(현 검찰총장)과 야합하여 위 검사비리사건 관련 고소사건을 은폐해 버린 전력이 있는 상황에서 또다시 위 검사비리사건을 은폐하려고 한다면, 필자는 2019. 2. 28.자 본지를 통하여 이미 약속한 바와 같이 전 국민을 상대로 문재인 대통령 탄핵 및 민주당 해체운동을 줄기차게 전개해 나갈 것임을 다시 한 번 강력히 천명한다.

[칼럼시리즈(제2판) (7)] [2019. 9. 22.]

민갑룡 경찰청장에게 배신과 변절을 강요한 배후는?

- ● 금 150억 원 검사비리사건에 침묵하는 검·경
- ● 썩은 윤석열 검찰에 백기 투항한 민갑룡 경찰

세상에 믿을 건 하나 없다. 요즘 세상에서는 자신만을 믿고 살아가야 하는 운명으로 보인다. 그도 그럴 것이 사회생활은 물론 공직사회에서도 거짓과 위선이 판을 치고, 속고 속이는 인생사가 다반사이기 때문이다.

특히, 정의와 공정을 생명처럼 받들고 살아가야 할 검찰과 경찰의 수장들이 자신들의 권한을 남용하여 소속 직원들의 비리를 감싸고 임명권자인 대통령으로부터 자리 보전을 위해 국가와 국민 앞에 거짓말을 해 대는 꼴을 보고 있자니 괜한 슬픔과 분노가 들끓어 오는 심정을 억누를 길이 없다.

이와 관련, 썩은 검찰로부터 수사지휘를 받고 있는 경찰의 수장 민갑룡은 사법정의 실현을 위한 경찰수사권독립이라는 대의명분과 전국 10만 명 이상의 경찰관 자존심을 내팽개친 채 오로지 자신의 자리 보전을 위해 과거 박근혜 정부에서 경찰청장 강신명이 하던 방식 그대로 썩은 검찰에 바짝 엎드려 굴종의 모습을 보여주고 말았다.

본 필자는 2012. 7.경 서울동부지방검찰청 수사과 제1호 수사사무관 직책으로 금 54억 원 소송사기 등 피의사건(이하, '주관용사건') 수사와 관련하여, 당시 검사장 출신 전관 변호사이자 태평양 법무법인 고문변호사인 성영훈(박근혜 정부에서 황교안 국무총리의 도움으로

장관급인 국민권익위원장 역임, 현재 연세대학교 법학전문대학원 특임교수) 및 그의 부하직원으로 근무한 적이 있는 대검찰청 감찰1과장 안병익(현재 법무법인 진 대표변호사), 서울고검 검사 김훈(현재 수원고검 검사), 서울고검 검사 백방준(현재 법률사무소 이백 변호사) 등 (이하, '성영훈 일당')으로부터 2차례에 걸쳐 약 1년 7개월간 불법적인 감찰수사를 받은 바 있다.(이하, '검사비리사건')

성영훈 일당이 필자는 물론 위 주관용사건 수사에 협조한 고소인 홍성춘, 상피의자 이차남, 참고인 박재근 등 민간인에 이르기까지 주관용의 조작된 증거와 허위 진정서만을 근거로 계좌추적, 통화추적, 위치추적 등 모든 강제처분을 무차별적으로 장기간 실시한 이유는 위 주관용사건 수사방해를 통하여 검찰에서 주관용에게 무혐의 처분을 받도록 함에 있었으나(제1차 불법 감찰수사), 당시 서울동부지방검찰청 석동현 검사장 등 지휘부에 의해 그 뜻을 이루지 못하게 되자, 또다시 위 주관용사건 공판과정에서 무죄선고를 받고자 함에 있었으며(제2차 불법 감찰수사), 이를 통해 주관용이 이미 관련 민사소송 항소심에서 승소해 놓은 금 54억 원은 물론 대법원 판결문상 이자 포함 약 150억 원의 소송사기 범죄수익금을 착복하려는 목적이 있었기 때문이었다.

실제로 성영훈 일당은 위 주관용사건 공판과정에서 주관용에 대한 무죄선고를 통하여 약 150억 원의 소송사기 범죄수익금 착복할 기회를 목전까지 가지고 갔었으나, 당시 필자의 목숨을 건 저지노력과 공판검사 손아지의 신속한 대처로 이를 막을 수 있었다.

(1) 필자와 민갑룡의 경찰수사권독립을 통한 검찰개혁 추구
  필자와 민갑룡의 첫 만남은 위 검사비리사건이 발생할 무렵인

2012. 하반기쯤 당시 광진구청에 근무하는 민갑룡의 중학교 동창이자 필자의 고등학교 후배인 최 아무개의 소개로 이루어졌다.

첫 만남 당시 필자는 서울동부지방검찰청 수사과 제1호 수사사무관실 수사팀장으로서 같은 방 소속 6~7급 부하직원들과 함께 관내 동향 파악 및 범죄정보 수집에 여념이 없었고, 민갑룡은 관내 송파경찰서장이었다. 그때 필자는 송파경찰서장 민갑룡으로부터 관내 동향 정보를 듣기 바랐었다.

그 이후 필자와 민갑룡 사이에는 검찰개혁에 관심이 많은 데다가 고향 선후배 사이로 밝혀져 더욱 가까워질 수 있었다.

민갑룡이 2014. 5.경부터 경찰청 국민안전혁신추진 TF단장으로 근무할 당시 필자는 위 검사비리사건으로 인해 서기관 승진심사에 2회 탈락하고 대검찰청 감찰본부로부터 보복성 인사조치를 당할 위기에 놓여 있었다.

이에, 필자는 민갑룡에게 전화를 걸어 위 검사비리사건에 대한 실체적 진실을 알려주면서 고소장을 경찰청에 제출할 의향을 밝혔고, 민갑룡은 2009. 3.경 경찰청 수사구조개혁 팀장을 맡은 경력이 있었던 탓인지 검찰에 대한 비판적 입장을 견지하면서 경찰수사권독립을 위해 위 검사비리사건에 대한 경찰수사를 필자와 함께 진행하기로 다짐하였다.

그로 인해 필자는 현직의 신분으로 민갑룡의 도움을 받아 2014. 7. 31.자 검사비리사건 고소장을 경찰청에 제출하였고, 그 고소장은 서울지방경찰청 지능범죄수사대에 이첩되어 정식 수사가 진행되었다.

필자는 위 검사비리사건 경찰수사에 힘을 쏟기 위해 고소장 제출 다음 날 사직서를 제출하고, 서울지방경찰청 지능범죄수사대 소속 신재성 경위로부터 고소인 보충진술을 받는 등 경찰수사에 적극적인 자세를 보였으나, 당시 박근혜 정부 청와대 및 검찰로부터 사건은폐 지시를 받은 강신명 경찰청장에 의해 경찰수사가 중단되고 위 검사비리사건은 2014. 10.말경 고소인인 필자 몰래 허위내용의 송치의견을 달아 검찰에 불법으로 송치되었다.

그 과정에서 필자와 민갑룡은 강신명 경찰청장에 대한 원망과 더불어 검찰의 무소불위 권력행사, 검찰개혁에 대한 현실적인 장애 벽이 얼마나 높고 탄탄한지 실감하게 되었고, 그와 같은 고민과 번민은 민갑룡이 해외유학 기간에도 국제통화를 통해 계속 이어져 나갔다.

(2) 문재인 정부 경찰청장에 임명된 민갑룡의 배신 · 변절행위 (검찰의 사건은폐 동조행위)

필자는 박근혜 정부가 탄핵되고 검찰개혁을 바라는 촛불민심에 따라 탄생한 문재인 정부가 들어서자, 2017. 7. 3.경 또다시 위 검사비리사건에 대한 고소장을 당시 이철성 경찰청장에게 제출했다.

위 고소장은 약 1개월의 기간을 거쳐 서울지방경찰청장으로 이첩되었고, 그곳에서 당시 서울지방경찰청 차장으로 재직 중인 민갑룡에 의해 서초경찰서로 이첩되지 아니하고, 서울지방경찰청 지능범죄수사대에서 직접 수사하도록 조치되었다.

민갑룡이 위 검사비리사건 고소장을 서초경찰서에 재이첩하지 아니하고 서울지방경찰청에서 직접 수사하도록 조치한 이유는 검사들의 부당한 사건개입을 조금이라도 막기 위한 발버둥이었고, 거기에는 당시 울산지방경찰청장 황운하의 도움이 있었다.

한편, 필자는 약 1달 후인 2017. 9. 15.경 위 검사비리사건 피의자들인 성영훈 일당에 대한 처벌의 확실성을 담보하기 위해, 성영훈 일당으로 하여금 필자에게 불법 감찰수사를 실시해 주도록 2차례에 걸쳐 허위내용의 진정서를 대검 감찰본부에 제출한 바 있는 주관용에 대해 서울지방경찰청에 무고죄로 고소하였다. 그 후 무고죄 고소장은 위 검사비리사건에 병합되었다.

성영훈 일당에 대한 검사비리사건과 주관용에 대한 무고죄는 법리상 서로 톱니바퀴처럼 맞물려 있어 한 사건의 죄가 인정되면 다른 사건도 당연히 죄가 인정될 수밖에 없었다.

당시 필자는 검찰청 수사과장직을 역임한 경력을 십분 활용하여 성영훈 일당 및 주관용에 대해 단 한차례의 피의자신문조서를 통해 구속수사가 가능하게끔 관련 증거자료를 모두 제출하였고, 심지어 각 피의자들에 대한 피의자신문조서 문답사항을 직접 작성하여 이를 수사기록에 첨부시켜 놓았다.

그런데 이게 웬 말인가?

민갑룡이 2018. 7.경 문재인 대통령에 의해 경찰청장으로 임명된 이후부터 순조롭게 진행되어 가는 것으로 믿었던 위 검사비리사건과 무고사건에 대한 경찰수사는 꼬이기 시작했다.

즉, 민갑룡이 경찰청장에 임명된 이후부터 경찰수사팀(팀장 배은철 경감)에서는 이미 수사가 완료된 무고사건에 대한 피의자 주관용의 사전구속영장신청이 이루어지지 않은 채 담당자 캐비닛에 처박혀 있기 시작하였고, 당시 경찰출석을 거부하고 있던 성영훈 일당 중 백방준이 제 발로 경찰에 출석하였음에도 그를 긴급체포하여 피의자 신문조서 실시 후 48시간 이내에 곧바로 사전구속영장을 신청하지 아니하고, 오히려 그로부터 교육을 받고 석방시키는 등 웃지 못할 경찰수사의 현주소를 확인시켜 주었다.

더 나아가, 2018. 4. 11.(수) 한종구 수사관이 성영훈 일당에게 면죄부를 주기 위해 필자와 무고사건 피의자 주관용 간 대질신문을 실시한다는 허울 좋은 명목하에 위 검사비리사건에 대한 조작수사를 실시하였음에도 불구하고, 민갑룡 경찰청장은 이를 묵인하고 오히려 한종구 수사관에 대해 서울지방검찰청 청문감사담당관실(담당 경위 김혜미, 경정 이순명)로 하여금 2018. 8. 20.자 "민원처리 회신"이라는 허위공문서를 작성하여 '혐의없음'으로 종결처리하도록 하였다.

결국, 경찰청장 민갑룡은 경찰수사팀으로 하여금 위 검사비리사건에 대해서는 각 피의자들에 대한 소환조사를 실시하여야 하고, 위 무고사건에 대해서는 이미 수사가 완료되었으므로 사전구속영장을 신청하여야 함에도 불구하고, 경찰수사팀과 공모하여 비선라인 검사의 지시를 받아가면서 의도적인 수사중단, 조작수사 실시 등 불법행위를 자행해 오다가, 2019. 9. 16.경 위 검사비리사건 및 무고사건에 대해 허위내용의 송치의견서를 작성한 후 검찰에 불법송치해 버렸다. 박근혜 정부에서 강신명 경찰청장이 했던 수법과 전혀 다를 바 없었다.

원칙상 위 검사비리사건 및 무고사건은 고소사건이므로 '검사의 사법경찰관리에 대한 수사지휘 및 사법경찰관리의 수사준칙에 관한 규정'(대통령령 제25532호) 제78조 제1항에 의하더라도 경찰 수사를 중단한 채 검찰에 송치할 대상이 아니다.

더더욱 위 검사비리사건은 검사들의 중대한 범죄이므로 경찰수사 도중 검찰에 송치해서는 안된다. 이는 대놓고 박근혜 정부 때와 마찬가지로 검찰을 향해 허위내용의 불기소결정서를 작성하는 수법으로 각하 처분하라는 경찰 자체 의견이며 그 이상도 그 이하도 아니다.

경찰청장 민갑룡이 이래 놓고도 검 · 경 간 수사권조정을 어떻게 주장할 수 있으며, 여타 경찰수사에 대해서도 이를 믿어 달라고 국민들에게 호소할 수 있다는 말인가? 지나가는 소가 웃을 일이다.

(3) **필자는** 민갑룡이 경찰청장으로 임명되자마자 갑자기 태도가 돌변하여 위 검사비리사건을 은폐하기 위해 검찰에 불법송치하였다고 보지 않는다. 그 이유는 자신의 평생 지론인 경찰수사권독립 및 검찰개혁을 쉽게 바꿀 만큼 인격 자체가 나쁜 사람이 아니기 때문이다.

그렇다면, 누가 민갑룡 경찰청장에게 위 검사비리사건을 검찰에 불법으로 송치하도록 지시하였을까? 평소 대립각을 세워온 검찰에 대해서는 이를 상정할 수 없고, 오로지 인사권을 쥐고 있는 문재인 대통령 및 그의 분신인 민정수석 조국 이외에는 해답을 찾을 수 없다.

이것이 필자가 문재인 대통령에 대한 탄핵운동을 전개해야 할 근본이고 뿌리이다.

또한, 민주당 해체 운동을 전개해야 할 근본이고 뿌리 역시 소속 국회의원 전해철이 문재인 대통령 최측근인 데다, 대검찰청 국정감사에서 위 검사비리사건에 대한 철저한 경찰수사를 당시 박근혜 정부 김진태 검찰총장으로부터 약속받았음에도 불구하고, 그 이후 박근혜 정부 검찰과 엿 바꿔치기 한 사실이 있었기 때문이다.

역사는 어느 땐가 위 검사비리사건의 실체적 진실에 담긴 교훈 및 관련자들에 대한 단죄를 통해 검찰의 권력이 남용되지 않고 견제와 균형의 원리에 입각한 형사사법제도를 완성시켜 줄 것이라고 굳게 믿어본다.

〔칼럼시리즈(제2판) (8)〕 〔2019. 10. 14.〕

윤석열 검찰이 무서워 도망쳐 나온 조국 법무부장관

● 조국 장관은 금 150억 원 검사비리사건 은폐 공범

　조국 법무부장관은 2019. 10. 14. 14:00.경 "검찰개혁을 위한 '불쏘시개' 역할은 여기까지 입니다"라는 입장문을 내고 자진 사퇴했다.

　문재인 대통령으로부터 임명된 지 약 35일 만의 일이다.

　법무부장관으로 임명되기에 앞서 조국 후보자는 본인 및 가족비리와 관련, 검찰수사를 받고 있었고 야당은 물론 대다수의 국민 반대여론에도 불구하고, 문재인 대통령이 조국 후보자를 법무부장관으로 임명하게 된 이유는 검찰개혁을 완수하라는 것이었다.

　이에, 본 필자는 임명권자인 문 대통령 및 조국 법무부장관의 검찰개혁 의지에 대한 진정성을 확인하기 위하여 2019. 9. 13. "검찰개혁과 관련, 별첨 '검사비리사건' 해결촉구"라는 민원을 법무부 홈페이지 '장관과의 대화' 사이트에 제기하였다.

위 검사비리사건의 핵심요지는 다음과 같다.

　검사장 출신 전관 변호사 성영훈 및 그의 부하직원으로 근무한 적이 있는 대검찰청 감찰제1과장 안병익, 서울고검 검사 김훈, 서울고검 검사 백방준(이하, '성영훈 일당')은 2012. 7~8.경부터 2014. 3.경까지 약 1년 7개월간 금 54억 원 소송사기 등 피의사건 수사를 받고 있던 피의자 주관용과 공모하여, 당시 담당 수사사무관(필자)은 물론 고소인, 참고인, 상피의자(상피고인) 등 민간인에 이르기까지 마구잡이로 소환조사, 통화추적, 위치추적, 계좌추적 등 검사에게 부여된 모든 검찰수사권 및 영장청구권을 남용하였고, 이를 통해 이미 관련 민사소송 항소심에서 승소한 금 54억 원은 물론 대법원 판결문상 이자 포함 약 150억 원에 이르는 범죄수익금을 착복하려는 순간, 담당 수사사무관의 목숨을 건 저지노력과 공판검사 손아지의 적극적인 방어로, 결국 그 뜻을 이루지 못하고 미수에 그쳤다.

따라서 위 검사비리사건은 형법상 여적죄 의미를 내포하고 있을 뿐만 아니라, 전형적인 전관예우사건이자 권력형 비리사건, 대형 부정부패사건, 검찰조직을 악용한 국기문란사범의 성격을 갖고 있다.

나아가, 위 검사비리사건의 내용이나 성격으로 비추어 볼 때 성영훈 일당을 구속수사하지 않고서는 검찰의 적폐이자 현재 당면하고 있는 검찰개혁 대상인 전관예우, 검사들의 사건조작, 권력형 비리 및 검찰권 남용, 정치검사 출세보장 저지책 마련, 불공정한 인사제도 개선 등 어느 것 하나도 제대로 해결할 수 없는 실정에 있다.

필자가 제출한 위 민원에는 "위 검사비리사건이 서울지방경찰청 지능범죄수사대에서 수사에 착수된 이후, 검찰로부터 부당한 수사중단 및 사건조작 지시를 받고 약 2년 이상 수사가 보류 중에 있으니, 제대로 수사가 진행될 수 있고, 사건조작을 지시한 검사를 색출하여 처벌해 달라"는 취지로 되어 있었다.

그러나 조국 법무부장관은 위 민원을 접수만 한 채 윤석열 검찰을 상대로 처리를 거절하였다.

이에 편승한 민갑룡 경찰은 2019. 9. 16.경 사전에 윤석열 검찰과 짜고 위 검사비리사건을 은폐할 목적으로 성영훈 일당에 대한 소환조사 및 사전구속영장을 신청하지 아니한 채 불법 송치하고 말았다.

필자는 민갑룡 경찰의 위 검사비리사건 불법송치에 대해 너무나도 억울하고 분한 나머지 조국 법무부장관에게 2019. 9. 22.자 "검사비리사건 및 무고사건을 불법송치 지휘한 검사 처벌요구"라는 민원을 법무부 홈페이지 '장관과의 대화'라는 사이트에 또다시 제기하였다.

그러나 조국 법무부장관은 재차 제기한 위 민원마저도 처리하지 아니하고 금일 일방적으로 장관직 자진사퇴를 하고 말았다.

생각해 보라!

금 54억 원 소송사기 등 피의사건에 대해 수사를 받고 있던 주범 주관용과 손잡고, 범죄수익금 약 150억 원을 착복하기 위해 모든 검찰권력을 멋대로 행사해 온 성영훈 일당 중 김훈은 현재에도 수원고검 검사로 버젓이 근무하고 있는데, 이를 처벌하지 아니하고 그 어떠한 검찰개혁이 더 필요하단 말인가?

또한, 검찰개혁을 바라는 촛불혁명으로 탄생하였다고 자랑하고 있는 문재인 정부의 경찰이 위 검사비리사건을 은폐하기 위해 검찰과 서로 짜고 조작수사까지 실시하고, 성영훈 일당의 범행을 입증할 수 있는 증거가 차고 넘침에도 불구하고, 이에 대한 수사를 의도적으로 회피면서 사건을 불법으로 송치해 버린 상황에서, 이를 해결하지 아니하고 그 어떠한 검·경 수사권 조정이나 검찰개혁이 더 필요하단 말인가?

조국 법무부장관이 약 35일간의 임기 동안 추진한 검찰개혁 내용은 검찰수사 중에 피의사실 공표 금지, 특별수사부 명칭 변경 및 축소 등 이른바 장관 자신 및 자신의 가족 관련 검찰수사를 방해하거나, 국민의 알권리를 막아버리는 개악에 불과하였다.

한술 더 떠 문재인 대통령은 윤석열 검찰에 대해 절제되고 통제된 검찰수사권이 필요하다는 취지로 검찰개혁 지침을 시달하면서 조국 장관 비리와 관련된 검찰수사를 방해하는 데 일조하였다.

모름지기 검찰개혁의 진정한 방향은 전관예우 및 권한남용을 통한 사건조작이 없도록 검찰권한을 분산하고, 견제와 균형에 입각한 형사사법시스템을 구축하는 데 있다. 거기에는 사건조작을 일삼는 판·검사들에 대해서도 경찰관과 마찬가지로 반드시 사법처리가 뒤따라야 하는 제도적 보완장치가 필요함은 물론이다.

결론적으로, 비리 백화점 한복판에 있던 조국 후보자에 대해 검찰개혁을 완수하도록 하기 위해 법무부장관에 임명할 수밖에 없었다는 문 대통령의 대국민 약속은 새빨간 거짓말로 확인되었다.

이는 필자가 2019. 2. 28.자 "3·1절 100주년, 문재인 대통령 탄핵운동에 깃발을 꽂다(국회의원 전해철 소속 민주당 해체, 청와대 민정수석 조국 파면)"라는 본지 기사를 작성하였던 근본 이유 중의 하나이다.

〔칼럼시리즈(제2판) (9)〕 〔2019. 10. 25.〕

민초들이여! 똘똘 뭉쳐 비리검사들을 감싸고 도는 문재인 정권을 몰아내자.

● 금 150억 원 검사비리사건을 은폐한 대통령 탄핵·민주당 해체

본 필자는 본지를 통해 그동안 문재인 정부 경찰에서 수사 중인 '검사비리사건'과 '무고사건', '소송사기사건'에 대한 공정한 수사 촉구와 이를 통한 경찰수사권독립을 줄곧 주장해 왔다.

가. 위 각 사건에 대한 핵심요지는 다음과 같다.

(1) '검사비리사건'

필자는 2012. 7.경 서울동부지방검찰청 수사과 제1호 수사사무관 재직 당시, 박근혜 정부 검사장 출신이자 태평양 법무법인 고문변호사 성영훈(현재 연세대학교 법학전문대학원 특임교수)과 그의 부하직원으로 근무한 적이 있는 대검찰청 감찰 제1과장 안병익(현재 법무법인 진 대표변호사), 서울고검 검사 김훈(현재 수원고검 검사), 서울고검 검사 백방준(현재 법률사무소 이백 변호사)으로부터 금 54억 원 소송사기 등 피의사건(이하, '주관용사건')을 열심히 수사하였다는 이유 하나만으로 아무런 근거 없이 위 주관용사건 고소인 홍성춘, 참고인 박재근, 상피의자(상피고인) 이차남과 함께 2차례에 걸쳐 약 1년 7개월간 소환조사는 물론 통화추적, 위치추적, 계좌추적 등 모든 강제처분을 받았다.(이하, '검사비리사건')〔서울지방경찰청 사건번호 2017년도 5513호, 입건일자 2017. 8. 23.〕

위 검사비리사건 피의자들(이하, '성영훈 일당')이 필자를 포함한

사건관계자들에 대하여 위와 같이 불법 감찰수사를 실시하였던 이유는 위 주관용사건 관련 민사소송 항소심에서 이미 54억 원 승소판결을 받아놓은 상황에서, 대법원 판결문상 이자 포함 약 150억 원의 소송사기 범죄수익금을 착복하고자 함에 있었고, 실제로 위 주관용사건 공판과정에서 위 150억 원의 범죄수익금을 착복하려는 순간, 필자의 목숨을 건 필사적인 저지노력과 당시 서울동부지방검찰청 공판검사 손아지의 적극적인 방어로, 결국 그 뜻을 이루지 못하고 미수에 그쳤다.

(2) '무고사건'

위 주관용사건 피의자인 주관용은 자신에게 가해지고 있는 필자의 수사를 방해하여 검찰에서 무혐의처분을 받거나, 기소 후 공판과정에서 무죄선고를 받은 다음, 이에 터 잡아 위 소송사기 범죄수익금 약 150억 원을 편취할 목적으로 필자가 위 주관용사건을 편파적이고 강압적으로 수사하였다는 취지의 허위내용 진정서를 대검 감찰부에 2회 제출하여 필자로 하여금 감찰수사를 받도록 함으로써 필자를 무고하였다. 〔서울지방경찰청 사건번호 2017년도 6160호, 입건일자 2017. 9. 18.〕

(3) '소송사기사건'

위 주관용의 변호인이자 태평양 법무법인 고문변호사인 성영훈과 그의 소송대리인 임장호, 허승진은 고소인이 2015. 9.경 서울중앙지방법원에 제기한 위 검사비리사건 민사소송에서 사실은 담당 재판부로부터 허위내용의 승소판결문을 받아냈음에도 불구하고, 2017. 6.경 마치 그 승소판결문이 사실인 것처럼 그 정을 모르는 사건 외 서울중앙지방법원 사법보좌관 조경애에게 제출하여 위 성영훈의 소송비용 약 1,200만 원 상당을 필자로부터 교부받았다. 〔서울지방경찰청 사건번호 2017년도 5513호, 입건일자 2017. 8. 23.〕

나. 위 각 사건의 성격(특성)

위 각 사건들의 시발점 및 종착역은 당시 필자가 수사하고 있던 주관용사건의 조작(무마)을 통하여 이미 승소판결을 받아 놓은 관련 민사소송 항소심 판결금액 54억 원은 물론, 대법원 판결문상 이자 포함 약 150억 원에 이르는 소송사기 범죄수익금을 착복하는데 있었으므로, 각 사건 피의자 및 그 행위 태양만이 다를 뿐이지, 각 사건의 실체적 진실을 밝히는 데 있어서는 서로 톱니바퀴처럼 맞물릴 수밖에 없고, 한 사건의 죄가 인정되면 또 다른 사건 역시 자동적으로 죄가 인정되는 구조적인 특성을 갖고 있다.

특히, 위 검사비리사건은 형법상 여적죄 의미를 내포하고 있을 뿐만 아니라, 전형적인 전관예우사건이자 권력형 비리사건, 대형 부정부패 사건, 검찰조직을 악용한 국기문란사범의 성격을 갖고 있다.

성영훈 일당의 권력형 비리로 인해 당시 연 매출 3,000억 원 이상을 달성하고 있던 피해회사인 ㈜에스코넥은 부도 일보 직전까지 내몰렸고, 수천 명의 투자자들 역시 ㈜에스코넥의 상장 폐지로 수천억 원의 투자 금액을 허공에 날릴 처지에 놓이게 되었으며, ㈜ 에스코넥 임직원은 물론 하청업체 직원을 포함한 약 3,000여 명이 직장을 잃고 길거리로 쫓겨나갈 수밖에 없는 급박한 상황까지 치달았다.

위 주관용사건의 성공적인 수사를 통해 위와 같이 급박한 상황을 해결해 온 필자로서는 성영훈 일당의 검찰수사권 남용이 개인적으로나 국가적으로나 얼마나 무서운 결과를 초래하여 왔는지 그 두려움과 분노에 못 이겨 지금까지도 밤잠을 설치곤 한다.

다. 문재인 정부 경찰 수사과정에서 새로 드러난 범죄사실

위 각 사건들의 경찰수사팀 [서울지방경찰청 지능범죄수사대 지능2계 : 팀장 경감 배은철(2019. 7.말경 경감 김재흔으로 변경), 담당 경위 한종구(2018. 5. 8.경 위 검사비리사건 조작수사 혐의로 경위 김한호로 변경)]에서는 2018. 4. 11.(수) 성영훈 일당에게 면죄부를 주기 위해 위 무고사건 피의자 주관용과 고소인인 필자 간 대질조사를 실시한다는 명목으로 위 검사비리사건에 대한 조작수사를 실시하였다.

당시 필자가 한종구 수사관에게 "주관용의 무고 범죄사실에 대해 대질하겠다며 불러놓고, 그에 대해서는 전혀 물어보지 아니하고, 왜 검사비리사건을 무마하기 위한 질문만을 피의자 다루듯이 물어보느냐"라고 따졌더니, 한종구 수사관은 필자가 제출한 책자를 높게 흔들어대면서 "주관용의 무고 범죄 사실은 이미 제출한 책자에 모두 기재되어 있는데 뭘 더 물어봐 달라는 거냐"며 오히려 화를 벌컥내는 태도를 보였다.

그런데 더욱 문제로 부각되고 있는 사실은 위 조작수사 대질과정에서 피의자 주관용의 답변내용이었다.

즉, 주관용은 위 대질과정에서, "평소 고등학교 동창으로 잘 알고 지내는 태평양 법무법인 김인만 변호사에게만 이미 승소판결을 받은 바 있는 금 54억 원 공사대금 등 청구의 소 (위 주관용사건 관련 민사소송) 항소심을 맡아달라고 부탁하였고, 그 연장선상에서 이와 관련된 형사사건인 위 주관용사건에 대해서도 변호인으로 맡아달라고 부탁했을 뿐, 성영훈에게는 어떠한 사건도 변호인으로 맡아달라고 부탁한 사실이 없으며, 또한 성영훈이 저를 위해서 실질적으로 변론을 한 사실이 없을 뿐만 아니라, 태평양 법무법인에 들렀을 때 한두 번 정도 눈인사만 나누는 관계였다"라는 취지로 주장하였다.

이는 당시 태평양 법무법인 고문변호사인 성영훈이 주관용으로부터 변호인을 맡아달라고 의뢰를 받은 적이 전혀 없음에도 불구하고, 주관용의 변호인이라는 명목을 달아 검찰과 법원의 로비를 통하여 주관용에 대해 검찰 수사과정에서 무혐의 처분 또는 법원 공판과정에서 무죄선고를 이끌어내고, 이에 터 잡아 이미 주관용이 승소판결을 받아 놓은 금 54억 원은 물론 대법원 판결문상 이자 포함 소송사기 범죄수익금 약 150억 원을 편취하려는 범죄 정황을 그대로 입증해 주고 있다.

따라서 성영훈에게는 당초 고소내용인 직권남용 범죄사실 이외에도 약 150억 원의 소송사기 미수, 변호사 선임계인 사문서 위조 및 위조사문서 행사, 변호사법위반죄 등을 적용해야 할 수사가 더 필요하게 되었다.

라. 위 각 사건의 불법송치와 관련된 문제점 고찰

위 각 사건들은 약 2년 이상의 기간 동안 검찰의 수사방해로 인해 수사가 중단된 상태에서 2019. 9. 16.경 경찰청장 민갑룡의 묵인하에 검찰에 불법송치되었다.

이는 위 각 사건들이 고소사건이므로 '검사의 사법경찰관리에 대한 수사지휘 및 사법경찰관리의 수사준칙에 관한 규정(대통령령 제25532호) 제78조 제1항'에 위반됨은 물론이다.

위 각 사건 중 검사비리사건은 성영훈 일당의 경찰출석 거부로 피의자신문조서가 작성되지 않은 채 송치되었고, 무고사건 및 소송사기사건은 각 피의자들에 대한 피의자신문조서가 작성된 채로 송치되었다.

결론부터 말하자면, 고소인인 필자는 위 각 사건들의 실체적 진실 부분과 관련, 검찰 수사과장까지 역임한 수사경력을 십분 활용하여 100% 입증이 가능하도록 수사기록을 작성해 놓았다.

즉, 필자는 경찰 수사단계에서부터 담당 경찰관의 사건조작을 원천적으로 봉쇄하기 위해, 필자가 직접 고소인 진술조서를 문답형으로 작성하여 제출한 후 담당 경찰관으로 하여금 이를 확인하는 과정만을 거쳤고, 심지어 각 피의자들에 대한 피의자신문조서상 신문사항까지 그 근거자료를 제시하면서 직접 작성한 후 이를 수사기록에 편철해 놓았다.

위와 같은 상황에서, 경찰 수사팀은 위 각 사건을 검찰에 불법송치할 것이 아니라, 약 2년 동안 경찰출석을 거부하고 있는 성영훈 일당에 대해서는 체포영장을 신청해야 하고, 이에 불응 시 사전구속영장을 신청하는 등 소정의 형사절차를 취했어야 했고, 이미 피의자신문조서를 마친 무고사건 피의자 주관용 및 소송사기사건 피의자 임장호, 허승진에 대해서는 사법질서를 어지럽히는 중대 범죄자인 데다, 증거인멸 가능성이 매우 높은 상황에 있었으므로 필자가 이미 고소장에 기재해 놓은 구속사유를 적시하여 사전구속영장을 신청했어야 했다.

필자는 박근혜 정부 당시 위 검사비리사건은 물론 관련사건에 대한 명백한 증거자료가 차고 넘침에도 불구하고, 경찰에서는 이를 제대로 수사하지 않은 채 검찰에서 불러준 허위내용의 송치의견서를 작성한 후 불법으로 사건을 송치해 버리고, 검찰 역시 위와 같이 허위내용으로 작성된 경찰 송치의견서를 그대로 인용하는 수법으로 계속 각하 처분해 온 사례를 수차례 경험해 왔다.

그런데 검찰개혁을 바라는 촛불혁명으로 탄생하였다고 자랑하고 있는 문재인 정부에 들어와서도 박근혜 정부 때와 똑같은 방법으로 위 검사비리사건을 은폐하려 하고 있다. 특히, 문재인 정부의 경찰에서는 불법송치 이전에 조작수사까지 저질렀으니, 그 은폐수단에 있어서는 박근혜 정부의 경찰보다 훨씬 더 죄질이 불량하다.

문재인 정부의 경찰과 검찰이 합세하여 약 150억 원에 달하는 권력형 비리사건을 은폐하고 조작하기 위한 일련의 경찰 수사과정 및 불법적인 사건송치는 문재인 정부의 탄생 근거를 송두리째 뽑아버렸고, 그동안 권력기관 개혁을 줄기차게 외쳐대며 추진해 온 검·경 수사권 조정 및 공수처 설립 정책 역시 그 정당성을 잃어버린 채 아무런 효용가치가 없는 구시대 유물로 전락해 버렸으며, 문재인 정부에서는 '어떠한 유형의 권력형 비리가 없어왔다'는 문 대통령의 대국민 약속은 새빨간 거짓말로 확인되었다.

문 대통령은 위 검사비리사건이 전임 박근혜 정부 검찰에서 발생하였으므로 자신과는 무관하다고 항변할지 모르나, 위 검사비리사건의 은폐 범죄는 국가 차원에서 살펴볼 때 발생 범죄보다 더 위험하고 무서운 범죄다. 더욱이 위 소송사기사건은 문 대통령 취임 이후에 발생한 범죄다.

더군다나, 위 검사비리사건과 같은 권력형 범죄가 발생하였을 경우에 가장 중요한 국가적 책무는 이를 은폐할 것이 아니라, 제대로 된 국가 형벌권을 행사하여야 함에도, 문 대통령은 이와 전혀 다른 길을 걷고 있다.

문 대통령은 자신의 휘하에 있는 경찰과 검찰을 동원하여 위 검사비리사건을 은폐해 오면서도, 한편으로는 집권하자마자 자신이 임명한 서울중앙지검장 윤석열로 하여금 최순실 국정농단 혐의로 박근혜 전 대통령까지 구속수사토록 한 조치는 정치적 보복행위이자 전형적인 내로남불 법집행이라는 의심을 받기에 충분하고도 남음이 있다.

최근 민갑룡 경찰에서는 위 각 사건을 검찰에 송치하였다는 취지의 2019. 9. 16.자 '사건처리결과통지'라는 공문서만 필자에게 달랑 우편으로 발송해 놓고는 경찰수사 내용을 파악할 수 있는 송치의견서 발급을 거절하고 있고, 주임검사 이윤구는 위 각 사건을 불법으로 송치받아 캐비닛에 처박아놓고는 언제쯤 허위 불기소결정서를 작성해야 좋을지 저울질하면서 아예 고소인인 필자와의 전화통화나 면담마저도 거절하고 있다.

이를테면, 고소사건을 처리하는 검사가 이를 은폐하기 위해 범죄피해자와는 아예 만나주지도 않고 범죄 피의자들 하고만 서로 내통하면서 증거조작을 꾸며대고 있는 형사사법시스템이 우리나라 문재인 정부에서 작동되고 있다.

필자는 경찰의 송치의견서 발급 거절로 인해 위 각 사건에 대한 정확한 수사결과 내용을 알 수 없었으나 형사사법포털사이트에 접속하여 본 결과, 위 검사비리사건 피의자들에게는 '각하', 위 무고사건 및 소송사기사건의 피의자들에 대해서는 '혐의없음' 의견으로 검찰에 송치된 사실만을 확인할 수 있었다.

　이와 관련, 필자는 수개월 전부터 위 각 사건 수사담당자인 김한호 경위와 전화통화에서, "약 2년간 위 각 사건에 대해 수사를 방해하고, 특히 위 검사비리사건에 대해 조작수사를 지시한 검사가 누구인지 양심고백을 해달라. 아무리 윗선에서 조작수사를 지시하였다고 하더라도, 박근혜 정부에서 발생한 국정농단 수사에서도 알 수 있듯이 불법을 지시한 상사는 물론 그 불법을 이행한 부하직원도 함께 처벌된다. 공수처가 설치되면 조작수사를 지시한 성명 불상자 검사와 공범관계에 있는 당신만큼은 고소장에서 빼줄 테니 지금이라도 언론에 양심 고백을 해달라."고 계속 설득하였고, 위 김한호 경위는 수차례에 걸쳐 "고소인의 뜻을 잘 알았다. 고민해 보겠다"라고 대답해 오던 중 어느 날 갑자기 2019. 9. 16.자 위 각 사건 불법송치를 의미한 '사건 처리결과 통지서'만이 날아온 것이다.

　생각해 보건대, 경찰 수사팀은 위 각 사건 송치의견을 미리 검찰이 알려준 대로 "각하 또는 무혐의" 등 허위내용으로 작성하여 검찰에 송치하였고, 추후 검찰에서는 박근혜 정부의 검찰과 마찬가지로 주임검사 이윤구 명의로 된 불기소결정서에서 위와 같이 허위로 작성된 경찰 송치의견서를 그대로 인용할 것이 분명해 보인다. 검찰이 경찰 뒤에 숨어서 사건조작이나 지시하는 모습이 참으로 역겹고 추악하기 그지없다.

　한마디로 말하면, 문재인 정부 휘하 경찰과 검찰은 범죄자를 수사하여 처벌하는 정상적인 국가로서의 법 집행 기관이 아니라, 범죄자와 공모하여 사건을 은폐하거나 조작하는 깡패조직으로 전락하고 말았다.

한편, 문재인 정부 소속 윤석열 검찰총장 및 민갑룡 경찰청장은 과거 필자와 친분을 쌓아오면서 위 검사비리사건에 대한 철저한 수사와 성영훈 일당의 처벌을 바라는 필자의 입장을 지지해 오다가, 문 대통령에 의해 검·경 수장으로 발탁되자, 갑자기 그 태도가 돌변하여 현재는 모두 필자의 적으로 돌아서고 말았다.

필자는 윤 총장과는 약 20년 전 1998년경 수원지검성남지청 형사부에서 함께 근무한 인연을 갖고 있다. 그로 인해 윤 총장이 국정원 댓글사건 수사와 관련하여 징계를 받고 대구고검에 좌천될 당시인 2014. 4.경 2차례 만나 위 검사비리사건에 연루된 검사들의 범죄행위를 인지시켜 주었고, 그 이후에도 윤 총장은 사표제출 후 법적투쟁을 해오던 필자의 입장을 암묵적으로 지지해 오다가, 문재인 정부가 들어선 후 2017. 5.경 서울중앙지검장으로 발탁되자 필자의 지지 입장을 철회하였다.

민갑룡 경찰청장 역시 경찰수사권독립을 위해 사표제출 후 법적투쟁을 해오고 있던 필자에 대해 고향 '형님'으로 호칭하면서 적극적으로 필자의 입장을 지지해 주었고, 서울경찰청 차장 재직 당시인 2017. 7.경 위 검사비리사건 고소장을 일선 서초경찰서에 내려 보내지 아니하고, 직접 서울지방경찰청 지능범죄수사대에서 수사하도록 하는 등 성영훈 일당 처벌을 위해 적극적인 태도를 보여오다가 2018. 7.경 경찰청장으로 발탁되자 경찰수사팀의 위 검사비리사건에 대한 조작수사를 묵인하는 등 갑자기 그 태도가 180도 변해 버렸다.

경찰에서 약 2년 이상 수사 중에 있던 위 각 사건에 대한 검찰 송치 및 검찰에서의 불기소결정은 민갑룡 경찰청장 및 윤석열 검찰총장의 사전 승인 없이는 사실상 불가능하다.

그 이유는 위 각 사건에 대한 송치는 '검사의 사법경찰관리에 대한 수사지휘 및 사법경찰관리의 수사준칙에 관한 규정(대통령령 제25532호) 제78조 제1항'에 위반되는 불법송치일 뿐만 아니라, 검사 등 고위공무원에 대한 사건송치 및 불기소 등 처분결정은 반드시 사전에 기관장에게 보고해야 하는 사항이기 때문이다.

그렇다면, 문재인 정부 경찰청장이나 서울중앙지검장, 검찰총장 임명이전에는 위 검사비리사건에 대한 철저한 수사와 성영훈 일당에 대한 형사처벌을 위해 법적 투쟁을 해오고 있던 필자에게 지지를 보냈던 민갑룡, 윤석열이 우리나라 권력기관 최고의 자리에 오르자마자 필자의 지지를 철회하고, 더군다나 위 각 사건을 은폐하기 위한 수단인 불법송치나 불기소결정 처분을 각각 승인한 이유는 뭘까? 그 배후에는 도대체 누가 있을까?

이는 궁극적으로 민갑룡 경찰청장 및 윤석열 검찰총장의 인사권을 쥐고 있는 문 대통령 본인 또는 대통령을 움직일 수 있는 최측근 중의 최측근인 전해철 국회의원, 당시 조국 민정수석 이외에는 정답을 찾을 수 없다.

이로써 민갑룡 경찰청장은 자신의 자리 보전을 위하여 위 검사비리사건을 은폐하고 및 조작수사하였다는 오명을 안고 경찰수사권독립이라는 평소 소신을 접어야 했고, 윤석열 검찰총장 역시 같은 이유로 정의로운 조직에만 충성할 뿐 사람에게는 충성하지 않는다는 평소 소신을 접어야 했다.

또한, 전해철 국회의원은 2014. 10. 23. 23:00경 대검찰청 국정감사에서 검찰총장 김진태로부터 '경찰에서 수사 중인 위 검사비리사건에 연루된 현직 검사 전원에 대해 경찰에 출석하여 철저한 조사를 받도록 하겠다'는 약속을 받아 놓고는, 불과 채 10일이 지나지 않는 시점인 2014. 10. 31.경 위 검사비리사건이 검찰에 불법으로 송치되도록 방치하고, 2014. 12. 10.경 검사 김영기에 의해 허위내용의 불기소결정서를 작성하는 수법으로 각하 처분하도록 방조 및 묵인한 사실이 있다.

따라서 앞으로 검찰에서는 당시 전해철 국회의원이 김진태 검찰로 하여금 위 검사비리사건을 은폐하도록 묵인한 대가로 어떠한 반대급부를 취했는지 철저한 수사가 뒤따라야 할 것이다.

마. 결론

문 대통령은 그동안 기회 있을 때마다 문재인 정부가 들어선 이후부터는 권력형 비리가 없어졌다는 뻔뻔한 거짓말로 국민들을 기만해 왔다.

특히, 비리백화점 한복판에 있던 조국 후보자에 대해 검찰개혁을 완수하도록 하기 위해 법무부장관에 임명할 수밖에 없었다는 문 대통령의 대국민 약속 또한 새빨간 거짓말로 확인되었다.

즉, 조국은 약 35일간 법무부장관으로 재직하는 동안 검찰개혁과 관련, 위 검사비리사건에 대한 경찰수사 중단 및 동 사건 은폐를 위해 경찰에게 조작수사를 지시한 검사들에 대해서는 두 눈을 꾹 감은 채 (검사들의 사건조작 및 이의 은폐, 검찰권 남용, 전관예우 등 핵심적인 검찰개혁에는 관심도 없고), 오직 자신과 자신의 가족에 대한 검찰수사와 관련하여 수사기간 중 피의사실 공표 금지, 검찰 특별수사부

감축 등 국민의 알권리 봉쇄 및 검찰수사력 약화에 초점을 맞춘 검찰개혁 방안만을 추진하는 데 그쳤다. 한마디로 지나가는 소가 웃을 일만 한 꼴이다.

이제는 문재인 대통령이 직접 나설 차례다.

문 대통령이 직접 임명한 민갑룡 경찰청장 및 윤석열 검찰총장은 합심하여 위 검사비리사건 등 각 사건을 은폐할 목적으로 경찰수사 도중에 검찰에 불법적으로 송치해 버렸다.

이와 관련, 위 두 사람의 권력 기관장에게는 반드시 문 대통령의 문책이 뒤따라야 한다.

그와 동시에 경찰 수사팀에 위 검사비리사건을 조작수사하도록 지시한 검사를 색출하여 반드시 처벌하여야 한다.

더 나아가, 위 각 사건을 불법적으로 송치받아 허위 불기소결정서를 작성하는 수법으로 '각하' 또는 '혐의없음' 처분을 내리려고 때를 기다리고 있었던 서울중앙지검 이윤구 검사에 대해서도 강도 높은 감찰과 수사가 동시에 이루어져야 한다.

위와 같은 조치만이 현재 문재인 정부가 추진하고 있는 검·경 수사권 조정 및 공수처 설치라는 검찰개혁에 대한 정당성과 이를 성공적으로 추진할 수 있는 명분을 확보할 수 있고, 문 대통령 스스로도 정의롭고 깨끗한 대통령으로 새롭게 태어날 수 있다.

필자는 2015. 12.경 본지를 통하여 위 검사비리사건의 주범격인 성영훈을 장관급인 국민권익위원장에 임명한 박근혜 대통령에 대해 불통 대통령으로 혹평하고, 박근혜 정부를 깡패집단으로 매도하면서 불행한 역사를 예감한 바 있다.

아니나 다를까, 그로부터 채 1년이 지나지 않는 시점인 2016. 10.경 최순실 국정농단이 터졌고, 박근혜 전 대통령의 탄핵과 구속으로 이어지는 역사적 아픔이 현재까지 펼쳐지고 있다.

필자의 위와 같은 예감이 적중한 이유는 위 검사비리사건과 같은 실체적 진실에 바탕을 둔 소명의식의 발로로써, 민족과 역사 앞에 우리나라만큼은 제발 부정과 부패, 특권과 반칙이 없는 정의롭고 공정한 나라를 만들어 달라고 기도해 온 결과라고 생각한다.

문 대통령의 결단으로 사법정의가 도도히 흐르는 공정하고 깨끗한 나라가 되기를 진심으로 바랄 뿐이다.

〔칼럼시리즈(제2판) (10)〕 〔2020. 3. 1.〕

검사의 중대 범죄를 감추는데 골몰한 썩은 대통령과 집권 여당!!

- 이들 모두 150억 원 검사비리사건 은폐 공범
- 검찰, 수사 중인 수사사무관 1년 7개월간 '내부 불법감찰', 감찰대상자인 필자는 근무 중 자살기도
- 경찰수사권독립을 위해 동고동락해 왔던 필자를 배신한 민갑룡 경찰청장

본 필자는 지난 달 29일 토요일 오전 9시 5분 서울중앙지검 콜센터 전화번호인 1301번에서 보낸 익명의 문자메시지를 공개한다.

그 내용인즉,

"귀하께서 고소한 사건(서울중앙지방검찰청 2019형제80612호) 처분결과를 알려드립니다. 수일 내 고소·고발사건 처분결과통지서를 우편으로 보내드리오니 구체적인 불기소이유 확인절차 등 이의제기 절차는 위 통지서를 참고하여 주시기 바랍니다.

(1) 피의자 성** - 직권남용권리행사방해 : 각하, 사기 : 각하
(2) 피의자 성명불상 - 직권남용권리행사방해 : 각하
(3) 피의자 성명불상 - 직권남용권리행사방해 : 각하, 직무유기 : 공소권없음
(4) 피의자 성명불상 - 직권남용권리행사방해 : 각하, 직무유기 : 공소권없음
(5) 피의자 임** - 사기 : 각하
(6) 피의자 허** - 사기 : 각하
(7) 피의자 주** - 무고 : 각하"라고 게재되어 있었다.

이와 관련된 사건 요지 및 성격(특성)은 다음과 같다.

가. 사건 요지

(1) 검사비리사건

필자는 2012. 7.경 서울동부지방검찰청 수사과 제1호 수사사무관 재직 당시, 박근혜 정부 검사장 출신이자 태평양 법무법인 고문변호사 성영훈(현재 연세대학교 법학전문대학원 특임교수)과 그의 부하직원으로 근무한 적이 있는 대검찰청 감찰 제1과장 안병익(현재 법무법인 진 대표변호사), 서울고검 검사 김훈(현재 수원고검 검사), 서울고검 검사 백방준(현재 법률사무소 이백 변호사)으로부터 금 54억 원 소송사기 등 피의사건(이하, '주관용사건')을 열심히 수사하였다는 이유 하나만으로 아무런 근거 없이 위 주관용사건 고소인 홍성춘, 참고인 박재근, 상피의자(상피고인) 이차남과 함께 2차례에 걸쳐 약 1년 7개월간 소환조사는 물론 통화추적, 위치추적, 계좌추적 등 모든 강제처분을 받았다.(이하,'검사비리사건') 〔서울지방경찰청 사건번호 2017년도 5513호, 입건일자 2017. 8. 23.〕

위 검사비리사건 피의자들(이하, '성영훈 일당')이 필자를 포함한 사건관계자들에 대해 위와 같이 불법 감찰수사를 실시하였던 이유는 위 주관용사건 관련 민사소송 항소심에서 이미 54억 원 승소판결을 받아놓은 상황에서, 대법원 판결문상 이자 포함 약 150억 원의 소송사기 범죄수익금을 착복하고자 함에 있었고, 실제로 위 주관용사건 공판과정에서 위 150억 원의 범죄수익금을 착복하려는 순간, 필자의 목숨을 건 필사적인 저지노력과 당시 서울동부지방검찰청 공판검사 손아지의 적극적인 방어로, 결국 그 뜻을 이루지 못하고 미수에 그쳤다.

(2) 무고사건

위 주관용사건 피의자인 주관용은 자신에게 가해지고 있는 필자의 수사를 방해하여 검찰에서 무혐의처분을 받거나, 기소 후 공판과정에서 무죄선고를 받은 다음, 이에 터 잡아 위 소송사기 범죄수익금 약 150억 원을 편취할 목적으로 필자가 위 주관용사건을 편파적이고 강압적으로 수사하였다는 취지의 허위내용 진정서를 대검 감찰부에 2회 제출하여 필자로 하여금 성영훈 일당으로부터 감찰수사를 받도록 함으로써 필자를 무고하였다. 〔서울지방경찰청 사건번호 2017년도 6160호, 입건일자 2017. 9. 18.〕

(3) 소송사기사건

위 주관용의 변호인이자 태평양 법무법인 고문변호사인 성영훈과 그의 소송대리인 임장호, 허승진은 고소인이 2015년 9월경 서울중앙지방법원에 제기한 위 검사비리사건 민사소송에서 사실은 각 심급별 담당 재판부로부터 허위내용의 승소판결을 받아 냈음에도 불구하고, 2017년 6월경 마치 그 승소판결문이 사실인 것처럼 그 정을 모르는 사건 외 서울중앙지방법원 사법보좌관 조경애에게 제출하여 위 성영훈의 소송비용 약 1,200만 원 상당을 필자로부터 교부받았다. 〔서울지방경찰청 사건번호 2017년도 5513호, 입건일자 2017. 8. 23.〕

나. 위 각 사건의 성격(특성)

위 각 사건들의 시발점 및 종착역은 당시 필자가 수사하고 있던 주관용사건의 조작(무마)을 통하여 이미 승소판결을 받아 놓은 관련 민사소송 항소심 판결금액 54억 원은 물론, 대법원 판결문상 이자 포함 약 150억 원에 이르는 소송사기 범죄수익금을 착복하는 데 있었으므로, 각 사건 피의자 및 그 행위 태양만이 다를 뿐이지, 각 사건의 실체적 진실을 밝히는 데 있어서는 서로 톱니바퀴처럼 맞물릴 수밖에 없고, 한 사건의 죄가 인정되면 또 다른 사건 역시 자동적으로 죄가 인정되는 구조적인 특성을 갖고 있다.

또한, 위 검사비리사건은 형법상 여적죄 의미를 내포하고 있을 뿐만 아니라, 전형적인 전관예우사건이자 권력형 비리사건, 대형 부정부패사건, 검찰조직을 악용한 국기문란사범의 성격을 갖고 있다.

결론부터 말하자면, 위 각 사건 각하처분 문자메시지 내용은 100% 허위일 뿐만 아니라, 위 각 사건 피의자들인 성영훈, 임장호, 허승진이 소속된 태평양 법무법인에서 대신 작성해 준 내용을 검찰에서 누군가가 그대로 인용한 것임에 틀림없어 보인다.

특히, 경찰 수사팀은 위 각 사건에 대해 약 2년 이상 소위 뭉개기식 수사를 실시해 오다가 (수사준칙 규정에 의하면 고소사건인 위 각 사건은 특별한 사정이 없는 한 경찰에서 2개월 이내에 마무리하여야 함) 검찰에 불법송치해 버렸고, 검찰 역시 약 5개월 이상 당초 주임검사 이윤구 캐비닛에 처박아놓았다가, '코로나 19' 사태로 전 국민이 생사에 허덕이는 틈을 노려 성영훈 일당과 연계된 검찰 측 인사에 의해 공휴일을 이용하여 이미 재배당을 거친 나하나 주임검사 검사실의 전화번호가 아닌 검찰 콜 센터 전화번호를 기재한 후 허위내용의 각하처분 문자메시지를 통보하였다. 참으로 비겁하고도 쫀쫀한 검찰의 현 모습을 그대로 드러내고 있다.

한편, 이는 전관예우 및 사건조작을 위해서는 윤석열 검찰과 대형 로펌 태평양 측이 얼마나 유착되어 있는지 그 단면을 여실히 보여주고 있다.

그 논거를 제시하면 다음과 같다.

① 윤석열 검찰총장이 평검사 시절 검사 옷을 벗고 태평양 법무법인 변호사로 잠시 동안 활동하였다는 사실

② 윤 검찰총장은 박근혜 정부 국정원 댓글 사건 수사로 인해 대구고검으로 좌천된 당시, 위 주관용사건 수사로 인해 성영훈 일당으로부터 불법적인 감찰수사를 받고 있던 필자와 두차례 만남을 가졌을 때 성영훈 일당의 범죄행위를 인지하였음에도 불구하고, 문 대통령에 의해 서울중앙지검장으로 발탁된 이후부터 현재에 이르기까지 위 검사비리사건을 은폐해 왔다는 사실(본지 2019. 6. 21.자 '윤석열 검찰총장 내정자의 검찰 수사권 적정성 여부는?' 기사 참조, 특히, 윤 검찰총장은 2014. 7.경 필자가 검찰 내부 통신망인 메신저를 통하여 위 검사비리사건의 실체적 진실을 밝히기 위하여 사표를 제출하겠다고 인사하자, '임 사무관님, 존경합니다'라는 취지의 답변까지 해왔고, 사표제출 이후에도 한두 차례 성공을 기원하는 의사소통을 한 사실이 있음)

③ 위 각 사건은 경찰수사권 독립을 쟁취하기 위한 명분하에서, 2017. 8. 23.경 당시 서울경찰청 차장인 민갑룡에 의해 일선 경찰서가 아닌 서울지방경찰청 지능범죄수사대에서 직접 수사에 착수토록 조치된 바 있으나, 그의 배신으로 인해 경찰수사팀에서는 약 2년 이상 뭉개기식 수사로 일관해 오다가, 급기야 2018년 4월 11일 위 각 사건 수사를 담당한 한종구 수사관이 성영훈 일당에게 면죄부를 주기 위해 조작수사까지 실시하였다는 사실

그 후 경찰수사팀에서는 검찰 수사과장 출신인 필자에게 조작

수사 사실이 들통 나자, 2019. 9. 16.경 검찰에서 미리 알려준 송치의견을 허위로 달아 아예 위 각 사건을 불법송치해 버렸다는 사실

④ 윤석열 검찰은 위 각 사건과 관련된 모든 수사기록을 경찰에서 불법으로 송치받은 것이므로, 이를 근거로 검찰수사는 물론 검사 명의의 어떠한 처분을 내려서는 안 된다는 사실 (독수독과이론 적용)

⑤ 윤석열 검찰이 고소인인 필자에게 검찰처분 내역을 통지하면서 위 문자메시지상 증거관계가 명백한 피의자들 공히 성명을 제시하지 않고 익명으로 처리하였다는 사실 (특히, 검사들에 대해서는 아예 성까지 제시하지 않은 채 완전 익명으로 처리하고, 심지어 무고 피의자 주관용의 성명까지도 숨기고 있음)

⑥ 성영훈 일당의 직무유기 죄책과 관련, 문재인 정부 경찰에서 2년 이상 뭉개기식 수사로 질질 끌어오다가 공소시효가 완성되었던 바, 윤석열 검찰은 공소시효를 완성시킨 담당 경찰수사팀을 직무유기로 형사처벌 하기는커녕 오히려 그 책임을 피해자인 고소인의 귀책사유로 돌려 '공소권없음'으로 처분하였다는 사실

⑦ 필자는 위 각 사건을 100% 입증할 수 있도록 증거자료를 제출하여 왔고, 담당 수사관 한종구(경위) 역시 2018. 4. 11. 필자와 주관용 간 무고사건 대질 신문 시 이를 인정하였다는 사실

⑧ 박근혜 정부 검찰에서도 위 검사비리사건에 대해 수차례 허위내용의 불기소결정서를 작성하는 수법으로 각하처분을 해오고

있었다는 사실

⑨ 위 문자메시지에 기재된 각하처분 등 불기소처분에 대한 법률상 최종 책임자인 이성윤 서울중앙지검장은 필자가 2012. 7.초경부터 같은 해 10.초경까지 서울동부지방검찰청 수사과 제1호 수사사무관 직책으로 위 주관용사건을 수사할 당시, 필자에게 직접 수사지휘를 한 서울동부지방검찰청 형사 제2부 부장검사로서, 필자의 위 주관용사건 수사결과를 극찬하면서 대검찰청 및 법무부 등 상급기관에 우수 수사사례로 추천하였고, 대검찰청 형사과장 김훈 검사(위 검사비리사건 피의자 김훈 검사와는 동명이인)에게 직접 전화 걸어 필자를 대검 차원에서 수사 유공자로 포상해 주도록 건의하였을 뿐만 아니라,

심지어 허위내용 대검 첩보 3개를 서울동부지방검찰청 지휘부에 내려 보내 필자를 감찰하도록 지시한 대검 감찰1과장인 안병익 검사 등 감찰부 직원에 대해서는 형사처벌까지 하여야 한다고 주장하였던 바, 문재인 정부가 들어서자 자신의 경희대 법대 선배인 문 대통령에 의해 검찰 요직인 법무부 검찰국장 및 검찰 제2인자 자리인 서울중앙지검장에 임명된 이후에는 그와 같은 입장과 태도를 완전히 180도 바꿔버렸다는 사실. (본지 2019. 10. 19.자 '문 대통령과 면담한 이성윤 검찰국장에게 묻는다' 기사 참조)

⑩ 위 각 사건을 불기소처분한 주임검사 나하나는 지난 2월 12일 필자와의 전화통화에서, 필자가 "약 10년 전 서산지청에서 함께 동고동락하였던 인연을 소중히 여기고 있다. 그런데 위 각 사건은 경찰과 검찰이 서로 짜고 불법으로 송치한 사건들이다. 저로

서는 나 검사님이 이를 맡게 될 경우 불법송치 공모 혐의자로 공수처에 고소하지 않을 수 없다. 더군다나 위 각 사건에 대해서는 100% 확실한 증거자료들을 첨부해 놓았기 때문에 불기소처분을 할 수도 없는 상황이다. 나 검사님이 공수처로부터 형사처벌을 받는 불상사가 나오지 않게끔 위 각 사건을 제발 맡지 않았으면 좋겠다."라고 제의하자, 나 검사는 필자에게 "고마운 일이다. 하지만 내가 육아 휴직을 갔다가 돌아와 보니 어쩔 수 없이 사건을 맡게 되었다. 검찰제도상 이를 경찰이나 다른 검사에게 떠넘길 명분이 없으니 어떻게 해야 좋을지 고민해 보겠다."라는 취지로 말한 바 있다.

그렇다면, 왜 문재인 대통령 및 집권여당인 민주당은 위 검사비리사건의 실체적 진실이 온 세상에 밝혀지기를 두려워하는 것일까?

그리고 왜 그들은 윤석열 검찰총장 및 민갑룡 경찰청장 등 자신들이 임명한 권력기관 수장들까지 동원하여 위 검사비리사건을 은폐하는 데에만 혈안이 되어 있을까?

첫째, 문 대통령의 심복이자 핵심 측근인 민주당 소속 국회의원 전해철이 박근혜 정부 당시 위 검사비리사건에 대한 국정감사까지 실시하였으나, 그 이후 이를 미끼로 검찰총장 김진태 또는 성영훈 일당과 위 검사비리사건을 눈감아 준 대가로 검찰에 부탁해야 할 다른 사건과 엿 바꿔치기 하였거나, 박근혜 검찰로부터 그에 상응한 무형의 이익을 받았기 때문이다.

둘째, 문 대통령과 민주당이 윤석열 검찰총장에게 위 검사비리사건을 철저히 수사하라고 지시한 후 성영훈 일당 등 관련 피의자들이 구속에 이르렀을 때, 평소 검찰에 약점이 많은 문 대통령 측근들과 민주당으로서는 윤석열 검찰과 성영훈 일당으로부터 보복성 폭로 및 수사가 두려웠기 때문이라고 생각한다.

문 대통령 휘하 민갑룡 경찰청장이 윤석열 검찰총장과 공모하여 위 검사비리사건 등 위 각 사건에 대해 약 2년 이상의 장기간 동안 성영훈 일당의 소환조사마저도 실시하지 못한 채 불법으로 사건을 송치하고, 윤석열 검찰총장 역시 불법으로 송치 받은 위 각 사건에 대해 '코로나 19' 사태로 온 국민이 생사의 기로에 있는 준엄한 상황에서, 5개월 이상 캐비넷에 처박혀 있었던 수사기록을 꺼내와 삼척동자도 알 수 있게끔 허위내용의 불기소결정서를 작성하는 수법으로 '각하' 처분을 내린 행위는 문 대통령 및 국회의원 전해철이 소속된 민주당의 위 각 사건 은폐행위와 전혀 다를 바 없다.

앞으로 민갑룡 경찰청장 및 윤석열 검찰총장은 오는 7월 설치예정인 공수처 수사를 통하여, 위 검사비리사건 등 각 사건에 대해 약 2년 동안 뭉개기식 수사 및 성영훈 일당 면죄부를 주기 위한 조작수사로 일관해 온 이유는 무엇인지, '검사의 사법경찰관리에 대한 수사지휘 및 사법경찰관리의 수사준칙에 관한 규정'(대통령령 제25532호) 제78조 제1항에 위반하여 불법송치한 이유는 무엇인지, 박근혜 정부에서도 수없이 반복해 온 바와 같이 위 각 사건에 대한 범죄사실을 입증할만한 증거자료가 차고 넘침에도 불구하고 성영훈 일당에 대한 소환조사도 없이 허위내용의 불기소 결정서를 작성하는 수법으로 각하처분한 이유는 무엇인지, 그 모든 불법수사 내용들이 낱낱이 밝혀지리라고 본다.

만에 하나, 공수처에서도 위 각 사건에 대해 민갑룡 경찰 및 윤석열 검찰과 마찬가지로 뭉개기식 수사 및 조작수사로 일관한다면, 이는 문 대통령 퇴임 이후 안전보험 가입 및 민주당의 장기집권을 위한 공수처 설치라는 일부 야당의 주장이 공허한 메아리가 아니라 사실로 입증되고도 남음이 있다고 할 것이다.

● 본 기사는 다가오는 제21대 총선에서 법의 지배를 받지 않는 특권층을 단호히 배격하고, 정의사회 구현을 갈망하는 국민들로 하여금 제대로 된 선택을 할 수 있도록 호외로 발행하여 전국 방방곡곡에 배포된다.

〔칼럼시리즈(제2판) (11)〕　〔2020. 4. 18.〕

하늘이 두 쪽 나도 전해철 국회의원의 집권당 원내대표 임명을 막아야 한다.

● 공수처는 가동 즉시 문 대통령 최측근 전해철부터 구속수사하라.

본 필자는 2020. 3. 1.자 본지 "검사의 중대 범죄를 감추는데 골몰한 썩은 대통령과 집권 여당(이들 모두 150억 원 검사비리사건 은폐 공범)"이라는 제하의 기사에서, 문 대통령 및 집권여당인 민주당은 범죄수익금 약 150억 원을 착복하기 위해 검찰수사권을 남용한 일명 '검사비리사건'이 온 세상에 밝혀지기를 두려워하는 첫 번째 이유를 다음과 같이 게재한 바 있다.

즉, "문 대통령의 심복이자 핵심 측근인 민주당 소속 국회의원 전해철이 박근혜 정부 당시 위 검사비리사건에 대한 국정감사까지 실시하였으나, 그 이후 이를 미끼로 검찰총장 김진태 또는 성영훈 일당과 위 검사비리사건을 눈감아준 대가로 검찰에 부탁해야 할 다른 사건과 엿 바꿔치기를 하였거나, 박근혜 검찰로부터 그에 상응한 무형의 이익을 받았기 때문이다."라고 밝힌 바 있다.

또한, 필자는 위 기사 말미에서, "본 기사는 다가오는 제21대 총선에서 법의 지배를 받지 않는 특권층을 단호히 배격하고, 정의사회 구현을 갈망하는 국민들로 하여금 제대로 된 선택을 할 수 있도록 호외로 발행하여 전국 방방곡곡에 배포된다."라고도 약속한 바 있다.

그러나 필자는 '코로나 19' 사태에 따른 '사회적 거리두기'라는 사상 초유의 악조건 선거운동 속에서 썩은 문재인 정권을 제대로 알릴 기회를 놓쳐버렸고, 그 결과 위 기사를 전국 방방곡곡에 배포하겠다는 약속마저도 지키지 못하였다.

이와 같은 선거과정에서 정부·여당에게 불리한 모든 선거 이슈들이 '코로나 19' 사태 대처능력 여부에 파묻혀 버렸고, 이는 집권 여당으로 하여금 180석이라는 국회권력을 독점하도록 하는데 결정적인 기여를 제공하였다.

국내정치 상황이 순식간에 상전벽해처럼 변해 버렸다고 하더라도, 위 검사비리사건을 은폐한 전해철 국회의원의 범죄행위(박근혜 정부 당시 김진태 검찰로부터 뇌물수수죄 의혹, 필자에 대한 직권남용권리행사방해죄, 직무유기죄)는 그대로 역사 속에 남을 수밖에 없고, 이는 오히려 새로 탄생한 공룡 여당으로 하여금 제21대 국회에서 또다시 위 검사비리사건에 대한 국정감사를 실시하여 그 실체적 진실을 주권자인 국민들에게 알려주도록 할 책무를 부여하고 있다.

이를 통하여 소송사기 범죄수익금 약 150억 원을 착복하기 위해 검찰수사권 및 영장청구권을 남용한 성영훈 일당은 물론, 이를 국회 차원에서 은폐해 온 전해철 국회의원 그리고 이를 법 집행기관 차원에서 은폐해 온 민갑룡 경찰청장 및 윤석열 검찰총장을 포함한 실무 책임자들에 대해서도 반드시 구속수사 등 형사적인 책임을 물어야 한다.

이들을 전원 구속하여 기소하기까지의 실현 여부와 관련, 정파간, 법조인 간, 각 사회계층 간 복잡한 이해관계가 실타래처럼 얽혀 있어 현 우리나라 형사사법시스템상 거의 불가능에 가까웠으나, 이를 해결하기 위한 방안으로 공수처가 탄생하였다.

즉, 조만간 설치 예정인 공수처가 위 검사비리사건 및 이를 은폐한 세력들에 대해 공정한 수사를 통해 전원 사법처리함으로써, 그동안 우리나라 검찰이 수십 년 익숙해 왔던 검찰수사권 남용 및 전관예우 폐해, 판·검사들의 사건 조작에 따른 수많은 사법피해자 양산 등 여러 가지 사법 불신의 문제점들을 일거에 해소해 주었으면 한다.

지금까지는 '판·검사 제 식구 감싸기'라는 영구불변의 법칙에 묶여 아무리 큰 판·검사들의 비리와 관련된 범죄라고 하더라도 치외 법권 지대로 남아 있었으나, 이제부터는 공수처라는 새로운 수사기구가 탄생하였으니 판·검사들의 어떠한 비리범죄라고 하더라도 소정의 형사사법절차에 따라 처벌되고 사법정의가 실현됨으로써, 우리나라가 진정으로 공정과 정의가 도도히 흐르고, 열심히 일한 만큼 그 대가가 뒤따르며 부정·부패가 없는 살기 좋은 나라로 진입할 것으로 믿는다.

한편, 2014. 10. 23.경 박근혜 정부 소속 김진태 검찰총장을 상대로 실시된 대검찰청 국정감사장에서 당시 야당 소속 국회의원 전해철은 위 검사비리사건에 대한 실체적 진실은 물론 감찰본부장 이준호의 국회 위증사실까지 밝혀낼 수 있는 절호의 기회를 가졌음에도 불구하고, 추후 이를 스스로 내던져버렸다.

그로 인하여 문재인 정부가 들어선 이후 민갑룡 경찰은 위 검사비리사건을 2017. 8.경부터 약 2년 이상 뭉개기식 수사 및 조작수사로 대응해 오다가, 그 조작수사가 검찰수사과장 출신인 필자에 의해 들통 나자, 2019. 9.경 수십 페이지에 이르는 궤변과 허위사실로만 가득 찬 송치의견서를 작성하여 서울지방검찰청에 불법으로 송치해 버렸고, 윤석열 검찰은 2020. 2. 27. 경찰의 허위내용 송치의견서에 더 강력한 허위사실을 덧붙여 아예 '각하' 또는 '공소권없음'으로 처분함으로써 박근혜 검찰에 이어 또다시 위 검사비리사건을 은폐해 버렸다. 위 검사비리사건은 금년 7.경 설치 예정인 공수처 수사를 받도록 하기 위해 항고 중에 있다.

위와 같은 모든 범죄 사실들이 공수처 수사를 통해 명명백백하게 밝혀지겠지만, 만에 하나 공수처 역시 민갑룡 경찰 및 윤석열 검찰과 마찬가지로 뭉개기식 수사 및 조작수사로 일관한다면, 공수처법 국회 통과 시 일부 야당에서 제기했던 '문재인 대통령의 퇴임 후 안전보험 가입 및 민주당의 장기집권 음모에 불과하다'는 우려가 현실로 증명된 것이니, 그동안 필자가 주장해 왔던 문 대통령 탄핵의 정당성에 힘을 보탤 것이며, 여기에서 한 걸음 더 나아가 공수처 폐지를 위해 줄기찬 투쟁을 전개해 나갈 것이다.

최근 2020. 4. 17.자 언론보도에 의하면, 4·15 총선에서 180석을 거머쥔 더불어민주당의 국회의원들을 이끌 원내대표 선거가 다음 달 7일 실시되는데, 전해철 국회의원이 그 선거에 출마한다는 얘기가 들린다.

전해철 국회의원은 추미애 법무부장관 이전부터 조국 법무부장관의 후임자로 꾸준히 거론되어 왔던 친문세력의 핵심 인물이다. 필자가 위 검사비리사건을 은폐한 책임을 문 대통령까지 확대한 이유가 바로 여기에 있다.

생각해 보라!

야당 시절 박근혜 정부 소속인 김진태 검찰총장을 상대로 위 검사비리사건에 대한 국정감사까지 실시하였고, 이에 터 잡아 위 검사비리사건에 대한 실체적 진실은 물론, 이를 덮기 위한 김진태 검찰총장의 범법사실을 어느 누구보다 잘 알고 있는 위치에 있었던 전해철 국회의원은 제19대 대통령 선거를 거쳐 집권당 소속 국회의원으로 변한 오늘에 이르기까지 아이러니하게도 위 검사비리사건을 덮는 데 앞장서고 있다.

전해철 국회의원은 검사들의 중대 비리를 다루는 법무부장관에 임명되는 것 자체가 국가적으로 불행한 일이지만, 거대 집권 여당인 원내대표에 선출된다는 자체는 국가적으로 더더욱 불행한 일을 초래한다.

그 이유는 전해철 국회의원이 국정감사에서 인지한 검사들의 중대 비리를 덮어버리는 전력이 있는 상황에서, 거대 여당 원내대표로 선출될 경우 국민생활에 직결되는 각종 법안 및 국가예산을 공익 기준이 아닌 자신의 사적 이해득실 판단에 따라 마음대로 처리해 버리는 우려가 있기 때문이다. 한마디로 우리나라가 통째로 망하는 길이다.

따라서 모든 국민은 전해철 국회의원이 거대 집권 여당의 원내대표로 선출되는 일이 없도록 감시를 철저히 해야 할 것이다. 이는 정치의 투명성, 정의사회 구현, 검찰 및 사법부 개혁, "(법의 지배를 받지 않는) 특권층의 사회적 특수계급의 제도는 인정되지 아니하며, 어떠한 형태로도 이를 창설할 수 없다"는 헌법규정을 준수하기 위해서도 반드시 필요한 일이다.

〔칼럼시리즈(제2판) (12)〕 〔2020. 7. 25.〕

검사비리사건을 은폐한 김부겸 후보는 부적격자다.

● 민주당은 김부겸 후보를 사퇴시키고, 즉시 공수처법을 실시하라.

본 필자는 前 행정안전부장관 김부겸의 정의사회구현 실천의지와 관련하여 다음과 같이 밝힌다.

김부겸 민주당 대표 후보자(이하, '후보자')는 2017. 6.경부터 2019. 4.경까지 정부조직법상 경찰청장을 지휘, 감독하는 행정안전부장관에 재직한 사실이 있다.

한편, 필자는 후보자가 위와 같이 행정안전부장관에 재직하는 동안 아래 각 사건을 2017. 7. 3.경 후보자 휘하에 있는 이철성 경찰청장에게 고소하였고, 그 고소장은 검사들로부터 부당한 지시를 조금이라도 덜 받도록 하기 위해 당시 민갑룡 서울지방경찰청 차장에 의해 일선 경찰서에 내려 보내지 아니하고, 서울지방경찰청 지능범죄수사대에서 직접 수사하도록 조치되었다.

당시 필자가 고소한 각 고소사건 요지 및 특징은 다음과 같다.

가. 검사비리사건

필자가 2012. 7.경 서울동부지방검찰청 수사과 제1호 수사사무관으로 재직할 당시, 박근혜 정부 검사장 출신이자 태평양 법무법인 고문 변호사인 성영훈과 그의 부하직원 또는 후배검사로 근무한 적이 있는 대검찰청 감찰 제1과장 안병익, 서울고검 검사 김훈, 서울고검 검사 백방준(이하, '성영훈 일당')으로부터 금 54억 원 소송사기 등 피의사건

(이하, '주관용사건')을 열심히 수사하였다는 이유 하나만으로 아무런 근거 없이 위 주관용사건 고소인 홍성춘, 참고인 박재근, 상피의자(상피고인) 이차남과 함께 2차례에 걸쳐 약 1년 7개월간 소환조사는 물론 통화추적, 위치추적, 계좌추적 등 모든 강제처분을 받았다. 〔서울지방경찰청 사건번호 2017년도 5513호, 입건일자 2017. 8. 23.〕

위 검사비리사건 피의자들인 성영훈 일당이 필자를 포함한 사건 관계자들에 대해 위와 같이 불법 감찰수사를 실시하였던 이유는 2012. 5. 4.경 위 주관용사건 관련 민사소송(금 54억 원 공사대금 등 청구의 소) 항소심에서 이미 54억 원 승소판결을 받아놓은 상황에서, 대법원 판결문상 이자를 포함한 약 150억 원의 소송사기 범죄수익금을 착복하고자 함에 있었고, 실제로 위 주관용사건 공판과정에서 위 150억 원의 범죄수익금을 착복하려는 순간, 필자의 목숨을 건 필사적인 저지 노력과 당시 서울동부지방검찰청 공판검사 손아지의 적극적인 방어로 인하여 결국 그 뜻을 이루지 못하고 미수에 그쳤다.

또한, 성영훈 일당 중에서 김훈, 백방준은 위 주관용사건 피의자인 주관용에 대해 무고죄로 입건하여 형사처벌을 하지 않는 등 그 직무를 유기하였다.

나. '무고사건'

위 주관용사건 피의자인 주관용은 자신에게 가해지고 있는 필자의 수사를 방해하여 검찰에서 무혐의처분을 받거나, 기소된 후 공판과정에서 무죄선고를 받은 다음, 이에 터 잡아 위 소송사기 범죄수익금 약 150억 원을 편취할 목적으로, 필자가 위 주관용사건을 편파적이고 강압적으로 수사하였다는 취지의 허위내용 진정서를 대검 감찰본부에 2회 제출하여 필자로 하여금 성영훈 일당으로부터 감찰수사를 받도록 함으로써 필자를 무고하였다. 〔서울지방경찰청 사건번호 2017년도 6160호, 입건일자 2017. 9. 18.〕

다. '소송사기사건'

위 주관용의 변호인이자 태평양 법무법인 고문변호사인 성영훈과 그의 소송대리인 임장호, 허승진은 필자가 2015. 9.경 서울중앙지방법원에 제기한 검사비리사건 민사소송에서 사실은 담당 재판부로부터 허위내용의 승소판결문을 받아냈음에도 불구하고, 2017. 6.경 마치 그 승소판결문이 사실인 것처럼 그 정을 모르는 사건 외 서울중앙지방법원 사법보좌관 조경애에게 제출하여 위 성영훈의 소송비용 약 1,200만 원 상당을 필자로부터 교부받았다. 〔서울지방경찰청 사건번호 2017년도 5513호, 입건일자 2017. 8. 23.〕

라. 위 각 사건의 특징

위 각 사건의 시발점 및 종착역은 당시 필자가 수사하고 있던 주관용 사건의 조작(무마)을 통하여 이미 승소판결을 받아놓은 관련 민사소송 항소심 판결금액 54억 원은 물론, 대법원 판결문상 이자 포함 약 150억 원에 이르는 소송사기 범죄수익금을 착복하는데 있었으므로, 위 각 사건의 피의자 및 그 행위 태양만이 다를 뿐이지 위 각 사건의 실체적 진실을 밝히는데 있어서는 서로 톱니바퀴처럼 맞물릴 수밖에 없고, 한 사건의 죄가 인정되면 또 다른 사건 역시 자동적으로 죄가 인정되는 구조적인 특성을 갖고 있다.

특히, 위 검사비리사건은 형법상 여적죄 의미를 내포하고 있을 뿐만 아니라, 전형적인 전관예우사건이자 권력형 비리사건, 대형 부정부패사건, 검찰조직을 악용한 국기문란사범의 성격까지 갖고 있다.

성영훈 일당의 권력형 비리로 인해 당시 연 매출 3,000억 원 이상을 달성하고 있던 피해회사인 ㈜ 에스코넥은 부도 일보 직전까지 내몰렸고, 수천 명의 투자자들 역시 ㈜ 에스코넥의 상장 폐지로 수천억 원의 투자금을 허공에 날릴 처지에 놓이게 되었으며, ㈜ 에스코넥 임직원은 물론 하청업체 직원을 포함한 약 3,000여 명이 직장을 잃고 길거리로 쫓겨나갈 수밖에 없는 급박한 상황까지 치달았다.

위 주관용사건의 성공적인 수사를 통해 위와 같이 급박한 상황을 해결해 온 필자로서는 성영훈 일당의 검찰수사권 남용이 개인적으로나 국가적으로나 얼마나 무서운 결과를 초래하여 왔는지 그 두려움과 분노에 못 이겨 지금까지도 가끔씩 밤잠을 설치곤 한다.

한편, 경찰수사팀(팀장 배은철 경감)에서는 비공식 지휘라인의 검사로부터 위 각 사건을 은폐하라는 부당한 지시를 받고, 위 각 사건을 입증할만한 명백한 증거자료가 차고 넘침에도 불구하고, 약 1년 6개월 이상 각 피의자들에 대해 소환조사마저도 실시하지 않은 채 소위 뭉개기식 수사로 대응해 왔다.

특히, 경찰수사팀 중 한종구 수사관(직급 : 경위)은 2018. 4. 11. (수) 자신의 사무실에서 필자와 무고사건 피의자 주관용 간 대질조사를 실시한다는 명목하에 무고사건 범죄사실이 이미 확정되었음에도 불구하고, 주관용에 대해 사건구속영장을 신청하지 아니한 채 오로지 성영훈 일당에 대한 무혐의 처분을 내릴만한 자질구레한 질문만을 골라 지푸라기라도 잡을 심정으로 필자에게 원하는 답변을 요구하는 등 소위 위 검사비리사건에 대한 조작수사를 실시하였던 것이다.

더 나아가, 경찰수사팀이 위 각 사건에 대해 뭉개기식 수사 및 조작수사가 가능하였던 이유는 당시 경찰청장 민갑룡의 묵인과 방조가 있었기 때문이며, 그 이면에는 민갑룡 경찰청장이 자신의 자리 보전을 위해 평소 필자를 형님으로 부르면서 위 검사비리사건에 대한 실체적 진실을 반드시 규명해 보겠다는 약속을 헌신짝처럼 내던져버린 배신의 아이콘이 자리 잡고 있었기 때문이었다.

이에, 필자는 2019. 1. 29.경 정부조직법상 민갑룡 경찰청장을 지휘·감독하고 있는 후보자에게 국민신문고를 통하여, "검사비리사건 조작수사 관련 행정안전부장관 김부겸의 조치 요망"이라는 민원을 제기하였다.

위 민원내용의 요지는 "서울지방경찰청 지능범죄수사대 지능2계 2팀(팀장 배은철)에서는 별첨 검사비리사건 조작수사를 실시한 바 있으니, 아래 신문기사에 게재된 민원인의 요구사항에 대한 조치 및 답변요구"라고 기재되어 있었다. (아래 신문기사 게재내용은 생략)

그런데 웃지 못할 일이 벌어지고 말았다. 후보자와 경찰청장은 위 민원을 서로 처리하지 않으려고 국민신문고 전산시스템 온라인상에서 핑퐁게임을 벌였다는 점이다. 즉, 위 민원은 후보자가 처리해야 함이 분명함에도 후보자는 이를 거절하였다.

오죽했으면, 위 민원에 대해 핑퐁게임을 한 경찰청 소속 안성근은 필자에게 "우선, 귀하께서 행정안전부를 상대로 민원을 제기하였으나, 사건을 담당하고 있는 경찰청(수사팀)으로 (재)이첩되어 귀하의 민원을 답변하게 된 점에 대해서 양해의 말씀을 드립니다."라고 답변해 오고 있었을까?

결국, 후보자는 위 검사비리사건에 대해 조작수사를 실시하고 있던 민갑룡 경찰청장 및 경찰 수사팀에 대해 어떠한 조치를 취하지 아니함으로써, 경찰 수사팀으로 하여금 위 검사비리사건을 비롯한 각 사건에 대해 허위내용의 송치의견서를 작성하여 윤석열 검찰에 불법송치 하도록 하였다. 이에, 후보자는 그에 대한 법적 책임을 당연히 져야 함은 물론이다.

필자는 후보자가 힘센 검사들(성영훈 일당) 앞에서는 머리 조아리고, 그들이 금 150억 원이라는 어마어마한 범죄수익금을 착복하려는 사기꾼이며, 검찰수사권을 남용한 중대범죄자라는 사실이 이미 경찰에 제출한 증거자료에 의해 명명백백하게 밝혀졌음에도 불구하고, 이를 못 본 체 외면하고는 행정안전부장관 직책까지 포기해 버리는 비겁함에 아연실색하지 않을 수 없었다.

이와 같이 비겁하고 겉과 속이 다른 후보자가 정의롭고 용감한 척 하면서, 힘없고 빽없는 일반 서민들을 위해 간이나 쓸개를 몽땅 떼어줄 것처럼 떠들어대는 모습이 악마가 가면을 쓴 것과 뭐가 다를까 싶다.

특히, 후보자는 금일 tbs 라디오 프로그램 '김어준의 뉴스공장'에 출연해 "공수처 출범이 계속 지연될 경우 공수처법을 고쳐서라도 출범시켜야 한다"고 보냐는 질문에 "(야당에) 대충 연말까지 정도는 경고기간을 줘야 된다. 이는 야당을 끈질기게 설득하는 노력을 쏟아야 한다는 의미"라는 취지로 말하였다고 전해진다.

필자는 집권당 대표 후보 자격이 아닌 개인 김부겸의 자격이라면 어떠한 말을 하든 개의치 않고 싶다. 그러나 집권당 대표 후보자 자격으로는 공수처 출범을 연말까지 기다려야 한다고 말해서는 안 된다.

그 이유는 공수처법상 출범일이 2020. 7. 15.로 명시되어 있고, 야당이 정치적 이익을 취하기 위해 명분 없는 이유로 공수처 출범을 반대하고 있기 때문이다. 특히, 후보자는 앞에서 살펴본 바와 같이 위 검사비리사건에 대한 경찰 조작수사를 눈감아준 장본인이 아닌가?

공수처 설치의 가장 큰 목적은 판·검사들의 권력남용을 통한 사건조작을 방지하고, 이에 대한 비리 발생 시 형사처벌 함에 있다. 그동안 판·검사들의 권력남용 및 사건조작은 정상적인 형사사법절차로는 전혀 처벌할 수 없었다. 이는 위 검사비리사건 수사 및 재판과정에서 수년 동안 증명되었다.

후보자가 위 검사비리사건에 대한 뭉개기식 수사 및 조작수사를 눈감아준 결과, 위 검사비리사건 중 직무유기 죄책부분에 대한 공소시효는 경찰수사 기간 중에 완성되어 버렸고, 이 직무유기 부분은 추후 공수처 수사마저도 피해 나갈 수 있게 되었다. 당장 후보자가 성영훈 일당의 직무유기 공소시효 완성부분을 책임져야 할 게 아닌가?

민주당이 검찰개혁을 완성시키기 위해 문재인 대통령이 제1호 공약으로 내건 공수처 설립을 수많은 우여곡절을 겪으면서 국회에서 통과시켰다면, 이의 시행 역시 빠르면 빠를수록 좋다.

이는 공수처 설립 취지에 부합할 뿐만 아니라, 이미 판·검사들이 저지른 범죄행위에 대해 공소시효 완성은 물론 증거인멸이나 멸실 등의 우려가 있고, 더 나아가 판·검사들의 공정한 수사 및 재판과정을 촉진함으로써, 이를 통해 사법정의 구현 및 정의로운 사회가 한 걸음 더 다가올 수 있기 때문이다.

[칼럼시리즈(제2판) (13)] [2020. 8. 29.]

이낙연 민주당 대표에게 바란다!!

● 탄핵대상에 몰려 있는 문재인 대통령을 구원하라.

본 필자는 금일 이낙연 후보가 경쟁자인 김부겸 후보를 압도적인 표차로 누르고 집권당 민주당 대표로 선출된 사실을 독자들에게 전하게 되었다.

이에 터 잡아 그에게 부여된 임무 중 가장 우선순위로는 현재 탄핵 대상에 몰려 있는 문재인 대통령을 구원해 달라는 간절한 민심을 전달하고자 한다.

1. 이 후보는 왜 경쟁자인 김 후보를 압도적 표차로 당선되었을까?

이는 2020. 7. 25.자 본지 1면 톱기사 "前 검찰수사과장, 검사비리 사건을 은폐한 김부겸 후보는 부적격자다. (민주당은 김부겸 후보를 사퇴시키고, 즉시 공수처법을 실시하라!)"라는 대국민 기사에 기인하였다고 본다.

이 기사 요지는 김 후보가 2017. 6.경부터 2019. 4.경까지 경찰청장을 지휘, 감독하는 행정안전부장관에 재직할 당시 민갑룡 경찰청장이 경찰수사팀으로 하여금 범죄수익금 약 150억 원의 행방이 달린 '검사비리사건'을 조작수사하도록 묵인·방조하였다는 사실을 적시하고 있다.

2. 문 대통령은 왜 LPN로컬파워뉴스에 의해 탄핵대상에 몰려 있는가?

이는 2019. 2. 28.자 본지 1면 톱기사 "前 검찰수사과장, 3·1절 100주년, 문재인 대통령 탄핵운동에 깃발을 꽂다 (국회의원 전해철 소속 민주당 해체·청와대 민정수석 조국 파면)"라는 기사내용에 근거를 두고 있다.

이 기사 요지는 문 대통령이 자신의 부하 또는 참모인 조국 민정수석, 전해철 국회의원, 김부겸 행안부장관, 민갑룡 경찰청장, 박상기 법무부장관, 윤석열 검찰총장 등으로 하여금 위 검사비리사건을 은폐하도록 지시·묵인·방조하였다는 사실을 적시하고 있다.

그 결과, 문 대통령은 '모든 사회적 폐습과 불의를 타파하여야 한다'는 헌법전문 정신을 정면으로 위배하였고, 중대 범죄를 저지른 위 검사비리사건 피의자들인 성영훈 일당에 대해 면죄부를 씌워줌으로써 법의 지배를 받지 않는 특권층을 인정한 결과를 초래하였으며, '모든 국민은 법 앞에 평등하며, 사회적 특수계급의 제도는 인정되지 아니한다'는 헌법 제11조 규정을 정면으로 위반하였다.

3. 이 대표가 정권 재창출과 극난극복을 위해 취해야 할 일은 무엇인가?

이는 민주당을 통해 헌법정신을 구현하고 정직한 정부, 부정부패가 없는 깨끗한 정부, 특권과 반칙이 없는 정부, 국민으로부터 위임받은 권력을 사리사욕에 이용하지 않는 정부, 권한과 책임이 동시에 수반되는 정부를 만드는 것이다.

이를 위한 가장 중요한 분야는 사법정의를 실현하고, 공정과 정의가 도도히 흐르는 사회를 세우는 일인 바, 그동안 전관예우, 유전무죄·무전유죄, 권력형 비리를 근절할 목적으로 민주당이 우여곡절 끝에 국회를 통과시킨 문재인 대통령의 제1호 공약인 공수처법을 조속히 실시해야 한다. 즉, 판·검사들이 사건조작을 하지 못하게끔 허위내용의 결정문이나 판결문 작성을 막아야 한다.

위 검사비리사건만 보더라도 필자가 범죄사실을 입증할 수 있는 증거자료를 산더미처럼 제출했으나, 전관예우에 맛 들린 판·검사들은 이에 아랑곳하지 않은 채 삼척동자도 알 수 있는 허위내용의 불기소 결정서나 판결문을 인쇄기처럼 찍어대고 있다. 이게 과연 국가기관이 할 짓인가?

특히, 위 검사비리사건을 조작수사한 민갑룡 경찰, 거기에 더 강력한 허위내용의 불기소결정서를 작성하여 아예 각하처분한 윤석열 검찰에 대해서는 책임추궁과 동시에, 국정조사를 실시하든, 특검을 실시하든, 아니면 특임검사를 임명하든 재수사에 착수하여 성영훈 일당을 조속히 사회에서 격리시켜야 한다.

그런데 사실은 필자가 제출한 증거자료만으로도 위 검사비리사건에 대한 실체적 진실은 이미 명명백백하게 증명되었기에, 위와 같은 국정조사, 특검, 특임검사 등은 형식적 절차에 불과하다. 결국, 이 대표가 성영훈 일당에 대한 구속 수사 등 사회적 격리를 취하는 길만이 공수처 수사를 미연에 막을 수 있을 뿐만 아니라, 그동안 민주당이 보여준 위 검사비리사건에 대한 은폐의혹에서 벗어날 수 있고, 더 나아가 탄핵 대상에 몰린 문 대통령도 구원할 수 있다는 점을 분명히 밝혀주고자 한다.

〔칼럼시리즈(제2판) (14)〕 〔2020. 11. 27.〕

문재인 정부는 윤석열 검찰총장을 구속수사하고, 즉시 공수처를 실시하라!!

● 즉각적인 공수처 출범이 필요한 이유

본 필자는 1987. 11. 2. 검찰에 입문하여 법무부, 대검찰청은 물론 서울중앙지검 등 일선 검찰청에서 근무하던 중 2012. 7.초경 서울동부지방검찰청 수사과 1호 수사사무관 재직 당시 금 54억 원 소송사기 등 피의사건(이하, '주관용사건')을 수사하면서 검사장 출신 전관 변호사이자 태평양 법무법인 고문변호사인 성영훈과 그의 부하직원으로 근무한 적이 있는 차장검사급 이상 검찰간부인 대검 감찰 제1과장 안병익, 서울고검 검사 김훈 및 백방준(이하, '성영훈 일당')으로부터 위 주관용사건을 무마하려는 자신들의 뜻에 거역한 채 열심히 수사하였다는 이유 하나만으로 아무런 근거 없이 2차례에 걸쳐 약 1년 7개월간 필자를 포함한 위 주관용사건 고소인, 참고인 등 사건관련자들과 함께 불법적인 감찰수사를 받은 바 있다. (이하, '검사비리사건')

성영훈 일당이 당시 서울동부지방검찰청 지휘부(검사장 석동현, 차장검사 이영만, 형사 제2부장검사 이성윤)의 적극적인 반대에도 불구하고, 위와 같이 불법적인 감찰수사를 장기간 실시하였던 이유는 위 주관용사건의 무마(조작)를 통하여 관련 민사소송 항소심에서 이미 승소판결을 받아놓은 금 54억 원은 물론, 대법원 판결문상 이자 포함 금 150억 원에 이르는 소송사기 범죄수익금을 착복할 목적에 있었다.

더 나아가, 성영훈 일당이 위 검사비리사건을 성공적으로 수행할 수 있었던 근본 이유 역시 당시 법무부장관인 황교안(국민의힘 전신인 자유한국당 전 대표) 및 검찰총장 김진태의 암묵적 지시 내지 방조가 있었기 때문이었다.(2017. 4. 15.자 발행, 출판사 : 정의로운 세상, '사법정의 실현을 위한 새 대통령 당선조건' 책자 제461쪽~474쪽, 제491~498쪽 각 참조)

그러나 위 검사비리사건은 범죄사실을 입증하고 있는 증거가 해당 수사기록에 산더미처럼 첨부되어 있음에도 불구하고 (심지어 성영훈 일당 중 백방준은 경찰에 제출한 진술서에서는 자백 취지의 진술을 하고 있음), 박근혜 정부하에 있는 김진태 검찰은 물론, 촛불혁명으로 탄생하였다고 자랑하고 있는 문재인 정부하에 있는 윤석열 검찰에 와서도 삼척동자도 알 수 있을 정도로 허위내용의 불기소결정서를 작성하는 수법으로 각하처분되었다.

특히, 윤석열 검찰은 위 검사비리사건을 은폐하기 위해 박근혜 정부 검찰보다 더 악랄한 수법으로, 당시 경찰수사권독립을 외치면서 검찰과 대립각을 세워왔던 민갑룡 경찰로 하여금 조작수사까지 실시하도록 하였으니, '검찰의 제 식구 감싸기' 은폐수사는 정권의 차원을 넘어 오금이 저려올 정도로 '영구불변의 법칙'이라는 사실을 확인시켜 주었다. (2019. 10. 25.자 본지 "민초들이여!, 똘똘 뭉쳐 비리검사들을 감싸고 도는 문재인 정권을 몰아내자." 기사 참조)

따라서 위 검사비리사건은 공수처 수사만을 기다리고 있는 중이나, 공수처 출범이 야당인 국민의힘 반대로 지연되고 있으니 "김학의 전 법무부차관 성폭력사건"의 경우처럼 공소시효에 걸려 성영훈 일당에게 면죄부를 씌워주지 않을까 하는 염려가 앞선다.

서두에 언급한 바와 같이, 필자는 검찰일반직 공무원이라는 신분으로 약 28년간 검사들과 함께 한솥밥을 먹으면서 청춘을 불태워 왔던 터라 검사들의 일거수일투족을 너무 많이 경험해 왔다.

즉, 필자는 검사들이 승진할수록 특권의식에 빠져들 수밖에 없는 검찰문화, 퇴직 후에는 기득권을 지키기 위해 깡패조직보다 더 강한 의리를 앞세워 후배 검사들로부터 전관예우를 받고 그 대가의 일부를 후배 검사들에게 되돌려주는 검찰조직의 폐습성 (한번 검사 옷을 입으면 죽을 때까지 검사라는 자만심), 검사들이 마음대로 사건을 조작해 놓고 이를 쥐도 새도 모르게 은폐해 버렸음에도, 외부에서는 그 사실을 전혀 적발할 수 없는 감시시스템 부재 (검찰의 사건조작은 2단계로 시도되고 있음. 즉, 수사단계에서 실체적 진실에 대한 왜곡을 시도하다가 여의치 않을 경우에는 기소단계에서 법리적으로 부적절한 대법원 판례를 인용하여 아예 사건을 덮어버림), 대통령의 비리는 처벌하면서도 검사들의 비리에 대해서는 은폐해 버릴 수 있는 형사사법 권력의 독점적 보유, 검사들이 수사권 및 기소권, 영장청구권 등 모든 형사사법 권력을 보유하고 있음에도 그중 극히 일부분마저도 내려놓지 않으려는 적대적 반항심, 검사들이 내린 형사 사법적 판단 및 결정은 절대적 진리인 것처럼 행세하는 자만심과 특권의식, 검사들의 출세 및 기득권 보호를 위해 능력 위주의 평가보다 더 익숙한 사법연수원 기수문화, 검사들의 우월적인 형사사법 권력에 터 잡아 보수언론을 길들이고 검찰권력 및 언론권력 간 부적절한 유착관계 등 국가발전에 백해무익한 무서운 장면들을 수없이 목격해 왔고 겪어 왔다.

한마디로 검찰은 우리나라 대통령 당선 및 탄핵을 좌지우지해 올 만큼 막강한 형사사법권력을 남용해 왔을 뿐만 아니라, 심지어 전관예우 및 사건조작을 위해서라면 검찰조직 기능을 변경하기 위한 직제 기구표마저도 마음대로 뜯어고치는 악행을 서슴없이 자행해 왔다.

(이에 대한 자세한 내용은 본지 2019. 2. 28.자 "前 검찰수사과장, 100주년 3·1절 문재인 대통령 탄핵운동에 깃발을 꽂다." 기사 참조)

그렇다면, 문재인 대통령 및 정부·여당은 우리나라 검찰이 위와 같이 사법정의 실현 및 민주주의 발전에 역행해 왔고, 검사들이 현직에 있을 때는 전관 변호사와 함께 사건조작에 열중하다가, 퇴직 이후에는 후배 검사들로부터 전관예우를 받으면서 사법 불신만을 초래하고 있는 이 기막힌 현실을 어떻게 타파하고, 개혁해야만 되는 걸까?

필자가 약 28년에 걸친 검찰조직 경험을 바탕으로 어떠한 사심을 가지지 아니한 채, 현재 윤석열 검찰총장과 추미애 법무부장관 사이에서 전개되고 있는 검찰개혁과 관련된 진흙탕 싸움 상황을 극복하기 위해 다음과 같은 3가지 방안을 제시하고자 한다.

첫째, 당장 공수처를 실시하라!

공수처는 무소불위의 검찰권력을 통제하고, 비리 검사들에 대해 수사 및 기소를 할 수 있는 유일한 국가기관이다.

그동안 우리나라 검찰의 수사권 및 기소권 남용은 국가 원수인 대통령의 선출 및 탄핵 등 국가기능을 좌지우지해 왔고, 정치검사 및 비리검사들이 전관예우 및 사건조작을 일삼으면서 자신들의 더러운 뱃속을 챙긴 나머지 사법정의를 심각하게 훼손해 왔으며, 현재 진행 중인 전·현직 법무부장관과 검찰총장 간 검찰개혁과 관련된 갈등과 진흙탕 싸움의 단초를 제공하였다.

검사들의 비리는 공수처에서, 공수처 검사들의 비리는 검찰에서 서로 물고 뜯기도록 싸우게끔 해야만 나라가 깨끗해지고 법치국가가 가능하다.

경찰의 검찰에 대한 감시와 통제는 위 검사비리사건에서 살펴 본 바와 같이 원천적으로 불가능하다는 사실이 확인되었다. 즉, 민갑룡 경찰은 윤석열 검찰의 영원한 졸개이자 시녀에 불과하였다.

공수처 실시를 방해하고 있는 집단이나 정치세력은 무소불위의 검찰에 빌붙어 불법적인 사건조작을 통하여 이득을 보려는 더러운 속셈 이외에 어떠한 명분이 없으며, 또 사법정의 구현에 전혀 도움이 되지 않을 뿐만 아니라, 그들의 공수처 설치 반대주장은 썩은 검찰과 한통속으로 지내고 싶은 궤변에 불과할 뿐이다.

현재에도 윤석열 검찰은 어느 누구로부터 감시와 통제를 받지 아니한 채 그들만의 전유물인 형사사법시스템 속에서 전관예우 및 사건조작을 암암리 시도하고 있을 것이고, 다른 한편으로는 위 검사비리 사건에서 볼 수 있듯이 이미 저질러진 수많은 검사 비리가 '검찰 제식구 감싸기'라는 '영구불변의 법칙'에 묶여 공수처 수사를 피해갈 수 있게끔 공소시효 도과만을 기다리고 있다.

검찰의 사건조작을 방지하고, 거기에 가담한 비리검사들을 처벌하고, 사법정의를 실현하기 위한 공수처 출범은 단 일초라도 허비해서는 안 된다.

정부·여당은 정권의 명운을 걸고 검찰개혁을 위해 당장 공수처를 실시하라!

둘째, 촛불혁명으로 탄생하였다고 자랑하고 있는 문재인 정부에서 위 검사비리사건을 은폐해 버린 윤석열 검찰총장을 비롯한 관련 수사 검사들에 대해서는 전원 구속수사를 실시하라!

위 검사비리사건 은폐수사에 직접 관여하였거나 이를 결재한 검찰 간부만도 어림잡아 약 30명이 넘는다.

이들을 전원 형사처벌하고 검사 옷을 벗긴다면, 자동적으로 검찰의 사건조작 및 '검찰 제 식구 감싸기'라는 폐습은 사라질 것이며, 공명정대한 검찰·국민을 위한 검찰로 거듭날 것이 아니겠는가?

이는 또한 검찰의 적폐 중의 적폐인 전관예우를 없애고, 검찰권을 남용한 권력형 비리사건마저도 자동적으로 사라지는 일석 삼조 이상의 효과가 있지 않겠는가?

더 나아가, 위 검사비리사건을 은폐함으로써 "모든 국민은 법 앞에 평등하며, 사회적 특수계급의 제도는 인정되지 아니한다"는 헌법 규정을 정면으로 위배하여 탄핵대상에 몰린 문재인 대통령을 구원할 수 있지 않겠는가?

왜 정부·여당은 추미애 법무부장관을 앞세워 자신들의 마음에 들지 않는 윤 검찰총장을 쫓아내기 위해 별 시답지도 않는 감찰사유 6개를 들먹이면서 직무에서 배제시키고, 검찰총장 해임을 위한 법무부 감찰위원회까지 개최하려 하는가?

이는 윤 검찰총장을 해임하기 위한 위 6개의 감찰사유가 실체적 진실이 명백하게 밝혀지고 있지 않을 뿐만 아니라, 설사 그 실체적 진실이 밝혀진다고 하더라도 검찰의 정치적 중립의 상징인 검찰총장을 해임할 정도의 중대한 사유라고 볼 수 없으므로 이를 둘러싼 국론 분열 및 정치적 논란은 불을 보듯 뻔하다.

더 나아가, 법무부장관의 검찰총장 감찰을 통한 해임 시도는 당초 검찰개혁을 이루고자 했던 의도와 달리, 오로지 윤 검찰총장을 억지로 쫓아냈다는 점만 부각됨으로써 윤 검찰총장이 그동안 수사지휘를 해왔던 청와대 등 살아 있는 권력에 대한 사건을 은폐하려는 의도가 있지 않나 하는 의구심마저 들게 한다.

법무부장관의 검찰총장 감찰을 통한 해임시도는 행정부의 무능함을 사법부인 법원에 떠넘기려는 정치행위에 불과하다. 특히 전 국민을 이분법적으로 분열시키고 온 나라가 여·야로 나눠 정국 혼란만 야기될 뿐이다.

정부·여당이 진정으로 검찰개혁을 이루고자 한다면, 앞서 살펴본 바와 같이 중대하고도 증거관계가 명백한 위 검사비리사건을 은폐해 버린 윤 검찰총장을 비롯한 비리검사들에 대해 전원 형사처벌 및 파면이라는 법적 책임이 뒤따르도록 해야 한다.

그 이유는 사법정의를 실현하기 위한 검찰제도가 아무리 완벽하게 갖추어졌다고 하더라도, 이를 운영한 검사들이 자신들의 비리에 대해서는 책임지지 않는다면 법과 제도를 구비한 검찰개혁은 공염불에 불과하기 때문이다.

셋째, 현재 법무부장관의 검찰총장에 대한 직무배제 및 감찰청구와 관련, 인사권자인 법무부장관에게 반기를 들고 집단행동을 서슴지

않고 있는 전국 각급청 소속 검사들에 대해서는 단 한 명도 예외 없이 징계절차에 착수하고, 전원 사표를 받아라!

검사는 행정부 소속 공무원 신분에 불과하다. 그들은 일반부처 4급 공무원과 마찬가지로 소속 부처인 법무부장관의 제청으로 대통령이 임명한다.

따라서 검사 역시 다른 부처 소속 공무원과 마찬가지로 임명권자인 대통령이나 그의 위임을 받은 소속 장관의 시책이나 명령에 대해서는 위법하지 않는 이상 절대적으로 복종하여야 할 의무가 있다.

그럼에도 불구하고, 검사들은 특권의식이라는 환상에 젖어 자신들의 임명권자인 법무부장관이나 대통령에게 항명하고, 이를 집단적으로 표출하는 행위는 어떠한 경우에도 정당화될 수 없으며 사회 안정에도 반하는 반국가적인 행위임에 틀림없다.

특히, 고검장에서부터 일선청 평검사에 이르기까지 전국 모든 검사들이 법무부장관의 검찰총장에 대한 감찰실시 및 직무배제, 해임건의 직무행위가 자신들의 총수인 검찰총장을 내쫓기 위한 모습으로 비쳐진다고 하더라도, 이는 어디까지나 법적절차에 따라 해결되어야 할 문제이지 집단적 행동으로 반기를 들어서는 안 된다. 이는 또 다른 감찰 대상이며 검찰구성원들이 검찰개혁을 반대하고 기득권을 지키기 위한 몸부림으로밖에 볼 수 없다.

정부·여당은 인사권자인 법무부장관에게 집단적 항명을 표시한 전국 검사들에 대해 단 한 명도 예외 없이 징계절차를 착수하고, 사표를 받아라!

이번 기회에 아예 검찰제도를 없애버리고 기소법정주의를 채택하든지, 법무부장관에 항명의 표시로 사표를 제출한 검사들의 자리에는 전원 젊고 유능하며 사법정의를 위해 사건조작에는 생명을 걸고 반대하는 로스쿨 출신 변호사로 충당하라.

검찰개혁의 끝판왕은 결국 기득권을 유지하고 사건조작에 재미를 맛본 검사들을 축출하는 일이다.

더 나아가 이의 성공적인 실행은 재판이라는 허울 좋은 도박판에서 위 검사비리사건에서 살펴본 바와 같이, 대형 로펌인 태평양 법무법인의 부정한 청탁을 받고 허위내용의 판결문을 작성하여 재미를 맛보고 있는 썩은 판사들까지 꼭 집어 퇴출시킬 수 있는 방안까지 뒤따라야 할 것이다.

〔칼럼시리즈(제2판) (15)〕 〔2020. 12. 23.〕

문재인 대통령과 윤석열 검찰총장 중 누가 검찰개혁 반역자인가?

- '검사비리사건' 공소시효가 임박하다.
- 내일 당장 공수처를 출범하라.

무소불위의 권력을 휘두르는 검찰개혁을 위해서는 전관예우에 맞들린 전·현직 검찰간부들에 대한 형사처벌과 그들로부터 부탁을 받고 지금도 사건조작에 열중하고 있을 비리검사들의 싹쓸이가 절대적으로 필요하다.

검사들의 사건조작 방지를 통한 사법정의 실현을 위해서는 '수사는 경찰, 기소는 검찰'이라는 형사사법시스템이 완벽하게 구축되어야 한다, 그러나 이와 같은 법적 제도만으로는 전관예우 및 이를 통한 검사들의 사건조작을 완벽하게 막을 수 없다.

그 이유는 검찰의 권한을 아무리 축소한다고 하더라도 검찰에 전속될 수밖에 없는 기소권만으로도 경찰 수사권을 마음대로 요리할 수 있을 뿐만 아니라, 기소단계에서 법리적으로도 사건조작을 얼마든지 해댈 수 있는 법적 재량이 그대로 남아 있기 때문이다. 따라서 이와 같은 문제점을 극복하고 사법정의 실현 및 정의사회 구현을 위해서는 지난 과거에서부터 현재에 이르기까지 전관예우에 맞들린 전·현직 검찰간부 및 그들로부터 뇌물을 받고 사건조작을 일삼아왔던 비리검사들을 영원히 퇴출시키는 방법밖에 없다.

즉, 우리나라 검찰은 자신들의 기득권을 지키기 위해 보유하고 있던 검찰권을 제때에 행사하지 않거나 선택적으로 행사함으로써 국가의 원수인 대통령 선출은 물론 강제 퇴임을 시킬 수 있는 탄핵까지도 그들의 손아귀에 놓여 있었고, 다른 한편으로는 일반 형사사건의 사법 피해자들에게 정의를 선택하기보다는 억울한 죽음을 선택하도록 강요하여 왔다.

이는 검찰 스스로 권력 남용에 의한 사건조작이나 자신들의 비리에 대해서는 단 한 번도 책임을 지지 않은 채 '검찰 제 식구 감싸기'라는 '영구불변의 법칙'만을 고수하고 있음을 의미한다. 〔2020. 11. 27.자 본지 "문재인 정부는 윤석열 검찰총장을 구속수사하고, 즉시 공수처를 실시하라! (즉각적인 공수처 출범이 필요한 이유)" 기사 참조〕

이와 관련, 본 필자가 2012. 7.경 서울동부지방검찰청 수사과 제1호 수사사무관 직책으로 금 54억 원 소송사기 등 피의사건(이하, '주관용사건')을 수사할 당시, 동 피의사건 무마(조작)를 통하여 이미 관련 민사소송 항소심에서 승소판결을 받아놓은 위 54억 원은 물론, 대법원 판결문상 이자 포함 금 150억 원에 이르는 소송사기 범죄수익금을 착복하기 위한 일명 '검사비리사건'을 은폐한 사실에 대하여, 문재인 대통령과 그의 임명을 받은 윤석열 검찰총장 간 책임공방이 일어나고 있다.

도대체 누가 위 검사비리사건 은폐에 대해 최종적인 법적 책임을 질 것인가?

첫째, 윤 검찰총장은 국정원 댓글 수사와 관련 대검 감찰부로부터 징계처분을 받고 대구고검으로 좌천되어 근무할 당시인 2014. 4.경부터 같은 해 7.경까지 위 주관용사건 수사로 인해 같은 처지에 몰려 있던 필자와 2차례 만난 과정에서, 위 검사비리사건에 대한 실체적 진실을 확인하였음에도 불구하고 문 대통령에 의해 검찰총장에 임명되자 위 검사비리사건을 저지른 비리검사들에 대해 '검찰 제 식구 감싸기'라는 '영구불변의 법칙'을 적용하여 2020. 2. 27.경 자신의 부하직원인 서울중앙지검 나하나 검사로 하여금 허위내용의 불기소결정서를 작성하는 수법으로 각하처분하도록 지시하였다. 〔2019. 6. 21.자 본지 "윤석열 내정자의 검찰수사권 행사 적정성 여부는? (검찰총장 임명 이전에 '검사비리사건' 은폐의혹부터 밝혀라)〕" 기사 참조

둘째, 문재인 대통령은 자신이 임명한 민갑룡 경찰청장, 윤석열 검찰총장, 조국 법무부장관, 심지어 자신의 정치적 최측근인 전해철 국회의원(현재 행정안전부 장관 내정자) 등으로 하여금 위 검사비리사건을 은폐하도록 암묵적 지시 내지 묵인하였음에도 불구하고, 자신의 집권 기간에는 위 검사비리사건과 같은 권력형 비리사건이 전혀 발생하지 않았다고 대국민 사기극을 벌이고 있다. 〔2019. 10. 25.자 본지 "민초들이여! 똘똘 뭉쳐 비리검사들을 감싸고 도는 문재인 정권을 몰아내자. (금 150억 원 검사비리사건을 은폐한 대통령 탄핵 · 민주당 해체)" 기사 및 2020. 4. 18.자 본지 "하늘이 두쪽 나도 전해철 국회의원의 집권당 원내대표를 막아야 한다." 기사 등 참조〕

그렇다면, 도대체 누가 위 검사비리사건 은폐에 대한 최종적인 법적 책임이 있으며, 위 검사비리사건에서 나타난 권력형 비리사건, 전관예우, 유전무죄 · 무전유죄, 권력형 대형 부정부패사건을 척결함으로써 온 국민이 정의와 공정이라는 법적 · 제도적 바탕 위에서 법 앞의 평등이라는 헌법적 가치와 권리를 누릴 수 있다는 말인가?

그 해답은 문재인 대통령과 윤석열 검찰총장을 동시에 수사할 수 있는 법적 권한과 능력을 가진 공수처밖에 없다고 할 수 있다.

그런데 위 검사비리사건에 대한 공소시효는 얼마 남지 않았다.

이의 해결을 통하여 검찰개혁이 완성되고, 이에 터 잡아 국가의 운명을 가를 사법정의 및 정의사회 구현이 하루라도 빨리 앞당겨져야 한다.

내일 당장 공수처가 출범해야 할 이유가 바로 여기에 있다.

[칼럼시리즈(제2판) (16)] [2020. 12. 27.]

공수처 출범을 방해하는 기득권과 부패세력 집단인 '국민의힘'을 해체하라!!

● 정부·여당은 주호영 원내대표를 협박죄·직권남용죄로 구속하라.

본 필자는 약 28년간 검찰조직에서 국가와 민족을 위해 봉직하여 오던 중 2012. 7.경부터 2014. 3.경까지 박근혜 정부하의 김진태 검찰총장 등 검찰 수뇌부로부터 아래에 설시되어 있는 금 54억 원 소송사기 등 피의사건(주관용사건) 수사와 관련하여 불법적인 감찰수사를 장기간 받는 과정에서 자살시도 실패와 동시에 반강제적인 퇴직을 당한 사실이 있었음을 2017. 4. 15.자 발간된 책자를 통하여 만천하에 밝힌 바 있다.

위 책자의 제목은 "(제19대 대선 결정판) 사법정의 실현을 위한 '새 대통령 당선조건' (부제목) 썩은 검찰 및 사법부 개혁, 경찰수사권 독립"으로 되어 있고, 그 책자내용은 필자의 반강제 퇴직 원인이었던 위 '주관용사건'을 비롯한 '검사비리사건' 및 '관련사건' 그리고 이를 은폐하기 위한 검찰 및 법원의 범행 등이 상세히 기록되어 있다.

즉, 필자는 무소불위 권력을 행사하고 있는 썩은 검찰조직을 개혁하기 위해서는 대통령 선거공약에 의해 새로 선출된 대통령만이 그 일을 해낼 수 있다고 판단하였고, 그 판단에 따라 위 책자에서는 위 주관용사건 및 검사비리사건을 중심으로 박근혜 정부에서 발생한 검찰 및 사법부의 썩은 실상을 그대로 담았다.

또한, 위 책자에서 거명되고 있는 썩은 검사 및 썩은 판사들에 대해서는 실명 그대로 기재하였고, 이는 역설적으로 위 책자 내용이 단한 치의 거짓이 없었음을 증명하고 있음을 의미한다.

필자가 위 책자와 본지를 통하여 수없이 밝혀온 위 주관용사건 및 검사비리사건의 요지는 다음과 같다.

필자가 2012. 7.경 서울동부지방검찰청 수사과 제1호 수사사무관 재직 당시, 금 54억 원 소송사기 등 피의사건(이하, '주관용사건')을 수사하면서 검사장 출신 전관 변호사이자 태평양 법무법인 고문변호사인 성영훈과 그의 부하직원으로 근무한 적이 있는 지검 차장검사급 이상 검찰간부인 대검찰청 감찰1과장 안병익, 서울고검 감찰검사 김훈 및 백방준(이하, '성영훈 일당')으로부터 위 주관용사건을 무마하려는 자신들의 뜻에 거역한 채 열심히 수사하였다는 이유 하나만으로 아무런 근거 없이 2차례에 걸쳐 약 1년 7개월간 필자를 포함한 위 주관용사건 고소인 등 사건관련자들과 함께 불법적인 감찰수사를 받은 바 있다. (이하, '검사비리사건')

성영훈 일당이 당시 서울동부지방검찰청 지휘부(검사장 석동현, 차장검사 이영만, 형사 제2부장 이성윤)의 적극적인 반대에도 불구하고, 위와 같이 불법적인 감찰수사를 장기간 동안 실시하였던 이유는 위 주관용사건의 무마(조작)를 통하여 관련 민사소송 항소심에서 이미 승소판결을 받아놓은 금 54억 원은 물론 대법원 판결문상 이자 포함 약 150억 원에 이르는 소송사기 범죄수익금을 착복하기 위함이었고, 위 검사비리사건을 성공적으로 수행할 수 있었던 이유 역시 당시 법무부장관인 황교안(국민의힘 전신인 자유한국당 전 대표) 및 검찰총장 김진태의 암묵적 지시 내지 방조가 있었기 때문이었다. (위 책자 제461쪽~474쪽, 제491~498쪽 각 참조)

그러나 위 검사비리사건은 관련 증거가 해당 수사기록에 산더미처럼 첨부되어 있음에도 불구하고 (심지어 성영훈 일당 중 백방준은 경찰에 제출한 자술서에서 사실상의 자백을 하고 있음), 박근혜 정부 하에 있는 김진태 검찰은 물론, 촛불혁명으로 탄생하였다고 자랑하고 있는 문재인 정부하에 있는 윤석열 검찰에 와서도 삼척동자도 알 수 있을 정도로 허위내용의 불기소결정서를 작성하는 수법으로 각하처분되었다.

따라서 위 검사비리사건은 공수처 수사만을 기다리고 있으나, 공수처 출범이 야당인 국민의힘 반대로 지연되고 있으니 "김학의 전 법무부차관 성폭력사건"의 경우처럼 공소시효에 걸려 성영훈 일당에게 면죄부를 씌워주지 않을까 하는 염려가 앞선다.

한편, 필자는 약 28년간 검사들과 한솥밥을 먹으면서 공직생활을 해왔고, 또 위 검사비리사건 피해자 입장에서, 국민의힘이 당초 공수처장 후보 추천위원 지명 및 공수처장 후보자의 추천과 관련하여, 그 적정성 여부를 살펴보기로 한다.

첫째, 국민의힘이 당초 지명한 공수처장 후보 추천위원으로는 이헌 변호사 및 임정혁 변호사가 있다. 그런데 필자는 이헌 변호사와는 전혀 안면이 없기 때문에 필자 개인적인 의견을 개진하지 않겠다.

다만, 임정혁 변호사에 대해서는 2014. 1. 5.경 필자가 위 검사비리사건에 항거하기 위해 자살을 시도할 당시 대검찰청 차장검사로서, 그 자살시도사건 대책을 세워 검찰총장 김진태에게 보고하기 위해 휴일임에도 불구하고 대검 간부들을 비상소집했던 당사자로 지목되고 있는 인물이다.(위 책자 제462쪽 주석 3 참조)

그런데 문제는 임정혁 변호사가 위와 같이 필자의 자살시도사건이 있고 난 다음, 필자를 불법 감찰수사 중에 있던 성영훈 일당을 수사하여 처벌하지 아니하고, 오히려 검찰총장 김진태와 함께 성영훈 일당으로 하여금 필자에 대해 불법적인 계좌추적 등 계속 감찰수사를 실시하도록 함으로써 공수처 출범과 동시에 직권남용권리행사방해죄로 수사를 받아야 할 대상자라는 점이다. 이는 증거관계가 명백하기 때문에 검찰총장 김진태와 함께 구속수사가 불가피한 실정에 있다.(위 책자 제462~465쪽 참조)

둘째, 국민의힘이 당초 추천한 공수처장 후보자로는 검사 출신들로 구성된 강찬우, 김경수, 석동현, 손기호 변호사 등 4명이 있다.

그중 필자가 검찰 재직 기간 중 직접 모신 상사로는 석동현 변호사 및 손기호 변호사가 있다.

먼저, 손기호 변호사는 필자가 약 28년간 검사들과 함께 공직생활을 해오면서 겪어본 검사 중 가장 존경하고픈 인물이다. 서울 법대 출신이면서도 겸손이 몸에 배어 있고, 업무처리가 가장 매끄럽고 철두철미하면서도 부하검사 및 직원들을 사랑으로 베풀고 배려하는 상사로 너무 유명하다.

필자로서는 손기호 변호사가 공수처장에 임명되었으면 하는 바람을 갖고 있었으나, 중도에 사퇴하는 바람에 못내 아쉬웠다. 한마디로 손기호 변호사는 천성이 착하고 거짓과 위선이 전혀 없어 정치권과는 어울리지 않는 것이 분명해 보인다.

그런데 문제는 2012. 7~8.경 석동현 변호사가 서울동부지방검찰청 검사장으로 재직할 당시 김진태 검찰총장 직속 기관인 대검찰청 감찰본부가 성영훈 일당으로 하여금 필자에 대해 위 주관용사건 수사에서 배제시키기 위해 불법적인 감찰수사를 실시하도록 한 사실을 너무나도 잘 알고 있다는 사실이다.

즉, 당시 석동현 검사장은 자신의 사법시험 및 사법연수원 동기이자 검사장 출신 전관 변호사인 성영훈으로부터 "임찬용 사무관(필자)이 주관용사건을 편파적이고 강압적으로 수사하고 있으니, 임찬용 사무관을 주관용사건 수사에서 배제시키고 그 대신 감찰을 실시하여 달라"는 취지의 부탁을 받았으나, 이를 단호히 거절하고 오히려 필자로 하여금 위 주관용사건을 마지막까지 수사하여 송치하도록 함으로써 필자의 수사를 통하여 피의자 주관용에게 징역 4년(법정구속)이라는 실형을 선고받도록 하였고, 이에 터 잡아 성영훈 일당에게는 소송사기 범죄수익금 약 150억 원을 착복하지 못하도록 하는데 지대한 역할을 수행하였다.(위 책자 제36쪽, 주석 10, 11 각 참조)

그러나 석동현 변호사는 2013년 전 모 검사 성 스캔들로 인하여 불명예를 안고 검사장 옷을 벗었음에도 불구하고, 어느 날 갑자기 야당 정치인으로 변신하여 위 검사비리사건에 대한 검찰수사에 침묵으로 일관함으로써 문재인 정부 검찰의 위 검사비리사건 은폐수사에 동조하는 태도를 보이고 있다.

그의 행적 중 최근에 이르러서는 국민의힘 추천을 받아 공수처장 후보가 되자마자 위 검사비리사건을 수사해야 할 공수처에 대하여 '태어나서는 안 될 괴물집단'이라고 공격하는 등 공수처 출범 저지를 위해 안간힘을 쏟고 있다.

특히, 금일자 주요 신문 및 방송보도에 의하면, 국민의힘 주호영 원내대표가 공수처장 후보 추천위원들에게 공수처장 임명에 협조하지 말라고 호소하는 편지를 보냈다고 한다.

위 편지에는 '야당의 거부권이 무력화된 상태로 대통령과 여당이 추천하는 공수처장이 선임되면 우리나라의 법치주의는 파괴될 것'이라면서 '동의할 경우 역사에 오명을 남기고, 역적이 될 것'이라고 주장했다는 내용을 담고 있는 것으로 전해졌다.

더더욱 가관인 것은 이와 같은 설득에도 불구하고 후보추천위 회의에서 공수처장 후보자가 의결된다면 곧바로 법원에 집행정지 신청을 내 의결의 효력을 정지하는 방안을 검토하고 있다고 한다. 한마디로, 똥 묻은 개가 겨 묻은 개를 나무라는 격이다.

국민의힘 주호영 원내대표에게 묻는다.

첫째, 앞서 살펴본 바와 같이 국민의힘으로부터 지명받은 공수처장 후보 추천위원 임정혁 변호사는 위 검사비리사건과 관련하여 추후 설립 예정인 공수처로부터 수사를 받아야 할 범죄 피의자에 불과하고, 또다른 공수처장 후보자 석동현 변호사는 위 검사비리사건에 대한 검찰 은폐수사에 침묵으로 일관한 썩은 검찰조직의 파수꾼 역할을 하는 것으로 확인되었다.

그렇다면, 국민의힘이 위와 같은 인물을 공수처장 후보 추천위원으로 지명하거나 공수처장 후보자로 추천하는 행위는 공수처 출범을 지연시키거나 저지함으로써 위 검사비리사건 특성에서 나타나고 있는 권력형 비리사건, 검찰조직을 악용한 검사들의 사건조작, 전관예우,

검찰 제 식구 감싸기, 대형 부정부패사건을 은폐하려는 의도가 명백하게 표출되고도 남음이 있다.

이 점과 관련, 국민의힘은 사법정의를 갈망하는 국민들에게 사죄할 용의가 있는지?

둘째, 위 검사비리사건과 관련하여 공수처에서 처벌되어야 할 주요 대상자로는 국민의힘 전신인 자유한국당 전 대표이자 박근혜 정부 국무총리인 황교안을 비롯하여 그의 추천을 받아 박근혜 정부 국민권익위원장을 지낸 성영훈, 박근혜 정부 검찰총장 김진태 등이 포진해있다. 즉, 국민의힘에서는 어떻게 해서든지 이들에 대한 사법처리를 막아야 할 입장에 있다.

그런데 위 검사비리사건은 박근혜 정부 검찰은 물론 문재인 정부 검찰에 와서도 계속 허위내용의 불기소결정서를 작성하는 수법으로 각하처분(은폐)을 해오는 바람에 공소시효가 불과 3개월 남짓에 불과하다.(공소시효를 정지하는 재정신청기간 약 4개월 미포함)

그렇다면, 국민의힘이 위 황교안을 비롯하여 검사비리사건 관련 피의자들에게 면죄부를 주기 위해 공수처 출범을 지연 또는 저지함으로써 위 검사비리사건 공소시효를 완성시킬 의향이 있는 것인지?

셋째, 국민의힘 원내대표 주호영이 내일(12월 28일) 개최예정인 추천위에서 공수처장 후보를 의결할 예정에 있는 추천위원들에게 "대통령과 여당이 추천하는 공수처장이 선임되면 우리나라의 법치주의는 파괴될 것이라면서 동의할 경우 역사에 오명을 남기고, 역적이 될 것"이라는 취지로 협박편지를 보낸 사실을 앞서 확인한 바 있다.

그런데 주호영의 위와 같은 행위는 국회에서 적법절차에 따라 정식으로 통과된 공수처법 개정안에 대해, 제1야당 원내대표라는 막강한 정치권력에 터 잡아 공수처장 후보 추천위원들에게 공수처장 후보자를 의결하지 말 것을 강요하고, 나아가 공수처 출범의 방해까지 선동하고 있다.

이를 형법상 살펴보면, 공수처장 후보자 추천위원들에게 협박죄 내지 직권남용권리행사방해죄가 성립될 여지가 충분하다고 보여지는데 그에 대한 의견은 어떤지?

역사는 반드시 실체적 진실만을 말하고 거기에 회귀하려는 속성을 갖고 있다고 믿는다. 정치권력을 잡기 위해 거짓과 술수에 능숙한 정치인들도 역사만큼은 두려워할 줄 알았으면 한다.

국민의힘 주장대로 공수처가 현 정권의 비리를 덮고 민주당의 장기집권 발판을 마련하기 위해 설립된 기구라는 의심이 가더라도, 일단 공수처를 출범시켜라!

그 이후 공수처가 당초 설립 취지대로 운영되지 아니하고 일방적으로 집권당인 민주당에 유리하게 기운다는 사실이 발견된다면 그때 가서 대통령 탄핵 등 대여투쟁을 해도 될 것이 아닌가?

국민의힘에게 다시금 말한다.

필자는 특정 정당에 가입하지 않고 있고, 더군다나 정치하는 사람이 절대 아니다. 그저 부패하고 낡은 정치세력을 혐오하고, 정의롭고 공정한 세상을 지향하는 정당만을 사랑하는 평범한 소시민 중의 한 사람일 뿐이다.

필자는 위 검사비리사건을 은폐한 최종 책임자로 문재인 대통령 및 윤석열 검찰총장을 지목하고, 본지를 통해 문 대통령에게는 탄핵을, 윤 검찰총장에게는 구속수사를 외쳐오고 있다.

그럼에도 불구하고 국민의 힘은,

왜 국회에서 정식으로 통과된 공수처법에 근거한 공수처의 출범까지 틀어막으려고 하는가?

왜 전 국민이 바라는 검찰개혁의 방해세력으로 남으면서 검사들의 썩은 비리까지 덮으려고 하는가?

결국, 국민의힘은 자신들의 지난 비리를 숨기고 공소시효 도과로 인한 형사처벌을 면제받기 위해 같은 처지에 놓여 있는 검찰을 옹호하면서 공수처 출범을 의도적으로 지연시키거나 방해하고 있는 것은 아닌지, 위 검사비리사건 은폐와 더불어 곰곰이 생각해 보기 바란다.

〔칼럼시리즈(제2판) (17)〕 〔2021. 1. 5.〕

공수처장 후보자 김진욱의 진정성을 믿는다!!

● 왜 '검사비리사건'이 공수처 제1호 사건이 되어야 하는가?

김진욱 공수처장 후보자가 금일 (1월 5일) 오전 9시 26분경 인사청문회 준비사무실이 마련된 서울 종로 이마빌딩에 새해 첫 출근했다.

김 후보자는 "공수처가 대한민국의 법과 정의가 살아 있음을 보여줄 수 있는 국가기관이라는 기대가 있고, 그 정반대로 운영될 거란 우려가 있는 것도 사실"이라며 "공수처에 대한 기대가 우려가 되지 않도록, 또 우려가 현실이 되지 않도록 최선을 다하겠다."고 말했다. 이는 공수처에 접수된 모든 사건이 정치적 중립을 유지하면서 실체적 진실만을 추구하고, 법과 원칙에 따라 처리하겠다는 강력한 의지로 해석된다.

공수처 설립목적의 핵심은 뭐니 뭐니 해도 검사들의 비리와 검찰권 남용에 따른 형사처벌에 있다. 그 이유는 검사들이 이중 잣대를 적용하여 자신들에게 미운털이 박힌 범법자에 대해서는 검찰권을 발동하여 2배, 3배의 형사처벌을 해 가면서도, 자신들의 비리에 대해서는 '검찰 제 식구 감싸기'라는 '영구불변의 법칙'을 적용하여 서로 눈감아주고, 고소나 고발이 들어와도 허위내용의 불기소결정서를 작성하는 수법으로 각하처분을 해 버리기 때문이다.

이와 같은 검찰 권력의 변칙적인 운영이 정의와 공정을 꿈꾸는 우리나라 정치를 후퇴시켰을 뿐만 아니라, 정치검사들 스스로 이에 동참해 왔고, 이는 검찰 출신 전관 변호사 및 썩은 검사들의 더러운 뱃속만을 챙겨왔다는 사실을 역사가 증명하고 있다.

　필자는 검찰에서 약 28년간 잘 나가던 검사들과 공직생활을 함께 해오면서 그들의 일거수일투족은 물론 그들의 머릿속까지 꿰뚫어 왔다.

　결국, 아무리 착하고 양심 바른 초임검사들이 검찰에 입문하여 열과 성을 다해 사건수사에 임한다고 하더라도, 상명하복의 검찰문화에 익숙해지고 경력과 직위가 높아질수록 그에 상응하여 타락해지고 사건조작 유혹에 빠져든다는 점이다.

　그 이유는 검사들이 수사권과 기소권, 영장청구권 등 형사사법상 권력을 독점하고 있으나, 결국 그 권력들의 대부분은 검찰총장 및 검사장 등 수뇌부에 귀속되기 때문이다.

　그렇다면, 이를 극복하고 우리나라가 진정으로 검찰개혁에 성공하는 이정표를 세우면서 사법정의를 실현하기 위해서는 새로 출범하게 될 김진욱 공수처장 후보자에게는 당장 무슨 조치가 필요할까?

　이는 공수처가 정치적 중립은 물론 김 후보자가 금일 얘기한 내용 중 "공수처가 대한민국의 법과 정의가 살아 있음을 보여줄 수 있는 국가기관이다."라는 사실을 입증할 수 있게끔 공수처 제1호 사건을 객관적이고도 공정하게 선정하는 것이다.

　이와 관련, 필자가 수년간 본지를 통하여 밝혀온 '검사비리사건'이 왜 공수처 제1호 사건으로 선정되어야 하는지, 그 이유가 게재되어 있는 공수처 고소장 첫 페이지를 첨부와 같이 소개하고자 한다.
　〔이 칼럼시리즈 제(22)회 첨부 1 참조〕

[칼럼시리즈(제2판) (18)] [2021. 1. 21.]

금일 역사적인 공수처 출범에 부쳐!!

- 검찰총장 윤석열이 보낸 서한 전격 공개
- 검찰총장 윤석열은 가장 비겁한 변절자이자 검찰개혁의 반항아
- 공수처는 '검사비리사건'을 제1호 사건으로 빨리 선정하라.

본 필자는 2012. 7.경 서울동부지방검찰청 수사과 수사사무관 재직 당시 금 54억 원 소송사기 등 피의사건(이하, '주관용사건')을 수사하면서, 이를 저지하려는 검사장 출신 전관 변호사 성영훈과 그의 부하직원으로 근무한 적이 있던 대검 감찰 제1과장 안병익, 서울고검 감찰검사 김훈, 백방준(이하, '성영훈 일당')으로부터 2차례에 걸쳐 약 1년 7개월간 불법적인 감찰수사를 받은 사실이 있다.(이하, '검사비리사건')

성영훈 일당이 필자를 상대로 위와 같이 불법 감찰수사를 실시한 이유는 서울고등법원으로부터 위 주관용사건 관련 민사소송에서 이미 승소판결을 받은 금 54억 원은 물론, 대법원 판결문상 이자 포함 약 150억 원에 이르는 소송사기 범죄수익금을 착복하기 위함 때문이었다.

다행히도 필자는 서울동부지방검찰청 석동현 검사장 등 지휘부의 적극적인 엄호 아래 위 주관용사건을 성공적으로 수사하여 피의자 주관용에게 징역 4년이라는 실형을 선고받도록 함으로써 위 150억 원의 범죄수익금을 착복하려는 성영훈 일당에게 그 기회를 박탈시킬 수 있었다.

이는 당시 연 매출 3,000억 원 이상을 올리고 있던 피해회사인 ㈜에스코넥의 부도 및 도산을 막아냈을 뿐만 아니라 국가 경제를 살리는데 기여하였고, 3,000여 명에 달하는 ㈜에스코넥 임직원의 직장을 구해 냈으며, 코스닥에 상장된 수천억 원의 개미 투자금액을 보전하는 성과를 달성하였다.

그러나 불행하게도 필자는 위 주관용사건을 무마(조작)하려는 성영훈 일당으로부터 미운털이 박혀 장기간에 걸친 불법 감찰수사를 받음으로써 서기관 승진 기회를 2회 박탈당하고 우울증이 발생하여 병원 치료 도중 자살을 시도하였으나 실패하였으며, 결국 타 검찰청으로 보복 인사 조치를 앞두고 불명예 퇴진할 수밖에 없었다.

위 검사비리사건은 전형적인 전관예우사건이자 검사들이 수사권을 남용한 권력형 비리사건이며, 위 주관용사건 무마(조작)를 통하여 범죄수익금 약 150억 원을 착복하려는 대형 부정부패사건임에는 틀림없다.

이와 같은 상황에서 필자는 개인적인 진로를 상의하기 위해 당시 국정원 댓글 수사와 관련 대검 감찰부로부터 징계를 받고 대구고검으로 좌천당하여 같은 처지에 놓여 있던 윤석열을 찾아갔다.

즉, 필자는 2014. 4.경부터 같은 해 7.경 사이에 윤석열이 거주하는 서울중앙지방법원 후문 건너편 소재 반 지하다방에서 2차례에 걸친 긴 만남의 시간을 가졌다.

당시 윤석열이 필자와의 면담을 통해 위 검사비리사건에 대한 실체적 진실을 인식하고 있었는지 그리고 왜 필자가 검찰조직을 떠날 수밖에 없었는지, 대구고검에 좌천당할 당시의 윤석열의 생각과 현재 검찰조직 수장으로서의 검찰총장 윤석열의 생각이 어떻게 다르게 변해 있는 것인지….

이 모든 것을 판단할 수 있는 서신 내용을 원문 그대로 다음과 같이 전격 공개한다. 이 서신은 필자가 검찰 내부통신망인 이프러스를 통해 윤석열 대구고검 검사에게 사직인사를 하자, 그에 대한 답변 인사를 해온 것이다.

이를 전격 공개한 목적은 새로 출범한 공수처로 하여금 위 검사비리사건을 공수처 제1호 사건으로 선정해 주도록 재차 촉구함과 동시에, 공소시효가 임박하므로 즉각적인 수사를 촉구하는 의미까지 내포하고 있다.

필자는 윤석열 명의로 작성된 '다음'의 서신에서 밝혀진 내용을 근거로, 윤 총장 임명권자인 문재인 대통령과 윤 총장 범죄혐의를 수사할 권한이 있는 김진욱 공수처장에게 아래 사항을 국민의 이름으로 강력히 요구한다.

대구고검 검사 당시 윤석열은 위 검사비리사건에 대한 실체적 진실은 물론, 성영훈 일당 범죄의 중대성 및 심각성, 필자가 검찰조직을 떠날 수밖에 없었던 사정, 검찰조직의 폐쇄성 및 비리집단의 보편성을 완전히 인식하고 있었다. 이는 썩은 검찰조직의 개혁을 통해 진정으로 국민을 위한 검찰로 거듭나기를 바라는 충정이 그대로 묻어나 보인다.

- 다 음 -

보낸 사람 윤석열〈syypwd@spo.go.kr〉 2014년 7월 8일 10:48:03
받는 사람   임찬용〈yimcy@spo.go.kr〉 전체보기

존경하는 임 사무관님!!

오랜 세월 몸담으며 열정을 받쳐 온 조직을 이렇게 아픈 마음으로 떠나시는 것을 보니 슬프고 답답합니다.

그러나 힘을 내십시오. 무수히 많은 사나이들이 검찰 조직에 입문해서 입신을 하고 떠났지만 아무런 의미를 남기지 못한 경우가 허다합니다. 임사무관님은 이번 사건 말고도 수사와 행정 업무에서 의미 있는 성과를 많이 남기셨지만 특히 조직을 떠나는 계기가 된 이 사건에서 큰 의미를 남기셨습니다. 임사무관님의 정의감과 열정 아니었더라면 우리 사회에서 많은 사람들이 법과 정의를 조롱하였을테니까요.

임사무관님의 거취는 검찰이라는 좁은 테두리에서 보면 슬프고 답답한 일이지만 인간과 사회라는 거대한 테두리에서 보면 아름답고 빛나는 일이니 만큼 자신감과 용기를 가지십시오.

어렵고 힘든 상황에서 오래 전 함께 근무했던 저를 찾아 주셔서 기쁘고 영광스럽게 생각합니다. 제일 중요한 것은 건강이니 건강에 깊은 관심을 가지고 사모님과 행복한 제2막을 전개해 나가시길 기원합니다.

존경합니다!!

윤석열 배상

한편, 인간적인 측면에서 살펴보더라도 당시 자신이 처한 어려운 상황에서 필자에게 어떠한 도움을 주지 못하고 필자를 떠나 보낼 수밖에 없었던 안타까움이 서려 있다.

그러나 박영수 특별검사에 발탁되어 박근혜 정부에 대한 적폐청산 수사팀장의 역할을 훌륭히 수행해 온 윤석열은 문 대통령에 의해 초고속 승진을 거듭해 실질적인 검찰 2인자인 서울중앙지검장 및 검찰조직 총수인 검찰총장직에 오른 이후에는 대구고검 검사 당시 필자에게 보여준 윤석열과는 너무나도 상반된 검사 생활을 해왔다.

즉, 윤석열이 2013. 10.경 서울고검 국정감사장에서 "나는 사람에게 충성하지 않는다"고 말했던 유명한 일화는 "선택적 수사 및 기소", "검찰 제 식구 감싸기"만을 위한 검찰권 행사로 변질되었고, 검찰개혁의 반항아로 확인되었다.

특히, 윤 총장은 '검찰 제 식구 감싸기' 차원에서 민갑룡 경찰로 하여금 박근혜 정부 검찰에서도 시도하지 않았던 위 검사비리사건에 대한 조작수사까지 실시하도록 묵인·방조하였으며, 이에 여의치 않자 불법으로 사건을 송치 받아 허위 불기소결정서를 작성하는 수법으로 아예 위 검사비리사건을 은폐해 버렸다.

문재인 대통령은 검찰개혁에 반항하고, 위 검사비리사건을 은폐한 윤 총장에 대해 즉시 징계절차에 착수하여 파면토록 하라!!

김진욱 공수처장은 위 검사비리사건을 즉시 수사하여 성영훈 일당은 물론, 이를 은폐한 윤석열 검찰총장을 구속·기소하라!!

〔칼럼시리즈(제2판) (19)〕 〔2021. 3. 4.〕

사법정의 실현을 위해서는 검찰청 폐지가 정답이다!!

● '중대범죄수사청'(중수청) 설립 관련, 검찰총장 윤석열의 궤변
● 사법정의 실현 및 검찰개혁을 위한 공수처장 김진욱의 선도적 역할 기대

본 필자는 억울한 범죄 피해자를 구제하겠다는 사명감을 갖고 1987. 11. 2. 우리나라 최고 수사기관인 검찰조직에 입문하여 약 28년간 법무부, 대검, 서울고검, 서울중앙지검 등 일선 검찰청에서 검찰행정 및 검찰수사 업무에 봉직해 오던 중 박근혜 정부 당시 김진태 검찰총장 휘하에 있던 검사들로부터 자신들의 사건조작에 동조하지 않는다는 이유 하나만으로 장기간 불법적인 감찰수사를 받고 반강제적으로 퇴직하였다.

필자가 위와 같이 검찰조직에서 쫓겨 나가게 된 사건 요지 및 특성 등은 다음과 같다.

필자는 2012. 7.초경 서울동부지방검찰청 수사과 제1호 수사사무관 재직 당시 금 54억 원 소송사기 등 피의사건(이하, '주관용사건')을 수사하면서, 이를 저지하려는 검사장 출신 전관 변호사 성영훈과 그의 부하 직원으로 근무한 적이 있던 대검 감찰 제1과장 안병익, 서울고검 감찰 검사 김훈, 백방준(이하, '성영훈 일당')으로부터 2차례에 걸쳐 약 1년 7개월간 불법 감찰수사를 받은 사실이 있다.(이하, '검사비리사건')

성영훈 일당이 필자를 상대로 위와 같이 장기간 불법 감찰수사를 실시한 이유는 위 주관용사건 관련 민사소송(금 54억 원 공사대금 등

청구소송) 항소심에서 이미 승소판결을 받아놓은 금 54억 원과 이를 포함한 대법원 확정 판결문상 이자 포함 약 150억 원에 이르는 소송사기 범죄수익금을 착복하기 위함 때문이었다.

다행히도 필자는 당시 서울동부지방검찰청 지휘부(검사장 석동현, 차장검사 이영만, 형사2부장 이성윤)의 적극적인 엄호 아래 위 주관용 사건을 성공적으로 수사하여 피의자 주관용에게 징역 4년이라는 실형을 선고받도록 함으로써 위 150억 원의 범죄수익금을 착복하려는 성영훈 일당의 기회를 박탈시킬 수 있었다.

이는 당시 연 매출 3,000억 원 이상을 올리고 있었던 피해회사인 ㈜에스코넥의 부도 및 도산을 막아냈을 뿐만 아니라 국가 경제를 살리는데 기여하였고, 3,000여 명에 달하는 ㈜에스코넥 임직원의 직장을 구해 냈으며, 코스닥에 상장된 수천억 원에 이르는 개미투자자의 투자금액을 보전하는데 지대한 성과물을 도출해 냈음을 의미한다.

그러나 필자는 위 주관용사건을 성공적으로 수사하였다는 이유로 인해 성영훈 일당으로부터 장기간에 걸친 불법 감찰수사를 받아야 했고, 그 결과 서기관 승진 기회를 2회 박탈당하고 우울증이 발생하여 병원 치료 도중 자살을 시도하였으나 실패하였으며, 결국 타 검찰청으로 보복성 인사 조치를 앞두고 불명예 퇴진할 수밖에 없었다.

위 검사비리사건은 전형적인 전관예우사건이자 검사들이 모든 강제수사권을 남용한 권력형 비리사건이며, 위 주관용사건 무마(조작)를 통하여 범죄수익금 약 150억 원을 착복하려는 대형 부정부패 사건임에는 틀림없는 사실이다. 특히, 필자는 검찰조직에서 비리검사들에 의해 반강제적으로 퇴직 당한 이후 위 검사비리사건에 대한 법적 투쟁

과정에서 허위내용의 불기소결정서나 판결문을 작성하는 수법으로 사건 조작을 일삼는 썩은 검찰 및 법원의 개혁에 작은 불씨라도 남기기 위해 남은 여생을 바치기로 마음먹었다.

그 방법의 일환으로, 위 주관용사건 및 검사비리사건에 대한 실체적 진실 그리고 이를 은폐해 왔던 검찰 및 법원의 썩은 실상을 온 세상에 알리기 위해 2017. 4. 15. '제19대 대선 결정판', '사법정의 실현을 위한 새 대통령 당선조건(썩은 검찰 및 사법부개혁, 경찰수사권독립, 제851면)'이라는 책자를 발간하여, 당시 더불어민주당 문재인 대통령 후보를 비롯한 각 정당 대통령 후보 및 유력 정치인, 검찰개혁을 담당하고 있던 국회 법제사법위원회 소속 국회의원에게 전면 배포하였고, 국립 중앙도서관에도 영구 보전토록 함으로써 역사 앞에 기록물로 남겨놓았다.

범죄수사과정에서 사건조작을 일삼는 검사들은 물론, 법조카르텔이라는 기득권에 얽매어 검사들의 사건조작에 동조하여 허위내용의 판결문을 작성해 대는 판사들까지 직접 실명을 거론해 가면서 그들의 범죄행위 실상을 낱낱이 공개한 책자는 아마 우리나라 역사상 처음이 아닐까 싶다.

이는 후세들이 필자에 대해 썩은 검찰 및 법원 개혁에 선구자적 역할을 수행했다는 사실을 정당하게 평가해 줄 것으로 믿는다. 그리고 그 씨앗들은 현재에 이르러 검·경 수사권 조정 및 공수처 설치 등 법적·제도적 장치로 서서히 열매를 맺고 있는 중이다.

1. '중대범죄수사청'(중수청) 설립 관련, 검찰총장 윤석열의 궤변

정부·여당이 추진 중인 중수청 설치법은 현재 검찰에 남겨진 6대 범죄(부패·경제·공직자·선거·방위산업·대형참사) 직접수사권을 중수청이라는 새로운 수사기관을 만들어 옮기는 것이 주요 골자다. 검찰은 완전히 공소 제기·유지 기관이 되는 셈이다.

그런데 윤 총장은 전일 언론과의 인터뷰 및 금일 대구 고·지검을 방문하는 자리에서 '검찰 수사권의 완전한 박탈은 정치, 경제, 사회 분야의 힘 있는 세력들에게 치외법권을 제공하는 것'이며 '민주주의의 퇴보이자 헌법 정신의 말살'이라는 취지의 주장을 하였다.

또한, '사법정의를 실현하기 위해 수사와 기소는 서로 분리하는 게 아니라, 하나로 융합하는 것이 세계적인 형사사법 시스템의 추세'라고 강조하였다.

윤 총장의 위와 같은 주장들이 전혀 틀린 말이 아니며, 학문적으로도 당연한 논리로 받아들여질 수 있다고 보여진다.

즉, 윤 총장이 주장하는 바와 같이 헌법에 규정된 내용대로 치외법권을 인정하지 않기 위해서는 우리나라 청와대 등 살아 있는 권력에 대해서도 제대로 수사하여 처벌하여야 하고, 이를 위해 수사와 기소를 분리하지 않고 하나로 융합해 나가는 것이 세계적인 추세임에는 분명해 보인다.

결국, 수사도 기소를 위한 전제조건에서 출발하기 때문에 기소권자인 검사가 이전단계인 수사까지 수행한다면 사안이 복잡하고 전문적 지식을 요하는 6대 중대범죄에 좀 더 효율적인 대처가 가능할 수 있다.

그러나 문제는 윤 총장의 위와 같은 주장들은 한참 번지수를 잘못 짚었다는 데 있다.

즉, 우리나라에서는 수사와 기소를 분리하지 않고 하나로 융합하는 세계적인 형사사법시스템을 단 한 치도 적용할 수 없다.

그동안 우리나라 검찰은 자신들의 잇속을 챙기기 위해 전관예우를 통한 사건조작이 6대 중대범죄에서 집중적으로 저질러져 왔으며, 특히 미운털이 박힌 자에게는 가혹한 검찰권을 행사하고, 고운털이 박힌 자에게는 눈감아주는 등 선택적 수사를 통하여 형사사법 정의를 심각하게 훼손해 왔다.

그만큼 검찰은 6대 중대범죄에서 수사권을 계속 보유하고 있어야만 기득권 유지가 가능하고, 검찰수사권 남용에 따른 떡고물이 많이 떨어진다는 의미다.

이는 국가 운명을 가르는 사건은 물론 일반 형사사건에서도 예외 없이 적용되는 사안이다.

그 실례로, 일반 형사사건인 위 검사비리사건의 경우를 살펴보면 윤석열 검찰이 성영훈 일당에게 면죄부를 주기 위해 민갑룡 경찰에게 조작(무마)수사를 지시하고, 그 수사과정에서 검찰수사과장 출신인 필자에게 적발되자, 이를 불법송치 받아 허위내용의 불기소결정서를 작성하는 수법으로 아예 위 검사비리사건을 은폐해 버렸으며, 우리나라 전체 검사들은 검사동일체 원칙이라는 미명하에 자신들의 기득권을 지키고자 위 검사비리사건 은폐사실을 눈감고 거기에 운명처럼 따르고 있다.

특히, 윤 총장 자신도 전형적인 내로남불 검사이자 정치검사이며, 자신의 출세를 위해서는 '사람에게 충성하지 않는다'는 자신의 신조를 헌신짝처럼 내던져 버리고 위 검사비리사건의 경우처럼 사건조작을 서슴지 않는 배신행위를 해왔음이 증명되었다. (본지 2021. 1. 21.자 및 2019. 6. 21.자 신문기사 참조)

이런 자가 어떻게 검찰을 대표하여 국가 백년대계와 관련된 중수청 신설에 대한 반대의견을 낼 수 있다는 말인가?

좀 더 시야를 넓게 보더라도, 우리나라 검찰은 지난 수십 년간 다른 나라와 달리 수사권과 기소권을 한 손에 움켜쥔 채 경찰을 하인보다 못한 노예처럼 부리면서 자신들의 말을 듣지 않으면 구속수사로 대응하고, 대통령 선거는 물론 대통령 탄핵까지도 선택적 수사를 통해 좌지우지해 오면서 국가를 위험에 빠뜨리고, 그 반면 일반 형사사건의 경우에 있어서는 전관 변호사와 더불어 사건 조작을 통해 호의호식을 해온 사실이 이미 역사적으로 증명되고 있지 않은가?

특히, 박근혜 정부 휘하 김진태 검찰은 위 검사비리사건에서 살펴보았듯이 검찰수사권을 남용하여 돈이라면 환장 병에 걸려 범죄수익금 약 150억 원을 착복하고자, 당시 필자로부터 수사를 받고 있던 피의자 주관용과 손잡고 담당 수사사무관인 필자에게 감찰의 칼을 들이대고, 이에 격분하여 자살을 시도하다가 차마 죽지 못하고 병상에 누워계신 어머님과 처, 자식들이 불쌍해 사무실로 되돌아온 필자에게 서기관 승진 기회를 영구 박탈하고, 그것도 모자라 보복성 인사조치 단행 등을 통해 검찰조직에서 아예 퇴출시켜 버린 짐승보다 못한 악행을 저질러 오지 않았는가?

우리나라 검찰의 특권의식은 단지 자신들의 지휘를 받는 경찰 등 해당 수사부서에 한정되지 않은 채 전체 중앙부처는 물론 감사원 등 힘 있는 헌법기관에까지 걸쳐 이루어져 왔으며, 전관 변호사를 통한 자신들의 더러운 잇속을 챙기기 위해서라면 검찰조직 직제표까지도 하루아침에 서슴없이 뜯어 고쳤다가 문제가 생기면 원상복귀시키는 인간 말종 짓들을 서슴없이 자행해 왔다.(본지 2019. 2. 28.자 기사 참조)

결론적으로 말하면, 현재 정부·여당에서 추진하고 있는 중수청의 설치 목적은 '수사는 경찰·공수처·중수청, 기소는 검찰'이라는 형사사법시스템을 구축하여 각 기관 간 견제와 균형을 이루도록 함으로써, 그동안 우리나라 형사사법 권력을 지배해 왔던 검찰의 사건조작 및 은폐를 방지하고, 윤 총장을 비롯한 검찰 구성원 전체가 법의 지배를 받을 수 있도록 검찰공화국이라는 특권층 형성을 저지하며, 이에 터 잡아 사법정의를 실현하여 국가 발전을 도모하고자 함에 있다.

이와 같은 사정에 비추어 볼 때, 공소청 설립을 위해 추진 중인 검찰 직접 수사권 폐지 및 중수청 설치는 사법정의 실현이라는 국가적 정책수립 차원은 물론, 국민 개개인의 인권보호 차원에서 보더라도 지극히 마땅하고 올바른 정책 방향임은 두말할 나위가 없다.

2. 사법정의 실현 및 검찰개혁을 위한 공수처장 김진욱의 선도적 역할 기대

우리나라 검찰이 자신들의 기득권을 보호하고 유지하기 위해 수십 년간 걸어왔던 선택적 수사를 통한 사건조작 및 검찰권 남용은 주지의 사실이다. 그런데 현재 이를 개혁하고 처벌할 자격이 있는 사람은 문재인 대통령이 아니라 오로지 김진욱 공수처장밖에 없다.

또한, 고위직 판·검사들이 퇴직 후에도 전관예우를 받으면서 후배 판·검사들과 한통속이 되어 허위내용의 결정문이나 판결문을 작성함으로써 사법정의를 심각하게 훼손시키고 있다. 그런데 현재 이를 개혁하고 처벌할 자격이 있는 사람 역시 오로지 김진욱 공수처장밖에 없다.

그 이유는 공수처가 대통령을 비롯한 고위공직자들에 대한 범죄를 수사대상으로 삼지만, 그동안 판·검사를 제외한 고위 공직자의 범죄에 대해서는 거의 예외 없이 검찰에 의해 기소되고 판사들에 의해 처벌되어 온 반면, 유독 판·검사들의 범죄행위에 대해서는 '제 식구 감싸기' 차원에서 치외법권으로 여겨져 왔기 때문이다.

앞에서 살펴본 바와 같이, 위 검사비리사건은 약 150억 원의 범죄수익금을 착복하기 위해 검사장 출신 전관 변호사와 현직 검사들이 공모하여 저지른 권력형 비리사건이자, 대형 부정부패사건이다.

또한, 거기에는 당시 검찰총장 김진태와 대검 차장검사 임정혁이 가담하고 있으며, 법무부장관 황교안이 묵인 또는 방조하고 있다.

더 나아가, 윤석열 검찰총장을 비롯한 수많은 검사들, 위 검사비리사건 민사소송 재판을 담당한 수많은 판사들 역시 허위내용의 불기소 결정서 및 판결문을 작성하는 수법으로 위 검사비리사건을 은폐하여 왔다.

공수처장 김진욱이 이들을 예외없이 구속기소하지 않고서는 문재인 정부에서 추진 중인 검찰개혁은 한낱 구호에 그치고 말 것이며, 공수처는 설 자리를 잃고 국민들의 혈세만 낭비하는 식충이로 전락될 것임이 불을 보듯 뻔하다.

앞으로 공수처가 위 검사비리사건에 대해 검찰과 마찬가지로 뭉개기식 수사 및 조작수사로 대응해 나간다면, 당장 필자로서는 다가오는 제20대 대통령선거에 맞춰 치외법권이 없는 정의롭고 공정한 세상, 법치주의를 실현하고 모든 국민은 법 앞에 평등하다는 헌법적 가치를 추구하기 위해 공수처 폐지운동을 줄기차게 전개해 나갈 것이다.

김진욱 공수처장이 강조하는 정치적 중립성은 한가하게 대검찰청 등 각 수사기관 기관장을 찾아다니며 유대관계를 돈독히 하는 것에 있는 것이 아니라, 지금 당장 사명감이 충만하고 능력과 자질을 갖춘 공수처 검사 및 수사관을 하루빨리 선발하여 법과 원칙에 따라 밀려 있는 사건들에 대해 공정하고 신속하게 수사에 착수하는 일이다.

필자는 공수처장 김진욱에게 위 검사비리사건을 공수처 1호 사건으로 선정해 주도록 본지 및 고소장 표지에 기재하는 방법 등을 통해 이미 수차례 요청한 바 있다.

이 길만이 공소시효가 다가오는 사건들에 대해 충분하고도 심도있는 수사가 진행될 수 있고, 수사대상에 있는 판·검사들의 증거인멸이나 사건조작을 방지할 수 있다.

공수처장 김진욱이 사건조작을 일삼는 판·검사들에 대해 성역 없는 수사와 기소를 통하여 우리나라의 사법 불신을 걷어내고, 모든 국민은 법 앞에 평등하다는 헌법상의 가치를 구현하며, 공권력 남용 및 부정부패가 없는 공정하고 정의로운 대한민국이 하루빨리 다가오기를 기대해 본다.

【제2부】
썩은 문재인 정부 및 민주당 실정(失政)

범죄단체조직으로 변질된 대한민국 정부

▶ 조국 사태를 통한 국민 갈라치기 조장
▶ 선택적 수사를 통한 내로남불 정적 제거
▶ 공정과 정의보다 특권과 반칙이 앞선 나라
▶ 가짜 검찰개혁, 가짜 공수처 설립
▶ 판·검사들에게 치외법권 인정, 법 앞의 평등 부정 등 헌법 파괴

〔칼럼시리즈(제2판) (20)〕 〔2021. 4. 17.〕

우리나라가 대통령에 이어 국무총리까지 범죄자의 손에 넘어가서는 안 된다.

● **국회는 범죄자 김부겸을 국무총리 임명에 동의할 것이 아니라, 당장 구속수사토록 하라.**

2021. 4. 16. 문재인 대통령은 전 행안부장관 김부겸을 국무총리로 지명하고, 일부 5개 부처에 대한 개각을 단행하였다.

한편, 본 필자는 제19대 대통령 선거를 앞둔 시점에서 검찰개혁의 등불을 밝히기 위해 후술하는 '금 150억 원 검사비리사건'에 대한 실체적 진실과 이를 은폐해 오고 있던 검찰 및 법원의 썩은 실상을 그대로 책자에 담아 당시 민주당을 비롯한 각 정당 대통령 후보 및 유력 정치인들에게 배포하였다.

2017. 4. 15.자 발간된 위 책자는 "사법정의 실현을 위한 새 대통령 당선조건"(썩은 검찰 및 사법부 개혁, 경찰수사권독립, 총 851면)이라는 제목과 체계를 갖추고 있다.

그러나 문 대통령은 자신이 직접 임명한 검찰총장 윤석열 및 경찰청장 민갑룡으로 하여금 대표적인 권력형 비리사건인 위 검사비리사건에 대하여 뭉개기식 수사 및 조작수사를 거쳐 은폐하도록 하거나, 이를 묵인·방조하였다.

한마디로 말하면, 문 대통령은 정치적으로나 실정법적으로나 자신이 임명한 권력기관장을 통하여 위 검사비리사건을 악랄하게 은폐해 버린 최종 책임자이자 중대 범죄자란 의미다.

이는 문 대통령이 본지를 통하여 탄핵대상자로 확정 짓는 가장 큰 원인으로 작용하였고, 다가오는 제20대 대통령 선거에서는 집권당인 민주당을 야당으로 변신시키는 가장 중요한 계기로 작용할지 관심을 가지고 지켜볼 일이다.

그런데 문제는 위 검사비리사건을 은폐한 공신(?)이 한 명 더 있고, 이는 우리나라 운명을 좌우할 국무총리에 임명될 위기에 처해 있다는 사실이다.

이 사람은 바로 어제 문 대통령에 의해 국무총리로 지명된 전 행정안전부장관 김부겸이다.

우리나라에서 국정 제1책임자인 대통령에 이어, 국정 제2책임자인 국무총리까지 범죄자들의 손에 들어간다면 어떤 일이 벌어질까? 그리고 역사는 이를 어떻게 평가할까?

어떤 수단과 방법을 강구해서라도 국무총리 지명자 김부겸에 대한 국회 동의절차는 막아야 한다. 우리나라가 범죄단체조직이 아니기 때문이다.

다행히도, 필자는 2020. 7. 25.자 본지 "검사비리사건을 은폐한 김부겸 후보자는 (민주당 대표) 부적격자다"라는 제하의 신문기사를 통하여 범죄자 김부겸이 민주당 대표로 선출되는 불행을 막을 수 있었다.

부정부패가 없고, 투명한 공직사회를 위하여 그리고 책임정치를 위하여, 나아가 자라나는 우리나라의 미래 세대들에게 정직하고 성실하게 사는 자만이 출세할 수 있다는 꿈과 희망을 심어주기 위하여, 새로 국무총리로 지명된 김부겸에 대한 범죄 실상 및 국무총리에 임명되어서는 안 되는 이유를 별첨과 같이 공수처에 제출한 고소장으로 갈음하고자 한다.(본 고소장은 후술하는 제22회 칼럼기사 '첨부3'에 첨부되어 있음)

〔칼럼시리즈(제2판) (21)〕 〔2021. 5. 15.〕

대한민국 정부는 권력형 부정부패 검사들을 감싸고 도는 범죄단체조직으로 변해 버렸다!!

- **범죄단체조직 두목 대통령 문재인, 부두목 국무총리 김부겸, 행동대장(2명) 행정안전부장관 전해철, 전 법무부장관 조국**
- **공수처장 김진욱은 '검사비리사건'을 공수처 제1호 사건으로 선정하지 않는 이유를 밝혀라.**

대한민국이 1945. 8·15 광복 이래 이렇게 수치스러운 날이 또 있을까?

필자는 2021. 4. 17.자 본지 "우리나라가 대통령에 이어 국무총리까지 범죄자의 손에 넘어가서는 안 된다 (국회는 범죄자 김부겸을 국무총리 임명에 동의할 것이 아니라, 당장 구속 수사토록 하라.)"라는 제하의 신문기사에서, "부정부패가 없고, 투명한 공직사회를 위하여 그리고 책임정치를 위하여, 나아가 자라나는 우리나라의 미래 세대들에게 정직하고 성실하게 사는 자만이 출세할 수 있다는 꿈과 희망을 심어주기 위하여, '금 150억 원 검사비리사건'을 은폐한 김부겸 국무총리 후보자에 대한 국회동의는 막아 달라."는 간절한 대국민 호소를 한 바 있다.

그럼에도 불구하고, 집권당인 민주당은 2021. 5. 13. 국회 본회의장에서 야당인 '국민의힘'의 반대 시위 속에 '김부겸 국무총리 후보자 임명동의안'을 다수의 힘으로 통과시켰고, 그다음 날인 14. 김부겸은 문재인 대통령으로부터 임명장을 받고 대한민국 국무총리에 정식

취임하였다.

한편, 김부겸 국무총리가 행정안전부장관 재직 당시 은폐해 버린 위 검사비리사건의 요지는 다음과 같다.

박근혜 정부 검사장 출신이자 태평양 법무법인 고문변호사인 성영훈으로부터 부정한 청탁을 받은 대검찰청 감찰1과장 안병익, 서울고검 검사 김훈, 백방준(이하, '성영훈 일당')은 2012. 7.경부터 2014. 3.경까지 약 1년 7개월간 형사소송법상 검사에게 부여된 모든 강제 처분권을 불법적으로 사용하였다.

즉, 전관 변호사 성영훈은 검찰 재직 당시 자신의 부하직원이었거나 자신의 말을 잘 따르고 있었던 안병익, 김훈, 백방준 검사로 하여금 서울동부지방검찰청 수사과 제1호 수사사무관 직책으로 금 54억 원 소송사기 등 피의사건(이하, '주관용사건')을 수사 중에 있던 필자를 포함한 사건 관계자에 대해 불법적인 감찰수사를 장기간 실시하도록 하였고, 이를 통해 위 주관용사건을 무마함으로써 피의자 주관용이 이미 관련 민사소송 항소심에서 승소판결을 받아놓은 금 54억 원과 이를 포함한 대법원 판결문상 이자 포함 약 150억 원에 이르는 소송사기 범죄수익금을 착복 내지 편취하기로 마음먹었다.

성영훈 일당이 약 150억 원의 범죄수익금을 착복 내지 편취하려고 마음먹었던 당초 계획의 성사 여부는 위 주관용사건 공판과정에서 피고인 주관용의 무죄선고에 달려 있었던 바, 이는 당시 위 주관용사건 공판검사 손아지의 진술에서도 피고인 주관용에 대한 무죄선고를 예견하고 있었다.

그러나 위 주관용사건을 성공적으로 수사하여 피의자 주관용을 기소에 이르게 한 필자로서는 위 주관용사건 공판과정에서 주관용에 대한 무죄선고를 막고, 이에 터 잡아 성영훈 일당에게 범죄수익금 약 150억 원을 안겨줄 기회를 박탈시켜 피해회사인 ㈜에스코넥의 부도 및 도산만큼은 막아내야겠다는 사명감을 갖게 되었고, 이를 실행에 옮기기 위해 성영훈 일당의 불법적인 감찰수사에 맞서 목숨을 내걸고 자살을 시도하였다.

필자의 자살시도 사건이 있고 난 다음, 이에 당황한 당시 김진태 검찰총장 등 검찰 수뇌부가 성영훈 일당의 필자에 대한 감찰수사를 조기에 마무리 짓도록 하였다.

필자는 이를 계기로 성영훈 일당의 불법 감찰수사 사실을 위 주관용사건 공판검사 손아지와 함께 담당 재판부에 강력히 어필하였고, 담당 재판부는 이를 받아들여 주관용에 대해 징역 4년이라는 실형을 선고하였다. 이와 관련된 경위는 최근 공수처에 제출한 고소장에도 자세하게 기재해 놓았다.

결론적으로 말하면, 필자는 당시 연매출 3,000억 원이 넘는 ㈜에스코넥이 성영훈 일당에게 넘어가지 않도록 하기 위해 위 주관용사건 수사에 최선을 다했고, 이를 조작(무마)하려는 성영훈 일당에 맞서 목숨을 내던졌던 것이다.

필자가 주관용의 무죄선고를 막기 위해 성영훈 일당의 불법적인 감찰수사에 맞서 목숨 걸고 항거했던 행위(자살시도 사건)는 이미 검찰로부터 2번에 걸쳐 '무혐의 처분'이라는 쓴맛을 보고 난 후 자살까지 감행할 각오로 독약을 평소 호주머니에 품고 다녔다는 위 주관용사건 고소인 홍성춘에게는 목숨을 구해 낸 성스러운 일이었고, 약 150억 원의 패소금액을 일시에 변제할 수 없는 피해회사인 ㈜에스코넥의 부도 내지 도산으로 인하여 3,000여 명의 임직원이 직장을 잃고 길거리에 내몰리는 사태를 미연에 막는 성스러운 일이었으며, 코스닥 등록업체인 ㈜에스코넥의 상장 폐지로 인해 수천억 원에 이르는 소액 투자자들의 투자금액을 고스란히 보전하는 성스러운 일이었다.

한편, 성영훈 일당의 검찰권력 남용은 당시 필자의 검찰서기관 승진 기회를 2회 박탈시키고, 장기간에 걸친 불법적인 감찰수사로 인해 필자에게는 우울증이 발생하여 자살시도로 몰고 갔으며, 필자뿐만 아니라 위 주관용사건 고소인 홍성춘, 참고인 박재근, 상피의자(상피고인) 이차남에 이르기까지 통화내역, 위치추적, 계좌추적 등 모든 불법적인 강제처분을 장기간 받아야 하는 신세로 전락시켰다. 이와 같은 피해상황은 필자가 힘이 없는 검찰사무관 신분이었기 때문에 가능한 일이지, 수사지휘권을 가지고 있는 검사였다면 도저히 일어날 수도 없는 일이었다.

그 반면, 필자는 위 주관용사건을 수사할 당시 전국 검찰청 수사사무관 중 부패범죄, 재산범죄 등 인지수사와 관련하여 전국 제1의 실적을 올린 상황이었고, 바로 이전 근무지인 대전지검 서산지청 수사과장 재직 시 전국 검찰 수사관 중 유일하게 검사들을 제치고 대검찰청 중앙수사부로부터 제1의 우수 수사공무원으로 선정되어 당시 김준규 검찰총장으로부터 직접 하사금을 받은 바 있다.

더군다나, 이미 2번에 걸쳐 무혐의 처분을 받은 바 있는 주관용에 대한 소송사기 미수사건이 부하직원인 6~7급 직원에게 또다시 맡겨질 경우 수사미진으로 인해 무혐의 처분이 내려질 가능성이 농후한 상황이었다.

만일 필자가 위 주관용사건을 직접 수사하지 아니하고 이전처럼 부하직원인 6~7급 수사관에게 맡겼다면, 당시 서기관 승진을 눈앞에 두고 있던 필자로서는 서기관 승진은 물론 2~3년 후 고위공무원인 각급 검찰청 사무국장으로 순조롭게 나아갈 수 있는 위치에 있었다.

첫째, 우리나라 전체 공무원조직을 이끌고 있으면서 위 검사비리 사건을 은폐해 버린 범죄단체조직 두목인 문재인 대통령과 부두목인 김부겸 국무총리 그리고 행동대장인 전해철 행정안전부장관, 전 법무부장관 조국에게 각각 묻겠다.(이하, 이들을 '당신들'이라 호칭함)

필자가 위 주관용사건을 성공적으로 수사하여 성영훈 일당이 약 150억 원의 범죄수익금을 착복하거나 편취할 기회를 박탈시킨 성과를 이루어냈다면, 이는 필자에게 승진과 포상의 대상이지 불법 감찰과 계속된 승진탈락, 반강제적 검찰조직 퇴출 대상은 아니지 않는가?

그 반면, 위 검사비리사건이라는 중대범죄를 저지른 성영훈 일당 중 몸통 격인 성영훈은 박근혜 정부에서 장관급인 국민권익위원장까지 오르며 승승장구해 왔고, 안병익, 백방준은 검찰 고위직까지 승진한 후 퇴임 후 전관 변호사의 위치에서 돈방석에 앉아 있으며, 김훈은 지금까지도 고검 검사로 근무하고 있다.

당신들은 국가운영을 책임지고 있으면서 검찰수사권 남용으로 중대범죄를 저지른 성영훈 일당들을 전원 구속 수사하기는커녕 이를 은폐함으로써 우리나라를 치외법권 지역으로 만들고, 법의 지배를 받지 않는 특수계급을 인정하여 헌법규범을 정면으로 위반하고 있는데,

이를 계속 모른 척하는 이유는 뭔가?

위 검사비리사건 은폐 행위가 당신들이 말하는 정의와 공정사회로 나가는 길목 한 가운데 놓여 있어도 상관이 없다는 말인가?

당신들이 말하는 검찰개혁이란 검사들의 범죄를 은폐하는 것까지 포함되어서는 안 된다는 의미인가?

당신들이 정적들을 죽이기 위하여 즐겨 써왔던 '적폐청산'이라는 용어는 왜 위 검사비리사건에서는 적용되지 아니하는가?

당신들이 검찰개혁의 완성품으로 '검수완박'을 법제화했다고 한들 중대범죄인 위 검사비리사건마저도 처벌되지 않는다면 검사들의 공소권 남용으로 인한 사소한 사건조작에 대해서는 어떻게 대처할 것인가?

당신들이 위 검사비리사건을 처벌하지 않고 은폐한 진짜 이유는 당신들도 검찰에 대해 부정부패 혐의가 산더미처럼 쌓여 있는 등 약점이 너무 많아 훗날 검찰의 보복이 두려웠기 때문이라고 보여지는데 어떤가?

필자는 범죄단체조직 두목인 문 대통령(헌법상 퇴임 후가 아니면 형사상 소추 대상 아님)을 제외한 부두목 김부겸 국무총리, 행동대장 전해철 행자부장관의 범죄행위에 대해서는 각각 공수처에 고소를 해놓았으니, 그 처리 결과에 따라 공수처의 존폐 여부가 달려 있음을 분명히 밝혀두고자 한다.

둘째, 공수처장 김진욱은 위 검사비리사건을 공수처 1호 사건으로 선정하지 않는 이유를 밝혀라!!

최근 언론보도에 의하면, 공수처는 경찰에서 수사 중에 있던 조희연 서울시교육감의 해직교사 특별채용 의혹사건을 공수처로 끌고 와 '공수처 1호 사건'으로 선정한 후 수사에 착수한 것으로 전해지고 있다.

이는 자체적으로 접수된 사건 중에서 '1호 사건'을 선정하겠다는 공수처장 김진욱의 당초 대국민 약속과는 맞지 않을 뿐만 아니라, 그동안 치외법권 지대로 여겨져 왔던 판·검사의 권력형 비리사건에 중점을 둔 공수처의 설치목적과도 전혀 상반된 것이어서 충격으로 받아들여진다.

특히, 조희연 서울시교육감 사건은 감사원 감사에 의해 어느 정도 사실관계가 밝혀진 상황에서, 경찰에서 수사하더라도 그 진상이 명백하게 밝혀질 수 있는 사안인 데다가 기소단계에서 죄의 성립 유무를 판단함에 있어서는 진보와 보수 의견으로 확연히 갈라서는 정치적 논란마저도 예견되고 있다.

그럼에도 불구하고, 공수처장 김진욱은 판·검사비리 사건과 달리 기소권마저도 행사할 수 없는 조희연 서울시교육감 사건을 굳이 경찰에서 이첩 받아 '1호 사건'으로 선정한 배경에 관심이 집중되지 않을 수 없다.

이와 관련, 필자는 본지 기사 및 공수처 고소장 첫 페이지를 통하여 위 검사비리사건이 전형적인 검사들의 권력형 비리사건이라는 점, 박근혜 정부에서부터 문재인 정부에 이르기까지 경찰과 검찰이 합세하여 약 2년 이상의 기간 동안 소위 뭉개기식 수사 및 조작수사를 실시하여 사건을 은폐하여 왔다는 점, 약 150억 원에 이르는 범죄수익금이 달려 있는 대형 부정부패사건이라는 점, 일부 중요범죄의 공소시효가 이미 완성 단계에 이르고 있다는 점, 범죄사실을 입증할 수 있는 증거자료를 산더미처럼 제출한 바 있어 특별하게 수사력이 필요하지 않는다는 점 등을 들어 '공수처 제1호 사건'으로 선정해 줄 것을 수차례 요청한 바 있다.

그렇다면, 공수처장 김진욱은 고소인이 제출한 위 검사비리사건을 제1호 사건으로 선정하지 아니하고, 공수처의 설치목적과 전혀 부합되지도 않는 조희연 서울시 교육감 사건을 제1호 사건으로 선정하게 된 경위를 역사와 국민에게 진솔하게 밝혀야 한다.

사실인즉, 필자는 공수처장 김진욱이 공수처를 '인권 친화적 수사기구'로 만들겠다는 미명하에 '김학의 전 법무부차관 불법출금 수사 외압 의혹'에 연루된 '이성윤 서울중앙지검장에 대한 황제조사' 및 거기서 불거져 나온 허위내용의 보도자료 사건을 지켜보면서, 과연 공수처에 접수된 판·검사 비리사건에 대해 제대로 된 수사를 진행할 의지가 있는 것인지, 혹시나 법조카르텔이라는 썩은 우물 안에서 기존 검찰과 마찬가지로 뭉개기식 수사 및 조작수사의 전철을 밟고 있는 것은 아닌지 많은 의구심을 품어왔다.

공수처장 김진욱은 기회 있을 때마다 공수처 운영방향에 대해 "수사의 공정성과 정치적 중립성, 독립성은 세발자전거의 세 발처럼 혼연일체가 되어야 앞으로 나아갈 수 있을 것입니다."라고 강조해 왔다.

그러나 공수처의 위와 같은 운영방향을 지키고 간직하기 위해서는 화려한 미사여구보다 어떠한 사건이든 법과 원칙에 따라 있는 그대로 실체적 진실을 밝히고, 그 바탕 위에서 기소 여부를 판단하는 의지와 실천이 중요하다.

이러한 관점에서, 공수처는 앞으로 제2, 제3사건에 대해서는 존폐의 명운을 걸고, 위 검사비리사건과 같은 권력형 비리사건, 이를 뭉개거나 조작한 판·검사들에 대한 신속한 수사 및 재판절차를 밟아주기 바란다.

끝으로, 공수처가 조희연 서울시교육감의 해직교사 특별채용 의혹 사건을 1호 사건으로 선정해서는 안 되는 이유를 밝히는 차원에서, 그리고 위 검사비리사건에 대한 민갑룡 경찰의 뭉개기식 수사 및 조작 수사의 전말, 윤석열 검찰이 허위내용의 불기소결정서를 작성하는 수법으로 위 검사비리사건을 은폐해 버린 범죄 내용, 앞으로 공수처는 위 검사비리사건을 수사함에 있어 한 치의 오차도 없이 실체적 진실만을 밝혀야 하며, 감히 사건조작을 꿈꾸었다가는 역사와 국민 앞에 뼈도 못 추린다는 생각을 공수처 검사들 머릿속에 각인시켜 주기 위해 2020. 3. 30.자 필자 명의의 위 검사비리사건 항고장을 첨부하기로 한다.(항고장 분량이 100페이지를 훨씬 초과하여 생략함)

〔칼럼시리즈(제2판) (22)〕 〔2021. 5. 17.〕

모든 국민들은 횃불을 들고 일어나 범죄단체조직 두목 문재인 대통령을 하야시켜 국외로 추방하자!!

- 문재인 대통령은 야당의 우려대로 공수처를 자신의 범죄를 감추려는 신변보호처로 설립된 사실이 입증되었다.
- 당장 공수처를 폐지하고, 공수처장 김진욱·공수처검사 김수정을 구속수사하라.

본 필자는 2021. 5. 15.자 본지 "대한민국 정부는 권력형 부정부패 검사들을 감싸고 도는 범죄단체조직으로 변해 버렸다!!"라는 제하의 기사에서 김부겸 국무총리가 취임한 날에 맞춰 '약 150억 원의 범죄수익금'을 착복하기 위하여 검찰수사권을 남용한 일명 '검사비리사건'을 은폐한 사실이 입증된 대통령 문재인을 범죄단체조직 두목으로, 국무총리 김부겸을 부두목으로, 행정안전부장관 전해철 및 전 법무부장관 조국을 행동대장으로 각각 임명하고 이를 역사와 국민 앞에 선포하였다.

위 '검사비리사건'은 우리나라 사법정의를 세우는데 있어 고질적인 병폐로 지목되어 온 전형적인 전관예우사건이자, 검사들의 권력형 비리사건이며, 사건조작을 통하여 범죄수익금 약 150억 원을 착복하려는 대형 부정부패사범이며, 국가기관인 검찰조직을 악용한 국가문란사범이며, 실세 검사들이 자신들의 더러운 뱃속을 채우기 위해 우월한 권한에 터 잡아 법과 원칙에 따라 열심히 수사업무에 열중하고 있는 수사사무관의 수사권을 짓눌러버린 사법 쿠데타의 성격을 띠고 있다는 사실을 본지를 통하여 입에 침이 마르도록 강조해 왔다.

한걸음 나아가, 필자는 위 신문기사에서 최근 공수처가 '제1호 사건' 선정과 관련, 판·검사 비리사건이나 살아 있는 권력형 비리사건과 같이 공수처 설립취지에 맞지 않는 '조희연 서울시교육감의 해직교사 특별채용 의혹사건'을 선정한 것을 두고, 혹시 공수처가 일부 야당의 우려대로 현 집권세력의 비리를 감추고 판·검사의 권력형 비리에 대해서는 손도 대지 못하는 것이 아닐까 하는 우려를 나타냈다.

그런데 웬 날벼락인가? 금일 그 우려가 현실로 다가왔던 사실이 확인되었다.

그 내막은 다음과 같다.

필자는 검사들의 권력형 비리사건인 위 검사비리사건과 이를 은폐한 사건 등 총 3건의 고소장을 공수처에 접수시켰다.

2021. 1. 28.자 접수된 고소장으로는 위 검사비리사건(접수번호 47), 민갑룡 경찰이 위 검사비리사건을 약 2년 이상의 기간 동안 뭉개기식 수사 및 조작수사를 거쳐 검찰에 불법송치하였고, 윤석열 검찰 역시 사전에 경찰과 짜고 이를 허위내용의 불기소결정서를 작성하는 수법으로 은폐해 버린 사건(접수번호 46호) 그리고 2021. 4. 21.자 접수된 고소장으로는 국무총리 김부겸이 행정안전부장관 재직 당시 민갑룡 경찰의 위 검사비리사건에 대한 조작수사 사실을 보고 받고도 이를 은폐해 버린 사건(접수번호 909호)이 있다.

그런데 문제는 공수처가 위 3건의 고소장을 직접 수사하지 않고 위 46호 사건은 검찰에, 위 47호 및 909호 사건은 경찰에 각각 이첩하는 형식을 취해 은폐해 버렸다는 점이다.

즉, 접수번호 47호인 위 검사비리사건은 박근혜 정부 검찰에서부터 문재인 정부 검찰에 이르기까지 필자가 수차례 고소를 해보았으나, 그때마다 '검찰의 제 식구 감싸기'라는 절대법칙에 묶여 허위내용의 불기소결정서를 작성하는 수법으로 각하처분을 해오고 있으며, 접수번호 46호인 위 검사비리사건 은폐범죄는 수사대상자가 민갑룡 경찰청장을 비롯한 담당 수사팀, 윤석열 검찰총장을 비롯한 주임검사 및 그 결재라인 등이 포함되어 있어 절대 이첩해서는 안 되는 사건이며, 접수번호 909호 사건인 위 검사비리사건 은폐범죄 역시 일개 경찰관이 당시 자신들의 주무장관으로 모셨던 현 김부겸 국무총리를 수사하라고 이첩했다는 자체가 지나가는 소가 웃을 일이다.

공수처법에 의하면 공수처가 위 3건의 고소사건을 직접 수사하라고 설립되었으며, 특히 위 47호 및 46호 사건은 공수처가 독점적 기소권까지 쥐고 있다.

최근 검찰에서는 공수처가 수사권 및 기소권을 가지고 있는 판·검사사건에 대해 검찰에 이첩할 경우 그 기소권은 검찰에 있다고 주장하면서 실제 기소권을 행사해 버렸다.

그럼에도 불구하고 공수처는 위 3건의 권력형 비리사건에 대해 기소권까지 포기하면서 이미 은폐 전력이 있는 경찰이나 검찰에 이첩해 버림으로써, 고양이에게 생선을 맡긴 격이 되어버렸다.

더군다나, 고소인인 필자는 위 3건의 고소사건 범죄사실에 대해 증거관계를 명백하게 특정해 놓았기 때문에 수사 인력이 거의 필요 없으며, 공수처에서 수사할 의지가 조금이라도 있었다면 금방 피고소인들에 대한 소환조사 및 검찰에서 보관 중인 기존의 불기소처분

수사기록만으로도 충분히 기소가 가능하였다.

이는 필자가 약 28년간 검찰에서 근무했고, 검찰수사과장 출신이기 때문에 국민과 역사 앞에 자신 있게 말할 수 있다.

결국, 공수처는 경찰 및 검찰에서 서로 짜고 수회에 걸쳐 조작하고 은폐하려다가 실패를 거듭해 온 위 3건의 권력형 비리사건에 대해 또다시 경찰 및 검찰에 각각 이첩해 버림으로써 이를 은폐하고자 하는 범의를 분명하게 드러냈고, 공수처 설립 근거는 이미 상실했으며, 최소한 공수처장 김진욱과 공수처검사 김수정은 사건은폐에 따른 직권남용권리행사방해죄 및 직무유기죄 처벌은 확정적이라고 할 수 있다.

더더욱 가소로운 점은 고소인이 위 3건의 고소장이 경찰 및 검찰에 이첩하게 된 경위를 설명 듣고자 김수정 검사실에 전화했더니 그 방 여직원이 "검사님이 전화를 받지 않겠다."고 했다며 일방적으로 끊어 버렸다.

우리나라 형사소송법에는 범죄피해자인 고소인이 구두로써 사법 경찰관 및 검사에게 고소할 수 있도록 규정되어 있는데도, 부당한 검찰권력의 피해로 인해 자살까지 시도했던 필자로서는 주임 검사에게 전화 한 통이라도 할 수 없는 상황에서, 우리나라 최고수사기관이라고 자부하는 공수처를 어떻게 받아들여야 할지 모르겠다.

피의자 신분에 불과한 서울중앙지검장 이성윤에게는 공수처장이 직접 자신의 차로 호송하여 접대하고 황제조사까지 실시하면서, 검찰권력에 피해를 입은 고소인에게는 담당 검사가 전화 한 통마저도 거절하는 수사방식 및 태도가 진정으로 공수처장 김진욱이 입이 닳도록 강조하는 '인권 친화적 수사기구'란 말인가?

공수처가 응당 처리해야 할 위 3건의 고소사건에 대하여 이를 경찰 및 검찰에 이첩하는 형식으로 은폐해 버림으로써 직권남용권리행사 방해죄 및 직무유기죄가 성립한다는 사실을 온 국민과 역사 앞에 입증하기 위해 위 3건의 고소장을 원안 그대로 첨부하기로 한다.

우리나라는 왜 이럴까?

지금껏 사법정의 실현 방안으로 문 대통령과 집권당인 민주당이 추진해 온 검찰개혁 및 공수처 설립은 가짜임이 확인되었다. 더더욱 공수처는 법조카르텔의 범주에서 썩은 집단임이 증명되었다.

그 결과, 앞으로도 계속 판·검사들은 사건을 조작하고 뒷주머니로 수억 원 이상의 검은 돈을 챙겨도 처벌할 수 없는 나라가 되어버렸고, 그 희생은 고스란히 정직하고 피땀 흘려 살아가고 있는 국민의 몫으로 남게 되었다.

이제는 민초들이 들고 일어나야 한다. 법조카르텔을 깨부수고, 오히려 판사나 검사, 집권세력 등 힘있는 자에 대한 비리의 온상이 되어버린 공수처를 폐지시켜야 한다. 왜 그들에게 내가 납부한 세금으로 봉급을 주어야 하는지 국민 각자가 인식이 필요한 시점이다.

공수처의 주 업무인 판·검사의 권력형 비리사건을 덮어버린 채 '인권 친화적 수사기구'를 만들겠다고 헛소리나 지껄이는 김진욱을 당장 구속수사해야 한다.

필자 역시 공정과 정의사회를 바라는 국민들과 더불어 이 신문을 호외로 발행하여 코로나 19가 뜸해지고 제20대 대통령 선거가 다가올 때쯤 전국 방방곡곡을 돌아다니며 정권교체를 위해 헌신적인 애국운동을 펼칠 생각이다.

이 길만이 내로남불 민주당 정권, 사이비 검찰개혁 및 사이비 공수처 설립을 추진해 온 문재인 정권을 박살내고, 후손들에게 정직과 정의가 도도히 흐르는 나라다운 나라를 물려주는 것이 애국시민의 도리가 아닌가 싶다.

첨부
1. 2021. 1. 28.자 공수처 접수번호 47호(검사비리사건 등 고소장)
2. 2021. 1. 28.자 공수처 접수번호 46호(검사비리사건 은폐범죄 고소장)
3. 2021. 4. 21.자 공수처 접수번호 909호(피고소인 김부겸의 검사비리사건 은폐범죄 고소장)

● 이 신문기사는 다가오는 제20대 대통령 선거에서 사이비 공수처 설립을 추진한 민주당 및 문재인 정부 타도를 위해 활용될 예정임

【첨부 1】

고 소 장

(고소장 기재사항 중 * 표시된 항목은 반드시 기재하여야 합니다.)

((이 사건이 공수처 제1호 수사대상이 되어야 하는 이유))[1],[2],[3]

● 이 사건 고소장은 민갑룡 경찰 및 윤석열 검찰이 서로 짜고 약 2년 이상의 기간 동안 소위 뭉개기식 수사 및 조작수사를 거쳐 허위내용의 송치의견서(경찰) 및 허위내용의 불기소결정서(검찰)을 작성하는 수법으로 은폐해 버린 '검사비리사건', '무고사건', '소송사기사건'과 이에 더하여, 금번 공수처 출범에 따라 처음으로 고소한 아래 1, 2, 3호와 같은 각 사건들을 포함하고 있습니다.

1. 위 '무고사건'과 관련하여 경찰 수사과정(고소인과 무고사건 피의자 주관용 간 대질조사)에서 새로 드러난 피고소인 성영훈에 대한 범죄 혐의(소송사기 범죄수익금 약 150억 원 상당의 소송사기 미수죄, 사문서위조죄 및 위조사문서행사죄, 변호사법위반)

2. 피고소인 황교안에 대한 위 '검사비리사건' 방조 혐의(직권남용권리행사방해 및 직무유기 각 방조죄)

3. 피고소인 김진태 및 임정혁에 대한 위 '검사비리사건' 과 관련된 직권남용권리행사방해 혐의 (동 사건은 박근혜 정부 검찰에서도 피소되었으나, 당시 검찰은 전혀 수사를 진행하지 않은 채 허위내용의 불기소결정서를 작성하는 수법으로 각하처분하였음)

● 문제는 위 '검사비리사건'을 비롯한 거의 모든 사건들의 공소시효가 임박하다는 데 있습니다.

즉, 위 '검사비리사건'은 박근혜 정부 검찰은 물론, 촛불혁명으로 탄생하였다는 문재인 정부 검찰에 와서도 고소인이 범죄사실을 입증할만한 증거를 산더미처럼 제출하고 있음에도 불구하고, 검찰에서는 이를 거들떠보지 않은 채 허위내용의 불기소결정서를 작성하는 수법으로 계속 은폐하고 있습니다.

특히, 위 '검사비리사건' 중 '직무유기' 죄책 부분은 문재인 정부 하에 있는 민갑룡 경찰이 약 2년 이상의 기간 동안 뭉개기식 수사 및 조작수사를 실시해 오는 과정에서 2019. 3. 30.경 공소시효를 완성시켜 버렸습니다.(이 점에 대해서는 별도의 고소장을 공수처에 제출하였음)

● 따라서, 위 '검사비리사건'은 공소시효가 임박한 사건이라는 점, 우리나라 검찰의 적폐인 전관예우사건이자 약 150억 원의 소송사기 범죄수익금의 향방이 걸렸던 권력형 비리사건이라는 점, 검찰조직을 악용하고 검찰수사권을 남용한 대형 부정부패사건이라는 점, 박근혜 정부 검찰에 이어 문재인 정부 검찰에까지 은폐되어 공수처 설립목적에 부합한 사건이라는 점 등을 감안하여 공수처 제1호 수사대상 사건으로 선정해 주시고,

● 이와 맞물려 처리할 수밖에 없는 위 '무고사건' 및 '소송사기 사건'은 물론, 공소시효 완성과 관련하여 시급을 다투고 있는 위 1~3호의 각 사건 역시 위 '검사비리사건'과 함께 처리되어야 할 사건이므로, 각 피고소인들에 대해 엄정한 법의 잣대를 적용하여 후술하는 구속사유에 의거 전원 구속수사하여 주실 것을 강력하게 요청합니다.

---

1) 2021. 1. 21.자 LPN 로컬파워뉴스 "금일 역사적인 공수처 출범에 부쳐!! (검찰

Ⅰ. 총론

이 사건 고소장은 아래와 같이 '검사비리사건', '무고사건', '소송사기사건'으로 구성되어 있는 바, 각 사건 요지 및 성격(특성)은 다음과 같습니다.4)

가. 위 각 사건 요지

(1) '검사비리사건'

고소인은 2012. 7.초경 서울동부지방검찰청 수사과 제1호 수사사무관 재직 당시, 박근혜 정부 검사장 출신이자 태평양 법무법인 고문변호사 성영훈과 그의 부하직원 또는 후배검사로 근무한 적이 있는 대검찰청 감찰 제1과장 안병익(현재 법무법인 진 대표변호사), 서울고검 검사 김훈(현재 수원고검 검사), 서울고검 검사 백방준(현재 법률사무소 이백 변호사)으로부터 금 54억 원 소송사기 등 피의사건(이하, '주관용사건')을 열심히 수사하였다는 이유 하나만으로 아무런 근거 없이 위 주관용사건 고소인 홍성춘, 참고인 박재근, 상피의자(상피고인) 이차남과 함께 2차례에 걸쳐 약 1년 7개월간 소환조사는

총장 윤석열은 가장 비겁한 변절자이자 검찰개혁의 반항아!!)" 기사 참조(첨부 1)

2) 2020. 12. 27.자 LPN 로컬파워뉴스 "공수처 출범을 방해하는 기득권과 부패세력 집단이 '국민의힘'을 해체하라!! – 정부·여당은 주호영 원내대표를 협박죄·직권남용죄로 구속하라–" 기사 참조(첨부 2)

3) 2020. 12. 23.자 LPN 로컬파워뉴스 "문재인 대통령과 윤석열 검찰총장 중 누가 검찰개혁 반혁자인가? '검사비리사건' 공소시효가 임박하다!!, 내일 당장 공수처를 출범하라" 기사 참조(첨부 3)

4) 아래 기재내용 중 가항부터 다항까지는 2019. 10. 25.자 LPN 로컬파워뉴스 기사내용 일부를 그대로 옮겨놓았습니다. (첨부 4)

물론 통화추적, 위치추적, 계좌추적 등 모든 강제처분을 받았다.(이하, '검사비리사건')〔서울지방경찰청 사건번호 2017년도 5513호, 입건 일자 2017. 8. 23.〕

위 검사비리사건 피의자들(이하, '성영훈 일당')이 고소인을 포함한 사건관계자들에 대해 위와 같이 불법 감찰수사를 실시하였던 이유는 2012. 5. 4.경 위 주관용사건 관련 민사소송(금 54억 원 공사대금 등 청구의 소) 항소심에서 이미 금 54억 원 승소판결을 받아놓은 상황에서, 판결문상 이자 포함 약 150억 원의 소송사기 범죄수익금을 착복하고자 함에 있었고, 실제로 위 주관용사건 공판과정에서 위 150억 원의 범죄수익금을 착복하려는 순간, 고소인의 목숨을 건 필사적인 저지노력과[5] 당시 서울동부지방검찰청 공판검사 손아지의 적극적인

---

[5] 입증방법 : 첨부 책자 제40~48쪽 (2014. 7. 31.자 검사비리사건 고소장 주석 16부터 주석 34까지 각 참조).

즉, 피고소인 김훈 검사는 2013. 6.경부터 주관용 명의의 제2차 허위 진정서 및 거기에 첨부되어 있는 조작된 통화목록(91번) 등을 근거로 고소인에 대해 편파수사 및 강압수사와 관련된 감찰수사를 실시해 오면서, 이를 위 주관용사건 공판과정에서 주관용 측 태평양 법무법인 변호인들로 하여금 주관용의 무죄선고 변론에 활용토록 하기 위하여 즉각적이고도 신속하게 처리하지 아니하고, 동시에 고소인의 서기관 승진기회까지 박탈하기에 이르자, 고소인은 2014. 1. 5. 08:00경 검찰 이프러스 게시판에 언제 끝날지도 모르는 피고소인 김훈 검사의 계속된 불법 감찰수사에 항의하고, 그를 비롯한 대검 감찰본부 소속 검사들의 형사처벌을 요구하기 위해 "존경하는 김진태 검찰총장님께 드립니다"라는 게시글을 남기고 춘천 소양강 댐에 찾아가 투신자살을 시도하였으나, 차마 양로원에서 병마와 싸우고 계신 어머님 생각에 이를 감행하지 못하고 그다음 날쯤 사무실에 복귀한 사실이 있음.

그러나 고소인 자살 소동을 계기로 당시 김진태 검찰총장을 비롯한 검찰 지휘부가 피감기관인 서울동부지검 차장검사 및 감찰 실시기관인 서울고검 형사부장에게 고소인에 대한 감찰수사를 신속하게 마무리 짓도록 각각 지시함에 따라, 고소인은 피고소인 김훈 검사 후임자인 피고소인 백방준 검사로부터 2014. 2. 18. 14:00경 서울고등검찰청에 소환되어 주관용 명의의 제2차 허위 진정서에 대해 최종적인 조사를 받은 다음 2014. 3. 중순경 최종적으로 '혐의없음' 처분을 받게 됨.

방어로 인하여6), 결국 그 뜻을 이루지 못하고 미수에 그쳤다. 〔첨부 책자 제40~48쪽 (2014. 7. 31.자 검사비리사건 고소장 주석 20,30,32), 제642~643쪽, 제686~688쪽 각 참조〕

(현재 서울중앙지검 기록창고에 보관 중에 있는 고소인에 대한 제2차 감찰수사 기록에는 피고소인 김훈, 백방준 검사가 주관용의 거짓 진술 및 조작된 통화목록을 근거로 고소인을 비롯한 주관용사건 사건관계자들에 대한 통화추적, 위치추적, 계좌추적 등 불법적인 감찰수사를 실시한 사실이 고스란히 기재되어 있음.

그런데 검찰에서는 2016. 5.경 검사비리사건 민사소송 심리와 관련하여 당시 제1심 재판장 윤강열으로부터 제2차 감찰수사기록 중 고소인이 지정한 모든 부분에 대해 문서송부촉탁에 의한 인증등본문서 제출명령을 받았음에도 불구하고, 제2차 감찰수사기록 목록(갑 제5호증의 1, 첨부 책자 제686쪽) 및 고소인이 진술한 2014. 2. 18.자 진술조서(갑 제5호증의 2) 이외에 어떠한 기재 내용에 대해서도 전혀 타당하지 않는 이유를 달아 불법적으로 열람 및 인증등본을 해주지 않았음.

그럼에도 불구하고, 고소인은 검찰로부터 송달받은 제2차 감찰수사기록 목록만으로도 피고소인 김훈 검사 및 백방준 검사의 불법적인 감찰수사 사실을 입증한 바 있음. 첨부 책자 제724~735쪽, 2016. 9. 13.자 당사자본인신문신청서 중 "다. 원고는 제1심 재판장 윤강열이 직접 취득한 증거만으로도 피고들의 청탁·불법감찰 사실을 입증코자 함" 참조.)

결국, 고소인은 위와 같이 피고소인 백방준 검사로부터 주관용사건 수사와 관련된 편파수사 및 강압수사 혐의점에 대해 최종적으로 '혐의없음' 처분을 받음에 따라, 주관용사건 선고공판 날짜를 불과 2주 앞두고 2014. 4. 30.자 공판검사 손아지 명의로 된 의견서에 "고소인은 주관용 측의 부탁에 따라 약 1년 7개월 동안 대검 감찰부 및 서울고검 감찰검사실로부터 처절할 정도로 청탁감찰 및 불법감찰을 받아왔다"는 취지로 작성된 고소인 명의의 진술서를 첨부하여 담당 재판부에 제출하였던 바, 그 결과 당시 공판검사 손아지가 예상하고 있던 주관용의 무죄선고를 뒤집고 그에게 징역 4년이라는 실형을 선고받게 함으로써 법정구속을 시킬 수 있었음. (첨부 책자 제41~42쪽, 2014. 7. 31.자 검사비리사건 고소장 주석 20 참조)

6) 2019. 2. 28.자 LPN 로컬파워뉴스 신문기사 초반 기재부분을 살펴보면, 이 사건 고소내용 중 '검사비리사건'과 관련, 고소인과 위 '주관용사건' 공판검사 손아지가 약 150억 원에 이르는 범죄수익금을 착복하려는 성영훈 일당의 범행을 필사적으로 저지하기 위한 활동내역이 자세히 기술되어 있음. (첨부 5)

또한, 성영훈 일당 중 김훈, 백방준은 위 주관용사건 피의자인 주관용에 대해 무고죄로 입건하여 형사처벌을 하지 않는 등 그 직무를 유기하였다.(첨부 책자 제48~51쪽)

(2) '무고사건'

위 주관용사건 피의자인 주관용은 자신에게 가해지고 있는 고소인의 수사를 방해하여 검찰에서 무혐의처분을 받거나, 기소된 후 공판과정에서 무죄선고를 받은 다음, 이에 터 잡아 위 소송사기 범죄수익금 약 150억 원을 편취할 목적으로 고소인이 위 주관용사건을 편파적이고 강압적으로 수사하였다는 취지의 허위내용 진정서를 대검찰청 감찰본부에 2회 제출하여 고소인으로 하여금 성영훈 일당으로부터 감찰수사를 받도록 함으로써 고소인을 무고하였다.(첨부 책자 제241~265쪽, 제669~670쪽 각 참조), 〔서울지방경찰청 사건번호 2017년도 6160호, 입건일자 2017. 9. 18.〕

(3) '소송사기사건'

주관용의 변호인이자 태평양 법무법인 고문변호사인 성영훈과 그의 소송대리인 임장호, 허승진은 고소인이 2015. 9.경 서울중앙지방법원에 제기한 검사비리사건 민사소송에서 사실은 담당 재판부로부터 허위내용의 승소판결을 받아냈음에도 불구하고, 2017. 6.경 마치 그 승소판결문이 사실인 것처럼 그 정을 모르는 사건 외 서울중앙지방법원 사법보좌관 조경애에게 제출하여 성영훈의 소송비용 약 1,200만 원 상당을 고소인으로부터 교부받았다. 〔서울지방경찰청 사건번호 2017년도 5513호, 입건일자 2017. 8. 23.〕

나. 위 각 사건의 성격(특성)

위 각 사건의 시발점 및 종착역은 당시 고소인이 수사하고 있던 위 주관용사건의 무마(조작)를 통하여 이미 승소판결을 받아놓은 관련 민사소송 항소심 판결금액 54억 원은 물론 대법원 판결문상 이자 포함 약 150억 원에 이르는 소송사기 범죄수익금을 착복하는데 있었으므로7), 위 각 사건의 피의자 및 그 행위 태양만이 다를 뿐이지, 위 각 사건의 실체적 진실을 밝히는데 있어서는 서로 톱니바퀴처럼 맞물릴 수밖에 없고, 한 사건의 죄가 인정되면 또 다른 사건 역시 자동적으로 죄가 인정되는 구조적이고도 법리적인 특성을 갖고 있다.

특히, 위 검사비리사건은 형법상 여적죄 의미를 내포하고 있을 뿐만 아니라, 전형적인 전관예우사건이자 권력형 비리사건, 대형 부정부패 사건, 검찰조직을 악용한 국기문란사범의 성격을 갖고 있다.

성영훈 일당의 권력형 비리로 인해 당시 연 매출 3,000억 원 이상을 달성하고 있던 피해회사인 ㈜에스코넥은 부도 일보 직전까지 내몰렸고, 수천 명의 투자자들 역시 ㈜에스코넥의 상장 폐지로 수천억 원의 투자금액을 허공에 날릴 처지에 놓이게 되었으며, ㈜에스코넥 임직원은 물론 하청업체 직원을 포함한 약 3,000명이 직장을 잃고 길거리로 쫓겨나갈 수밖에 없는 급박한 상황까지 치달았다.

위 주관용사건의 성공적인 수사를 통해 위와 같이 급박한 상황을 해결해 온 고소인으로서는 성영훈 일당의 검찰수사권 남용이 개인적

---

7) 첨부 책자 제642~644쪽, '나. 검사비리사건과 관련된 민·형사소송 진행상황 (주석 3)' 기재내용 및 첨부 책자 제687쪽, 갑 제8호증의 14 각 참조

으로나 국가적으로나 얼마나 무서운 결과를 초래하여 왔는지 그 두려움과 분노에 못 이겨 지금도 가끔씩 밤잠을 설치곤 한다.[8]

다. 문재인 정부 경찰 수사과정에서 새로 드러난 범죄사실

위 각 사건들의 경찰수사팀 〔서울지방경찰청 지능범죄수사대 지능2계 : 팀장 경감 배은철(2019. 7.말경 경감 김재흔으로 변경됨), 담당 경위 한종구(2018. 5. 8.경 위 검사비리사건 조작수사 혐의로 경위 김한호로 변경됨)〕에서는 2018. 4. 11.(수) 성영훈 일당에게 면죄부를 주기 위해 무고사건 피의자 주관용과 고소인 간 대질조사를 실시한다는 명목으로 위 검사비리사건에 대한 조작수사를 실시하였다.

당시 고소인이 한종구 수사관에게 "주관용의 무고 범죄사실에 대해 대질하겠다며 불러놓고, 그에 대해서는 전혀 물어보지 아니하고, 왜 검사비리사건을 무마하기 위한 질문만을 피의자 다루듯이 물어보느냐"라고 따졌더니, 한종구 수사관은 첨부 책자를 높게 흔들어대면서 "주관용의 무고 범죄사실은 이미 제출한 책자에 모두 기재되어 있는데 뭘 더 물어봐 달라는 거냐"며 오히려 화를 벌컥 내는 태도를 보였다.

그런데 더욱 문제로 부각되고 있는 사실은 위와 같은 조작수사 대질과정에서 위 무고사건 피의자 주관용의 답변내용이었다.

즉, 주관용은 위 대질과정에서, "평소 고등학교 동창으로 잘 알고

---

[8] 〔첨부 책자 제43쪽(2014. 7. 31.자 검사비리사건 고소장 주석 24, 붙임 22), 제509~515쪽(피해회사 측 고소인 홍성춘 고백수기), 제686~688쪽(2016. 6. 14.자 검사비리사건 민사소송 준비서면 입증자료 갑 제8호증의 2, 갑 제8호증의 13, 14) 각 참조〕

지내는 태평양 법무법인 김인만 변호사에게만 당초 패소판결을 받은 바 있는 금 54억 원 공사대금 등 청구의 소(위 주관용사건 관련 민사소송)에 대해 항소심을 맡아달라고 부탁하여 승소판결을 받았고, 그 연장선상에서 이와 관련된 형사사건인 위 주관용사건에 대해서도 변호인으로 맡아달라고 부탁했을 뿐 성영훈에게는 어떠한 사건도 변호인으로 맡아달라고 부탁한 사실이 없으며, 또한 성영훈이 서울동부지방검찰청 지휘부를 방문하여 고소인의 편파수사 및 강압수사에 대해 항의하였다는 사실조차도 사전에 알지 못했을 뿐만 아니라, 태평양 법무법인에 들렀을 때 성영훈과는 한두 차례 정도 눈인사만 나누는 관계였다."라는 취지로 주장하였다.(이 내용의 대질조서는 이 사건 경찰 수사기록에 그대로 편철되어 있을 것임)

주관용의 위와 같은 진술내용에 비추어 보면, 당시 태평양 법무법인 고문변호사인 성영훈은 주관용으로부터 변호인을 맡아달라고 의뢰받은 적이 없음에도 불구하고, 2012. 8.경 주관용의 변호인으로 가장한 채 주관용은 물론 평소 잘 알고 지내온 고소인마저도 눈치 채지 못하게끔 서울동부지방검찰청 지휘부를 몰래 방문하여 '임찬용 사무관은 주관용사건을 편파적이고 강압적으로 수사하고 있으니 담당 사무관을 교체하고 감찰을 실시해 달라'는 취지로 항의한 후 검찰 수사단계에서 주관용에 대한 '혐의없음' 처분을 이끌어내려고 하였으나, 당시 서울동부지방검찰청 지휘부의 극렬한 반대에 부딪쳐 오히려 주관용이 2012. 11. 19.경 고소인의 성공적인 수사로 인해 기소에 이르게 되자, 〔첨부 책자 제36쪽, 주석 10 (고소인과 경인현 사무국장 간 2014. 4. 9.자 통화녹취록)〕

그 이후에는 위 주관용사건 공판과정에서 주관용의 무죄선고를 위하여 2013. 6.경부터 고소인과 홍성춘 간 통화목록 중 가장 중요한 부분인 91번이 조작된 주관용 명의의 제2차 진정서를 근거로 자신의 부하직원 또는 후배검사로 근무한 적이 있는 김훈, 백방준 검사로 하여금 고소인을 상대로 제2차 불법 감찰수사를 장기간 실시하도록 하면서, 이를 동시에 위 주관용사건 공판과정에서 자신이 소속되어 있는 태평양 법무법인 변호인들로 하여금 주관용의 무죄선고 변론에 활용하도록 하였다. 〔첨부 책자 제641~688쪽, 검사비리사건 민사소송 준비서면 입증방법에서 제시한 각 증거자료 참조〕

라. 피고소인 성영훈의 범죄사실을 추가 고소함

고소인은 고위공직자범죄수사처(이하, '수사처'라고 함)에 피고소인 성영훈의 범죄사실을 아래와 같이 추가 고소합니다.

▶ 아래 ◀

고소인은 피고소인 성영훈에 대하여 당초 이 사건 고소내용인 '검사비리사건(직권남용권리행사방해죄 공동정범)' 및 '소송사기사건' 범죄사실과는 별도로 주관용이 2018. 4. 11.(수) 고소인과 경찰 대질과정에서 진술한 내용을 근거로, 약 150억 원 상당의 소송사기 미수죄, 변호사 선임 계약서인 사문서위조죄 및 위조사문서 행사죄, 이에 따른 변호사법위반 사실을 추가 고소하오니, 이를 철저히 수사하여 사실로 밝혀질 경우 강력하게 처벌해 주실 것을 요망합니다.

주관용은 위 대질과정에서, "평소 고등학교 동창생으로 잘 알고 지내는 태평양 법무법인 김인만 변호사에게만 금 54억 원 공사대금 등 청구의 소 (위 주관용사건 관련 민사소송) 항소심을 맡아달라고 부탁하였고, 그 연장선상에서 형사사건인 위 주관용사건에 대해서도 변호인으로 맡아달라고 부탁했을 뿐, 성영훈에게는 어떠한 사건도 변호인으로 맡아달라고 부탁한 사실이 없으며, 또한 성영훈이 저를 위해서 실질적으로 변론을 한 사실이 없었고, 저 몰래 고소인의 주관용 사건 수사와 관련된 항의를 하기 위해 서울동부지방검찰청 지휘부를 방문하였으며, 태평양 법무법인에 들렀을 때에도 한두 번 정도 눈인사만 나누는 관계였다"라는 취지로 주장하고 있습니다.

이는 당시 태평양 법무법인 고문변호사인 성영훈이 주관용으로부터 변호인을 맡아달라고 의뢰를 받은 적이 없음에도 불구하고, 주관용의 변호인이라는 명목하에 검찰과 법원의 로비를 통하여 주관용에 대해 검찰 수사과정에서 무혐의 처분 또는 법원 공판과정에서 무죄선고를 이끌어내고, 이에 터 잡아 이미 주관용이 승소판결을 받아놓은 금 54억 원은 물론 판결문상 이자 포함 약 150억 원에 이르는 소송사기 범죄수익금을 편취하려는 범죄정황을 그대로 입증해 주고 있습니다.

따라서 피고소인 성영훈에 대해서는 당초 고소내용인 직권남용권리행사방해죄 범죄사실 이외에도 금 150억 원 상당의 소송사기 미수죄, 사문서위조 및 위조사문서 행사죄, 변호사법위반을 적용해야 할 수사가 더 필요하게 되었습니다.9)

즉, 피고소인 성영훈은 주관용의 동의를 받지 아니하고 주관용을 검찰 수사단계에서 '혐의없음' 처분을 받게 한 후 이에 터 잡아 위 주관용 사건 관련 민사소송 범죄수익금 약 150억 원을 편취할 목적으로, ① 주관용으로부터 실제적으로 변호인 선임의뢰를 받지 않는 상황에서

---

9) 이와 관련된 신문기사 내용으로는 2019. 10. 25.자 LPN로컬파워뉴스 "민초들이여!, 똘똘 뭉쳐 비리검사들을 감싸고 도는 문재인 정권을 몰아내자. (금 150억 원 검사비리사건을 은폐한 대통령 탄핵·민주당 해체)" 기사 참조(첨부 4)

주관용이 모르는 사이에 위 주관용사건을 수사 중에 있던 서울동부지방검찰청 석동현 검사장 등 지휘부를 직접 방문하여 위 주관용사건 수사에서 고소인을 배제시키고 감찰실시를 요구하면서 주관용의 구명활동을 벌인 사실이 있는지, ② 주관용 의사와는 상관없이 주관용의 명의를 도용하여 변호인 선임계약서를 일방적으로 작성하여 행사한 사실이 있는지, ③ 주관용으로부터 실제로 변호인 선임료를 지불받은 사실이 있는지, 그 사실이 있다면 변호인 선임료 및 구체적 용도는 무엇인지 등에 관하여 철저히 수사하여 주시기 바랍니다.10)

마. 수사처는 이 사건 피고소인 전원에 대해 반드시 구속수사를 실시하여야 함

민갑룡 경찰은 앞서 살펴본 바와 같이 성영훈 일당에게 면죄부를 줌과 동시에 이 사건(위 각 사건)을 은폐하기 위해 약 2년 이상 뭉개기식 수사 및 조작수사를 실시하였고, 그 조작수사 사실이 검찰 수사과장 출신인 고소인에 의해 들통 나자, 검찰과 짜고 2019. 9. 16.경 허위내용의 송치의견서를 작성한 후 아예 이 사건을 불법으로 송치하여 버렸습니다.

---

10) 참고로 말씀드리면, 위 주관용사건 고소인인 (주)에스코넥 대리인 홍성춘은 위 주관용사건을 수사한 고소인에게 검사장 출신 전관 변호사 홍만표를 변호인으로 선임하면서 착수금만(성공보수료는 별도) 1억 원을 지불하였다고 확인시켜 주었던 바, 이를 감안할 경우 위 주관용사건 피의자 신분 및 100% 구속 위기에 처해 있던 주관용으로서는 당시 전관 변호사 성영훈에게 자신의 변호를 맡길 의사가 있었다면, 홍성춘이 변호인 착수금조로 지급한 1억 원보다 수배 이상의 금액을 지불하여야만 상식적으로 타당함.(더욱이 위 주관용사건 피의자였던 주관용이 검찰수사단계에서 무혐의 또는 법원공판과정에서 무죄선고를 조건으로 전관 변호사 성영훈을 선임하였다면 자신의 무혐의 처분 또는 무죄선고 이외에도 관련 민사소송 승소판결 금액인 소송사기 범죄수익금 약 150억 원이 통째로 굴러 들어오므로 수십억 원의 변호사 선임료도 전혀 아깝지 않았을 것임)

또한, 윤석열 검찰 역시 불법으로 송치받은 이 사건 수사기록을 약 5개월 이상 주임 검사 캐비닛에 그대로 처박아놓았다가 2020. 2. 27.경 온 국민이 '코로나 19' 사태로 사투를 벌이고 있는 틈을 노려 경찰이 작성한 위와 같은 허위내용의 송치의견을 그대로 인용하는 수법으로 모두 불기소처분(각하 및 공소권 없음)을 함으로써 박근혜 정부 검찰에 이어 또다시 이 사건을 은폐해 버렸습니다.11)

　따라서 고소인은 이 사건 고소장과는 별도로 이 사건 수사과정에서 성영훈 일당에게 면죄부를 주기 위해 약 2년 이상 뭉개기식 수사 및 조작수사 그리고 허위내용의 송치의견서를 작성하여 이 사건을 불법 송치해 버린 민갑룡 경찰청장 및 이 사건 수사팀은 물론,

　그들과 사전에 짜고 이 사건을 불법으로 송치 받아 허위내용의 불기소결정서를 작성하는 수법으로 이 사건을 은폐해 버린 이윤구 검사 및 나하나 검사 그리고 이를 지시하거나 묵인한 윤석열 검찰총장 등 검찰 지휘부에 대해서도 관련 증거자료를 첨부한 별도의 고소장을 작성하여 귀 수사처에 제출하였습니다.

　한편, 이 사건 은폐과정을 더 구체적으로 살펴보면, 이 사건이 경찰 수사팀에 의해 2019. 9. 16.경 서울중앙지방검찰청 검사 이윤구에게 불법으로 송치되었고 (사건번호 : 2019년 형제 80612호), 2020. 2. 27. 후임자 나하나 검사에 의해 허위내용의 불기소결정서가 작성되어 불기소처분이 되었으며(첨부 6), 고소인은 이에 불복하여 2020. 3. 30. 서울고등검찰청에 항고를 제기하였습니다.(첨부 7)

---

11) 민갑룡 경찰 및 윤석열 검찰이 서로 짜고 이 사건을 은폐하였다는 입증자료로는 허위내용으로 작성된 2020. 2. 27.자 이 사건 불기소결정서 (첨부 6) 및 2020. 3. 30.자 이 사건 항고장 (첨부 7)

그런데 서울고등검찰청 항고검사 김신 역시 2020. 5. 12. 이 사건 항고결정 주문 및 이유를 허위 작성하는 수법으로 항고기각 결정을 함에 따라(첨부 8), 고소인은 2020. 5. 18. 서울고등법원에 이 사건 재정신청서를 제출하였습니다.(첨부 9)

그러나 통상적으로 법원에서 재정신청 인용률은 1% 남짓에 불과하여 형사사법시스템상 재정신청제도가 이미 유명무실하게 전락해 버린 지 오래되어 버렸고, 특히 이 사건 중 '검사비리사건'에 대해서는 앞서 살펴본 바와 같이, 전관예우사건이자 검사들의 권력남용비리를 다루고 있는 사건인 데다, 박근혜 정부 당시 서울고등법원에서 이미 허위내용의 재정신청 기각결정을 한 사실까지 있습니다.(첨부 책자 제157쪽~170쪽)

이와 같은 상황에서, 서울고등법원 제31형사부(재판장 판사 김필곤, 판사 김종우, 판사 황승태)에서는 2020. 8. 11. 박근혜 정부 당시와 마찬가지로 똑같은 내용과 방식을 취해 또다시 허위내용의 재정신청 기각결정을 하였습니다.(첨부 10)

결국, 이 사건이 전관예우사건이자 검찰권을 남용한 권력형 비리사건이라는 특성에 비추어 볼 때 검찰과 법원이 구시대 유물인 '법조카르텔'에 묶여 한통속일 수밖에 없었고, 이는 사건은폐를 위해 허위내용의 불기소결정서 및 허위내용의 판결문(결정문)을 거리낌 없이 작성해 오고 있는 결과를 낳고 있으며, 그와 같은 결과는 역설적으로 늦게나마 사법정의 실현을 위한 '고위공직자범죄수사처'라는 옥동자를 탄생시킨 원동력이 되었습니다.

따라서 수사처검사 및 수사관께서는 현재 보관 중에 있는 이 사건 수사기록을 서울중앙지방검찰청(사건번호 : 2019년 형제 80612호)으로부터 이첩 받은 다음, 민갑룡 경찰 및 윤석열 검찰로부터 면죄부를 받은 성영훈 일당에 대한 소환 조사를 즉시 실시함으로써, '검사비리사건'은 물론 '무고사건', '소송사기사건'과 관련된 피의자 전원에 대해 반드시 사전구속영장을 청구해 주시기 바랍니다.

고소인이 이 사건 각 피의자 전원에 대해 즉각적이고도 신속한 구속수사를 요구하고 있는 이유는 고소장 첫 페이지에 기재된 바와 같이 공소시효가 임박해 있는 데다, 이 사건 수사기록에는 각 피의자들의 범죄사실에 대한 입증자료 그리고 구속사유 및 구속의 필요성을 충족시키고 있는 내용들로 가득 차 있기 때문입니다.

이를테면, 현재 서울중앙지검에서 보관 중인 이 사건 수사기록을 면밀히 살펴보면, 각 피의자들의 범죄사실이 100% 소명되고 있고, 기존의 형사사법질서를 크게 훼손하고 있으며, 범죄가 중대하면서도 죄질이 극히 불량하며, 민갑룡 경찰 및 윤석열 검찰이 약 2년 이상의 기간 동안 뭉개기식 수사 및 조작수사를 거쳐 허위내용의 송치의견서 및 불기소결정서를 작성하는 수법을 통해 이 사건을 모두 은폐해 버렸다는 사실을 명명백백하게 확인할 수 있습니다. 이는 각 피의자들이 증거를 인멸하고 도주의 우려가 이미 현실화되어 버렸다는 사실을 의미하기도 합니다.

특히, 민갑룡 경찰은 2018. 4. 11.(수) 서울지방경찰청 지능범죄수사대 사무실에서 이 사건 수사팀 중 한종구 수사관(직급 : 경위)으로 하여금 고소인과 위 무고사건 피의자 주관용 간 대질조사를 실시한다는 명목하에 위 무고사건 범죄사실이 이미 확정되었음에도 불구하고, 주관용에 대해서는 사전구속영장을 신청하지 아니한 채 오로지 성영훈 일당에 대한 무혐의 처분을 내릴만한 자질구레한 질문만을 골라 지푸라기라도 잡을 심정으로 고소인에게 원하는 답변을 강력하게 요구하는 등 소위 위 검사비리사건에 대한 조작(무마)수사를 실시하였습니다.12)

※ 당시 이 사건 수사 담당 한종구 수사관은 위 무고사건 범죄사실이 이미 확정되었으므로 해당 피의자인 주관용에 대해서는 사전구속영장을 검찰에 신청하여야 함에도 불구하고, 이를 고의로 회피한 채 사실은 성영훈 일당에게 면죄부를 줄 목적으로 위 무고사건에 대한 대질신문을 실시한다는 명목을 달아, 고소인과 주관용을 소환한 후 고소인에게 위 무고사건에 대해서는 전혀 물어보지 아니하고, 오로지 위 검사비리사건에 대해 무혐의 처분을 내릴만한 자질구레한 질의만을 골라 원하는 답변을 요구하면서, 그 원하는 답변이 나오지 않을 경우 피의자에게 신문하듯이 큰 소리로 윽박지르고 고함치는 등 전혀 위 무고사건과 관련 없는 대질조사를 실시하였던 바,13) 그러한 사실은 이 사건 수사기록에 편철되어 있는 위 대질조서에 그대로 현출되어 있습니다.

---

12) 이와 관련된 신문보도 내용으로는 2020. 7. 25.자 LPN로컬파워뉴스 "전 검찰수사과장, '검사비리사건을 은폐한 김부겸 민주당대표 후보는 부적격자다' (민주당은 김부겸 후보를 사퇴시키고, 즉시 공수처법을 실시하라!)"라는 기사 참조 (첨부11), 또한 민갑룡 경찰의 위 검사비리사건 조작수사 혐의는 별도 고소장을 작성하여 귀 공수처에 고소하였음

13) 이에 대한 입증자료는 위 대질조서 이외에 2018. 4. 16.자 "한종구 수사관 교체 및 특별감찰 실시 요구" 민원서류 1부.(첨부 12)

Ⅱ. 각론

1. 고소인*

성 명 (상호 · 대표자)	임 찬 용		주민등록번호 (법인등록번호)	590410 - 이하 생략
주 소 (주사무소 소재지)	성남시 수정구 수정로 342번길 27-11(산성동) (현 거주지)			
직 업	LPN로컬파워뉴스 법조팀장 (前 검찰수사과장)	사무실 주소	서울시 강남구 논현로94길 13(역삼동) 예일패트빌딩 4층	
전 화	(휴대폰) 010-5313-0000 (자택) - (사무실) -			
이메일				
대리인에 의한 고소	☐ 법정대리인 (성명 : 연락처) ☐ 고소대리인 (성명 : 변호사 연락처)			

※ 고소인이 법인 또는 단체인 경우에는 상호 또는 단체명, 대표자, 법인등록번호(또는 사업자등록번호), 주된 사무소의 소재지, 전화 등 연락처를 기재해야 하며, 법인의 경우에는 법인등기부 등본이 첨부되어야 합니다.

※ 미성년자의 친권자 등 법정대리인이 고소하는 경우 및 변호사에 의한 고소대리의 경우 법정대리인 관계, 변호사 선임을 증명할 수 있는 서류를 첨부하시기 바랍니다.

2. 피고소인*

성 명	뒷장에 기재	주민등록번호	-
주 소			
직 업		사무실 주소	
전 화	(휴대폰)	(자택)	(사무실)
이메일			
기타사항			

※ 기타사항에는 고소인과의 관계 및 피고소인의 인적사항과 연락처를 정확히 알 수 없을 경우 피고소인의 성별, 특징적 외모, 인상착의 등을 구체적으로 기재하시기 바랍니다.

피고소인 명단 내역

(1) 피고소인 성영훈
  - 주소 : 서울 강남구 선릉로 206, 104동 1103호
  - 직업 : 前 검사장, 국민권익위원장 역임

(2) 피고소인 안병익
  - 주소 : 서울 서초구 반포대로 158
  - 직업 : 법무법인 진 대표 변호사

(3) 피고소인 김훈
  - 주소 : 경주시 화랑로 89
  - 직업 : 수원고등검찰청 검사

(4) 피고소인 백방준
  - 주소 : 불상
  - 직업 : 이백 법률사무소 변호사

(5) 피고소인 황교안
  - 주소 : 불상
  - 직업 : 前 법무부장관, 자유한국당 대표 역임

(6) 피고소인 김진태
  - 주소 : 불상
  - 직업 : 前 검찰총장

(7) 피고소인 임정혁
   - 주소 : 불상
   - 직업 : 前 대검찰청 차장검사

(8) 피고소인 주관용
   - 주소 : 서울시 강동구 뚝섬로 52라길 57
   - 직업 : 다우테크건설(주) 사장

(9) 피고소인 임장호
   - 주소 : 불상
   - 직업 : 태평양 법무법인 변호사

(10) 피고소인 허승진
   - 주소 : 불상
   - 직업 : 태평양 법무법인 변호사

3. 고소취지*

    * (죄명 및 피고소인에 대한 처벌의사 기재)

고소인은 피고소인들에 대하여 약 150억 원에 이르는 (소송)사기미수죄, 직권남용권리행사방해죄, 직무유기죄, 무고죄, (소송)사기죄, 사문서위조죄, 위조사문서 행사죄, 변호사법위반 등으로 고소하오니 엄히 처벌하여 주시기 바랍니다.

4. 범죄사실*

가. 피고소인 성영훈, 피고소인 안병익, 피고소인 김훈, 피고소인 백방준의 직권남용권리행사방해죄[14]

---

[14] 동 범죄사실 중 제2차 감찰수사와 관련, 피고소인 성영훈, 김훈, 백방준은 순차 공모하여 고소인을 비롯한 위 주관용사건 고소인 홍성춘, 참고인 박재근, 상피고인 이차남 등에 대하여 통화추적, 위치추적, 계좌추적 등 모든 강제처분(첨부 책자 제674~677쪽, 제⑨항 및 ⑩항 참조)을 장기간에 걸쳐 실시해 온 사실이 적나라하게 확인되고 있는 바, 이는 피고소인들이 실시해 온 강제처분 대상과 목적이 고소인의 위 주관용사건에 대한 편파수사 및 강압수사와 관련된 과거 행적에 있는 것이 아니라, 이와 관련된 미래 행적에 포커스를 맞춤으로써 일종의 보안처분을 실시하였다는 데 심각한 문제가 있음.

특히, 피고소인 김훈, 백방준은 2013. 6. 초경 대검찰청 감찰본부에 접수된 주관용 명의의 제2차 진정서에 고소인과 홍성춘 간 통화목록 중 가장 중요한 부분인 제91번이 주관용에 의해 조작된 사실을 잘 알고 있었고 (첨부 책자 제45~50쪽, 2014. 7. 31.자 검사비리사건 고소장 주석 제 27, 38 각 참조), 당시 고소인이 위 주관용사건을 수사해 오면서 주관용으로부터 수사를 방해 받는 사실을 잘 알고 있었음은 물론, 더 나아가 고소인이 주관용으로부터 '임찬용 사무관(고소인)이 편파수사 및 강압수사를 실시하였다'는 억울한 누명을 당하지 않도록 하기 위해 자신의 핸드폰(010-5313-0000)으로 홍성춘과 통화한 사실이 전혀 없었다는 사실까지도 잘 알고 있었음에도 불구하고 (첨부 책자 제674~675쪽, 검사비리사건 민사소송 갑 제6호증의 2, 갑 제5호증의 1), 이러한 사실을 눈감은 채 고소인에 대한 불법 감찰수사를 계속 진행하면서, 동시에 피고소인 성영훈이 소속된 태평양 법무법인 변호인들로 하여금 '고소인이 위 주관용사건을 편파수사하였으니 주관용에게 무죄선고를 내려야 한다'는 취지의 변론에 활용할 수 있도록 방조한 것임 (첨부 책자 제678쪽, 검사비리사건 민사소송 갑 제9호증의 8, 갑 제9호증의 11).

※ 첨부 책자 제31~56쪽과 같음. 다만, 문재인 정부가 들어선 후 2017. 7. 3.자 경찰청에 제출한 고소장에서는 신속한 수사를 위하여 다른 피고소인 장동철, 김윤상, 김상기, 조상목에 대한 고소를 취소한 사실이 있음

나. 피고소인 김훈, 피고소인 백방준의 직무유기죄

※ 첨부 책자 제31~56쪽과 같음. 다만, 문재인 정부가 들어선 후 2017. 7. 3.자 경찰청에 제출한 고소장에서는 신속한 수사를 위하여 다른 피고소인 조상목에 대한 고소를 취소한 사실이 있음

다. 피고소인 황교안의 위 '가. 나항' 범죄사실에 대한 방조죄[15]

즉, 피고소인들은 주관용 측 변호인들이 주장하고 있는 고소인의 편파수사와 관련된 해당 기간을 특정하여 감찰수사를 실시해 온 것이 아니라, 주관용의 부탁을 받아 (첨부 책자 제44쪽, 2014. 7. 31.자 검사비리사건 고소장 주석 제26) 고소인의 편파수사 실시와 전혀 관련이 없는 미래 기간을 상정한 후 (위 주관용사건 공판이 끝날 무렵까지), 주관용이 조작한 통화목록(제91번) 및 당시 고소인이 전혀 사용하지도 않아 감찰수사 대상이 될 수 없었던 고소인의 핸드폰(010-5313-0000)을 근거로, 고소인을 포함한 위 주관용사건과 관련된 사건 관계자에 대해 저인망식 마구잡이 방법으로 통화추적, 위치추적, 계좌추적 등 모든 강제처분을 실시해 온 사실이 위 검사비리사건 민사소송 제1심 재판장 윤강열에 의해 취득한 증거자료에서 적나라하게 확인되고 있음(첨부 책자 제724~735쪽, 갑 제5호증의 1, 2, 3, 4, 5 각 참조.)

이와 같은 사정에 비추어 보면, 피고소인들은 고소인 및 위 주관용사건 관계자들에 대해 감찰수사 대상자가 아닌 보안처분 대상자로 취급해 오고 있었음이 너무나도 명백하고, 주관용이 조작한 통화목록 91번 및 전혀 감찰 대상이라고 할 수 없는 고소인의 핸드폰을 근거로 강제처분을 실시해 왔다는 점에서 주관용에 대한 무죄선고를 통하여 이미 관련 민사소송 항소심에서 승소한 54억 원은 물론 대법원 확정판결 때까지 판결문상 이자 포함 약 150억 원 상당의 소송사기 범죄수익금을 착복하려는 범의가 더욱더 명백하게 드러났다고 보아야 할 것임.

15) 이 범죄사실은 다른 항목의 범죄사실과 달리 공수처에 처음으로 고소한 내용임. 이 범죄사실을 박근혜 정부의 경찰 및 검찰은 물론, 문재인 정부의 경찰 및 검찰에 단 한 차례 고소하지 않고 있다가, 공수처가 설립되고 난 이후에야 처음으로 고소한 이유는 다음과 같음.

※ 첨부 책자 제491~498쪽에 기재된 내용을 참작하여 피고소인 황교안의 위 '가항 및 나항' 범죄사실에 대한 방조 혐의 부분을 수사해 주시기 바랍니다.

라. 피고소인 김진태, 피고소인 임정혁의 직권남용권리행사방해죄

※ 첨부 책자 제462~465쪽에 기재된 범죄사실 (1), (2)항과 같음. 다만, 피고소인 김진태의 범죄사실에 피고소인 임정혁을 공동정범으로 추가함.16)

우리나라 형소법 제195조(검사의 수사)에는 "검사는 범죄의 혐의가 있다고 사료하는 때에는 범인, 범죄사실과 증거를 수사하여야 한다."라고 규정되어 있고, 동법 제 196조 제2항에는 "사법경찰관은 범죄의 혐의가 있다고 인식하는 때에는 범인, 범죄사실과 증거에 관하여 수사를 개시·진행하여야 한다."라고 규정되어 있음.

그런데 이 범죄사실 이외에 다른 항목에 게재된 범죄사실과 관련하여, 박근혜 정부는 물론 문재인 정부의 검찰에 와서도 해당 수사기록에는 범죄사실을 입증하고 있는 증거자료가 산더미처럼 첨부되어 있음에도 이를 거들떠보지 않은 채 '검찰 제 식구 감싸기'라는 '영원불변의 법칙'에 얽매어 은폐해 버렸음.

이와 같은 상황에서, 고소인은 박근혜 정부 법무부장관 및 국무총리까지 역임한 검사 출신 황교안이 저지른 이 범죄사실을 고소한다고 하더라도 경찰 및 검찰에서는 이를 쳐다보지도 않을 것이 뻔해 보였기에 고소를 하지 않고 있다가, 검찰개혁을 바라는 시대적 상황에 맞춰 검사 및 고위공직자 비리를 수사하는 공수처가 정식 출범함에 따라 고소인 역시 공수처(수사처)의 수사의지를 믿고 이제서야 이 범죄사실을 고소하게 된 것임. *피고소인 황교안의 범죄사실과 관련된 내용 및 공수처가 시급히 출범해야 하는 이유 등이 게재된 언론보도 내용으로는 2020. 11. 27.자 LPN로컬 파워뉴스 "문재인 정부는 윤석열 검찰총장을 구속수사하고, 즉시 공수처를 실시하라" 제하의 신문기사 1부(첨부 13)

16) 그 이유는 피고소인 임정혁은 당시 검찰총장의 모든 업무를 직접 보좌하는 대검찰청 차장검사 직책을 수행하고 있었을 뿐만 아니라, 특히 이 범죄사실 (1)항과 관련, 성영훈 일당의 장기간에 걸친 부당한 감찰수사에 못 이긴 고소인이 2014. 1. 5.(일요일) 08:00경 검찰 이프러스상 자살암시 게재글을 남기고 행방불명이 되었다는 소식을 접하고, 휴일에도 불구하고 대검 간부들을 소집하여 대책을 세워 검찰총장인 김진태에게 보고하는 등 위 '검사비리사건'에 직접 관여한 정황이 드러나고 있기 때문임 (첨부 책자 제462쪽, 주석 3 참조)

마. 피고소인 주관용의 무고죄

【선행사실】 17), 18)

피고소인은 2001. 3.경 다우테크건설 주식회사를 설립하여 운영하여 오면서, 2007. 4. 12.경 ㈜삼영코넥(2009. 6. 23. ㈜에스코넥으로 상호 변경됨, 이하, '에스코넥')으로부터 경기도 안성시 죽산면 당목리 산 175 등 지상의 안성공장 신축공사(이하, '이 사건 공사')를 도급받아, "계약금액 : 82억 5,000만 원(부가가치세 포함), 준공예정연월일 : 2007. 12. 31, 수급인 : 다우테크건설 ㈜"로 하는 '민간건설공사 표준도급계약서'(이하, '이 사건 공사계약서')를 작성하였다.

그 후, 피고소인은 2007. 10. 15.경 에스코넥과 이 사건 공사계약서 중 공사금액을 44억 원(부가가치세 포함) 증액한 126억 5,000만 원으로, 공사기간을 2008. 7. 31.까지 연장하는 내용의 '공사도급변경계약서'(이하, '이 사건 변경계약서')를 작성하였다.

또한, 피고소인은 2007. 5. 18.경 에스코넥에 10억 원을 대여하기로 하고, '대여금 10억 원, 변제기일 2007. 12. 31.'로 하는 '차용증서'(이하, '이 사건 소비대차계약서')를 작성하고, 2008. 10. 30.경 완공된 이 사건공사 내부공사도 에스코넥으로부터 도급받아 공사금액 21억

---

17) 피고소인 주관용이 ㈜에스코넥에 대한 소송사기 미수 범행과 관련된 구체적인 자료로는 "검사비리사건 민사소송(손해배상 청구의 소) 입증방법" 중 갑 제8호증의 16 (2012. 11. 19.자 주관용 및 이차남에 대한 공소장), 갑 제8호증의 2 (2012. 7. 27.자 고소인 홍성춘 명의의 진술조서), 갑 제8호증의 5, 8 (2012. 7. 30.자 및 2012. 8. 27.자 참고인 한현숙 명의의 제1, 2차 진술조서), 갑 제9호증의 7 (2012. 10.경 주관용 및 이차남에 대한 사전구속영장신청서 첨부자료인 '범죄사실 및 구속을 필요로 하는 사유') 각 참조 (첨부 책자 제686~687쪽)

18) 피고소인 주관용과 ㈜ 에스코넥과의 민 · 형사소송 진행상황과 관련된 구체적인 내용으로는 첨부 책자 제642~644쪽 참조

9,000만 원(부가가치세 별도)으로 하는 '민간건설공사 표준도급계약서' (이하, '이 사건 내부공사 계약서')를 작성하였다.

그러나 사실은 피고소인이 '이 사건 변경계약서' 체결 당시 에스코넥과 이 사건 공사금액을 44억 원 증액하기로 합의한 사실이 없고, 에스코넥의 비자금 40억 원을 조성할 목적으로 '이 사건 변경계약서'를 작성하였으나, 약 1주일 후 '금액이 너무 커서 비자금으로 처리하기가 어렵다'는 이유로 에스코넥과 '이 사건 공사변경계약서'를 폐기하기로 합의하였고, '이 사건 소비대차계약서'에 기재된 대여금 10억 원 또한 이 사건 내부공사의 공사금액에 포함하여 변제하기로 합의하고, '이 사건 내부공사계약서'에 실제 공사금액보다 10억 원을 증액하여 기재하였다.

따라서 피고소인은 에스코넥에 대하여 '이 사건 공사계약서'에 기재된 공사금액 82억 5,000만 원 이외에 '이 사건 변경계약서'에 증액된 공사금액 44억 원을 청구할 수 없고, '이 사건 소비대차계약서'에 기재된 대여금 10억 원도 '이 사건 내부공사 계약서'에 공사금액을 포함하여 상계하기로 합의하였기 때문에 별도로 청구할 수 없다.

그럼에도 불구하고, 피고소인은 '이 사건 변경계약서' 및 '이 사건 소비대차계약서'를 폐기하지 않고 보관하고 있다가 이를 근거로 에스코넥에 대하여 민사소송을 제기하여 증액된 공사대금 44억 원 및 대여금 10억 원 등 도합 54억 원을 지급받기로 마음먹었다.

이에 따라, 피고소인은 2010. 2. 1.경 서울동부지방법원에 에스코넥을 피고로 하는 '금 54억 원 공사대금 등 청구의 소'(이하, 후술하는 '주관용사건 관련 민사소송')를 제기하였으나, 2010. 12. 10.경 위 법원으로부터 패소 판결을 선고받았다.

한편, 에스코넥(대표 박순관, 소송대리인 홍성춘)은 피고소인이 위와 같이 민사소송을 제기하자, 같은 날 피고소인을 상대로 서울동부지방검찰청에 (소송)사기미수 등의 혐의로 고소하였으나, 2010. 9. 28. 혐의없음 처분(처분검사 이종찬)이 내려졌고, 이에 불복한 에스코넥이 항고를 제기하여 서울고등검찰청으로부터 재기수사명령이 내려졌으나, 또다시 2011. 6. 29. 혐의없음(처분검사 이봉창) 처분이 내려졌다.

피고소인은 자신에 대한 (소송)사기미수 등의 혐의가 검찰수사 결과 혐의없음 처분으로 내려지자, 이에 힘입어 본격적인 소송사기 행각을 할 마음을 굳히고, 자신의 친구 김인만이 근무하는 태평양 법무법인 변호사들을 변호인으로 선임한 후, 2010. 12. 27.경 위 민사소송 항소장을 서울고법에 제출한 다음 항소심 재판과정에서 사건 외 손병활 명의의 세금계산서를 위조하여 제출하거나, 사건 외 이차남으로 하여금 허위 증언을 하도록 교사하는 방법으로 담당재판부를 기망하여 2012. 5. 4.경 금 54억 원에 대한 승소판결을 선고받았다.

그러자 위 민사소송 항소심 패소에 당황한 에스코넥은 2012. 6. 11.경 대법원에 상고함과 동시에, 같은 무렵 피고소인에 대해서는 서울동부지방검찰청에 소송사기 미수, 사문서위조 및 동행사, 위증교사 혐의로, 피고소인의 범행에 가담한 사건 외 이차남에 대해서는 위증 혐의로 각각 고소하였고[19] (이하, '주관용사건'), 2012. 7. 2.경

---

19) 당초 위 주관용사건 고소장에는 피고소인의 소송사기 미수죄가 포함되어 있지 않았으나, 2012. 7. 27.경 홍성춘이 위 주관용사건 고소인 보충 진술 시 구술로써 소송사기 미수죄에 대해서도 고소함. 이를 두고 당시 대검찰청 감찰1과장 안병익은 "고소인(임찬용)이 주관용사건 고소인인 홍성춘을 위해 소송사기미수 부분에 대한 고소장을 대신 작성해 주었다"며 고소인을 편파수사 혐의로 제1차 감찰을 실시하였음(첨부 책자 제37쪽, 주석 13 참조)

정상적인 배당절차를 거쳐 고소인이 근무 중에 있던 수사과 제1호 수사사무관실에 접수되었다.

결국, 피고소인은 이미 검찰에서 2번에 걸쳐 소송사기 미수죄 등의 혐의로 수사를 받았으나 모두 혐의없음 처분을 받은 상태에서, 고소인이 위 주관용사건을 성공적으로 수사하여 자신의 피의사실이 사실대로 밝혀질 경우에는 또다시 혐의없음 처분을 받기는커녕 구속될 처지에 놓이게 되었을 뿐만 아니라, 이미 관련 민사소송 항소심에서 승소판결을 받아놓은 금 54억 원에 대해서도 허공으로 날려 보낼 수밖에 없는 절박한 상황에 놓이게 되었다.

【피고소인 무고죄】

(가) 피고소인은 고소인이 2012. 8. 초경 법원으로부터 압수수색 영장을 발부받아 자신의 회사 회계장부를 압수한 후 회계분석 등을 통하여 핵심쟁점을 파악하고 이를 근거로 자신의 회사 경리부장인 참고인 한현숙 및 위증죄 혐의를 받고 있던 상피의자 이차남을 소환 조사하는 등 자신에 대한 수사 포위망이 좁혀지자, 이를 모면하기 위해 고소인을 음해하기로 마음먹었다.

당시 피고소인은 자신의 (소송)사기미수 피의사실에 대해 검찰에서 또다시 무혐의 처분을 받고, 이에 터 잡아 관련 민사소송 항소심에서 이미 승소판결을 받아놓은 54억 원에 대해서도 대법원에서 최종 승소판결을 받아 판결문상 이자 포함 약 150억 원을 편취하기 위해서는 고소인의 수사를 방해해야 함은 물론, 자신의 진정서에 의해 고소인으로 하여금 감찰수사를 받도록 함으로써 고소인을 주관용사건 수사에서 배제시켜야 할 절박한 상황에 놓여 있었다.

이에 따라, 피고소인은 2012. 10.경 서울시 광진구 자양2동 641번지에 있는 다우테크건설(주) 대표이사 사무실에서 고소인으로 하여금 형사처분 또는 징계처분을 받게 할 목적으로 대검찰청 감찰본부장 앞으로 고소인에 대한 진정서 1통[20])을 작성하였다.

위 진정서에는 "고소인은 참고인 한현숙, 상피의자 이차남, 피의자 주관용 등을 조사하면서 진술내용과 다르게 조서를 작성하는 등 에스코넥(고소인 : 홍성춘)에게 일방적으로 유리하게끔 편파수사 및 청부수사로 일관하고 있으니, 수사관을 교체하여 주실 것과 에스코넥과의 커넥션의 존재 역시 심히 의심되므로, 엄중한 감찰을 실시하여 주실 것을 강력히 부탁드린다"는 취지의 내용이나, 사실은 피고소인의 위와 같은 진정내용은 전혀 사실이 아닐 뿐만 아니라, 피고소인 자신이 오히려 고소인의 수사를 방해하여 온 사실을 숨기고 있었다.[21])

그럼에도 불구하고, 피고소인은 위 무렵 대검찰청 감찰본부를 방문하여 위 진정서를 제출함으로써 고소인을 무고하였다.

(나) 피고소인은 검찰 수사과정에서 '혐의없음' 처분을 받기 위하여 전항과 같이 고소인을 무고하였으나, 위 진정서를 근거로 고소인에 대한 감찰수사가 이루어지지 않았을 뿐만 아니라, 오히려 피고소인 자신이 고소인의 성공적인 수사로 인해 2012. 11. 19.경 사건 외 장혜영 검사에 의해 기소되었다.[22])

---

20) 첨부 책자 제214~265쪽 참조
21) 피고소인의 진정 내용들은 전혀 사실이 아닐 뿐만 아니라, 오히려 피고소인 자신이 고소인의 수사를 방해하여 왔다. 이를 입증하는 자료로는 "첨부 책자 제661~663쪽" 참조 (2016. 6. 14.자 검사비리사건 민사소송 준비서면 "주석 24~29" 및 관련 증거자료)
22) 첨부 책자 39~40쪽, 제642~644쪽 각 참조

당시 피고소인은 자신의 공소사실에 대해 법원에서 무죄선고를 받고, 이에 터 잡아 관련 민사소송 항소심에서 이미 승소판결을 받아놓은 54억 원에 대해서도 대법원에서 최종 승소판결을 받아 판결문상 이자 포함 약 150억 원을 편취하기 위해서는 고소인으로 하여금 자신의 진정서에 의해 선고 결심공판이 있을 때까지 편파수사 및 강압수사를 하였다는 혐의로 감찰수사를 받도록 해야 하고, 동시에 공판과정에서도 자신의 변호인들로 하여금 자신의 진정서에 기재된 내용들을 그대로 주장토록 함으로써 고소인 명의로 작성된 모든 수사서류에 대한 신빙성을 탄핵하여야 할 입장에 서 있었다.

이에 따라, 피고소인은 2013. 6.초경 전항과 같은 장소에서 고소인으로 하여금 형사처분 또는 징계처분을 받게 할 목적으로 대검찰청 감찰본부장 앞으로 고소인에 대한 진정서 1통을 작성하였다.

위 진정서에는 "고소인이 주관용사건을 수사하면서 ① 참고인 한현숙에 대하여 강압수사를 하였고, ② 홍성춘과 유착하여 160회 가량 전화통화를 하는 등 긴밀한 협조하에 편파수사를 하였으며, 그 과정에서 금품을 수수하였을 가능성이 있으며, ③ 2012. 7. 30.자 고소인 명의의 수사보고서를 허위로 작성하였다."는 취지의 내용이나, 사실은 피고소인의 위와 같은 진정내용들은 금방 확인이 가능할 정도로 전혀 사실이 아니며, 특히 고소인에 대해 편파수사 혐의자로 몰고 가 장기간 감찰수사는 물론, 계좌추적까지 받도록 하기 위하여 위 160회 통화목록 중 가장 중요한 부분인 91번이 피고소인에 의해 조작되어 있었다.[23]

---

23) 피고소인이 진정한 위 ① ~ ③과 같은 내용들은 전혀 사실이 아님. 특히, 고소인에 대한 감찰수사를 확정적으로 받도록 하기 위해 통화목록 중 가장 중요한 부분인 91번이 피고소인에 의해 조작되었음. 이와 같은 사실을 입증하는 증거자료로는 "첨부 책자 제669~673쪽" 참조 (2016. 6. 14.자 검사비리사건 민사소송 준비서면 "주석 37~41" 및 이와 관련된 증거자료)

그럼에도 불구하고, 피고소인은 위 무렵 대검찰청 감찰본부를 방문하여 위 진정서를 제출함으로써 고소인을 무고하였다.

바. 피고소인 성영훈, 피고소인 임장호, 피고소인 허승진의 소송사기죄

피고소인 성영훈은 위 가항 기재 범죄사실에 대한 피고소인이고, 피고소인 임장호, 피고소인 허승진은 태평양 법무법인 소속 변호사이자, 같은 법무법인 고문변호사로 있는 피고소인 성영훈의 소송대리인들인 바,

2015. 10. 12.경 서울중앙지방법원에 접수된 "이 사건 청구취지 및 청구원인 변경신청서24) (이하, '이 사건 민사소송'이라고 함)"에 대응하여 피고 및 피고 소송대리인 자격으로 각각 참여하였다.

피고소인들은 이 사건 민사소송에 참여해 오면서 고소인(원고)이 피고소인(피고) 성영훈의 감찰 청탁사실을 입증하기 위해 담당재판부에 제출한 수많은 증거자료에 대하여 단 한 차례도 고소인을 반박하지 못하고 오직 부인으로만 일관해 왔다.

한편, 피고소인들은 담당재판부를 포섭하여 승소판결을 선고받고, 이에 터 잡아 피고소인 성영훈의 이 사건 민사소송 손해배상금 8,000만 원을 면제받음과 동시에, 소송비용을 담당하는 재판부를 기망하여 피고소인 성영훈의 소송비용을 고소인으로부터 교부받는 등 재산상의 이익을 취득하기로 마음먹었다.

---

24) 별첨 책자 제589~595쪽 참조

이에 따라, 피고소인들은 이 사건 민사소송 담당 재판부가 허위내용의 판결문을 통해 피고소인 성영훈에게 승소판결을 내리더라도[25] 피고소인 성영훈의 소송비용을 고소인에게 청구하여서는 아니 된다.

그럼에도 불구하고, 피고소인들은 2017. 6. 15.경 대법원 담당 재판부가 이 사건 민사소송에 대해 허위내용의 판결을 내리게 되자[26], 2017. 6. 21.경 서울시 강남구 테헤란로 133에 있는 태평양 법무법인 사무실에서 금 12,615,700원의 소송비용계산서를 작성한 후 그 정을 모르는 서울중앙지방법원 소송비용1계 사법보좌관 조경애에게 신청하였다.[27]

피고소인들은 2017. 8. 16.경 자신들의 거짓말에 속은 사법보좌관 조경애로부터 '피신청인 임찬용은 이 사건 민사소송 수행과 관련하여 신청인 성영훈이 부담한 변호사 보수 등 소송비용 금 12,608,306원을 신청인 성영훈에게 상환하여야 한다'는 취지의 소송비용액확정 결정을 받음으로써 고소인으로부터 동액 상당의 재산상의 이득을 취득하였다.[28]

---

[25] 이 사건 민사소송 제1심 및 제2심 판결문이 각각 허위내용으로 작성되었다는 입증자료로는 별첨 책자 제583~851쪽 기재내용(제2부. 썩은 사법부 이대로는 안 된다) 각 참조. 특히, 피고소인들이 이 사건 민사소송 재판부가 허위내용의 판결문을 작성하였다는 사실을 어느 누구보다 잘 알고 있었다. 그 이유에 대해서는 2020. 3. 30.자 이 사건 항고장(첨부7) 제64~69쪽, 〔(4) "라. 범죄사실 다.항 관련수사" 항목 기재내용에 대하여〕 기재부분 참조.

[26] 이 사건 민사소송 대법원 판결문이 허위내용으로 작성되었다는 입증자료로는 2017. 6. 25.자 로컬파워뉴스 신문기사 1부 (경찰수사과정에서 이미 제출함)

[27] 2017카확33440 소송비용액확정 사건 관련, 2017. 6. 26.자 사법보좌관 조경애 명의의 최고서, 2017. 6. 21.자 소송비용계산서, 송달통지문 각 1부 (경찰수사과정에서 이미 제출함)

[28] 2017. 8. 16.자 사법보좌관 조경애 명의의 '서울중앙지방법원 사건 2017 카확 33440, 소송비용액확정' 결정문 1부 (경찰수사과정에서 이미 제출함)

사. 피고소인 성영훈의 약 150억 원 (소송)사기미수죄, 사문서위조죄, 위조사문서 행사죄, 변호사법위반29) : 위 "Ⅰ, 다, 라"항 참조

※ 범죄사실은 형법 등 처벌법규에 해당하는 사실에 대하여 일시, 장소, 범행방법, 결과 등을 구체적으로 특정하여 기재해야 하며, 고소인이 알고 있는 지식과 경험, 증거에 의해 사실로 인정되는 내용을 기재하여야 합니다.

5. 고소 이유

○ 위 '4. 범죄사실' 중 '가, 나'항에 대해서는 2014. 10. 23.경 대검찰청 국정감사 당시 검찰총장 김진태가 감사위원인 국회의원 전해철에게 "현직 검사들을 포함한 관련 피고소인들을 경찰에 출석시켜 조사를 받도록 하겠다"고 약속하였음에도, 피고소인 성영훈은 2014. 9. 25.경 경찰에 제출한 출석요구에 대한 이의신청서에서 "검찰에서 조사를 받겠다"고 거짓말 한 후 자신의 연세대학교 및 동 대학원 후배인 서울중앙지검 김영기 검사로 하여금 사건을 불법송치 받아 허위내용의 불기소결정서를 작성하는 수법으로 각하처분 하도록 하였고, 위 '4. 범죄사실' 중 '바'항에 대해서도 피고소인 성영훈, 임장호, 허승진이 태평양 법무법인이라는 대형 로펌을 통한 로비를 펼쳐 각 심급별 담당 재판부로 하여금 삼척동자도 알 수 있는 허위내용의 판결문을 작성하는 수법으로 고소인에게 패소판결을 내리도록 하였습니다.

○ 이에, 고소인은 피고소인들의 위와 같은 사건은폐 불법행위에 대하여 역사와 국민들에게 고발하고 이를 기록으로 남겨놓기 위해

---

29) 이 고소사실 역시 위 다항의 범죄사실과 마찬가지로 공수처에 처음으로 고소한 것임. 그 이유는 이미 서두에서 설명한 바와 같이 이 사건 경찰수사팀 중 한종구 수사관이 2018. 4. 11.(수) 성영훈 일당에게 면죄부를 주기 위해 위 무고사건 피의자 주관용과 고소인 간 대질조사를 실시한다는 명목으로 위 검사비리사건에 대한 조작(무마)수사를 실시하는 과정에서 위 주관용의 진술을 통하여 피고소인 성영훈에 대한 새로운 범죄사실이 드러났기 때문임.

2017. 4. 15.경 첨부 책자를 발간하여 국립 중앙도서관은 물론 일반 시중서점에 내놓기에 이르렀고, 이 사건과 유사한 전관예우, 유전무죄·무전유죄, 법조비리와 관련된 사건들을 제대로 수사하고 사법정의를 실현할 수 있는 길은 오로지 경찰수사권독립밖에 없다는 법적, 제도적 확신에 따라 현재 문재인정부에서 추진 중에 있는 고위공직자범죄수사처 설치 및 경찰수사권독립 추진정책의 진행상황을 지켜보고 있었습니다.

ㅇ 그러나 위 '4. 범죄사실' 항목에서 살펴본 바와 같이, 피고소인 성영훈, 임장호, 허승진은 이 사건 민사소송에 대응해 오면서 위 검사비리사건을 은폐한 범법자임에도 불구하고, 자숙하고 반성하기는커녕 또다시 각 심급별 재판부를 상대로 소송사기 행각을 해온 사실이 괘씸할 뿐만 아니라, 고위공직자범죄수사처 설치 및 운영에 관한 법률이 드디어 국회에서 통과되었고, 이를 근거로 수사처가 설치되어 전관예우 및 판·검사 비리와 관련된 위 4항의 모든 범죄사실에 대해서도 과거 박근혜 정부와 달리, 이제부터는 제대로 된 수사가 진행될 수 있겠다는 국가적·사회적 분위기가 조성되었다고 판단되어 이 사건 고소에 이르게 되었습니다.

ㅇ 이와 같은 사정에 비추어 볼 때, 이 사건을 수사하게 될 수사처 검사 및 수사관께서는 위 검사비리사건이 위 주관용사건의 무마(조작)를 통하여, 이미 관련 민사소송 항소심에서 승소판결을 받아놓은 금 54억 원 등 판결문상 이자 포함 약 150억 원에 이르는 거액의 범죄수익금을 착복하기 위해 검사에게 부여된 모든 형사사법 권력을 남용한 매우 중대한 범죄일 뿐만 아니라, 피고소인들이 사건을 은폐하고 민·형사 사법질서를 송두리째 깔아 뭉개버려 왔다는 점에서 증거인멸 및 도주우려 역시 매우 크다고 할 것이므로 반드시 전원 구속수사를 실시해 주시기 바랍니다.

ㅇ 한편, 위 '4. 범죄사실' 중 '마'항(피고소인 주관용의 무고죄 부분)에 대해서는

- 고소인은 검찰조직에서 약 28년이라는 공직생활을 하여 오는 동안 수사사무관으로서 억울한 범죄피해자가 발생하지 않도록 부여된 수사업무에 최선을 다해 왔고, 이를 통해 범죄피해자 구제 및 사법 정의 실현이라는 국가 정책목표 수행에도 나름대로 기여해 왔다는 자부심을 가지고 살아오던 중 검찰수사서기관 승진을 눈앞에 두고 있던 2012. 7. 2.경 위 검사비리사건 발단을 제공한 위 '주관용사건'이 정상적인 배당절차를 거쳐서 고소인의 방에 접수되었습니다.

- 위 '주관용사건'은 피해금액이 54억 원이나 되는 소송사기 범죄인데, 그 수사 성패가 이미 관련 민사소송 항소심에서 승소한 위 54억 원에 더하여 대법원 판결문상 이자까지 포함할 경우 무려 150억 원에 이르는 승소금액의 향방을 결정한다는 점에서, 고소인의 방에 근무한 6급 이하 부하 수사관들에게 위 '주관용사건' 수사를 맡기지 아니하고, 중대한 사건의 경우에는 일반직일 경우 수사사무관 이상, 검사일 경우 부장검사 이상 간부급이 직접 수사해야 한다는 당시 김진태 검찰총장의 업무지침 취지에도 부응하기 위해 고소인이 직접 위 '주관용사건' 수사에 착수하였습니다.

- 그러나 피고소인 주관용은 위 주관용사건과 관련하여 검찰 수사 과정에서의 무혐의 처분을 받거나, 이에 실패하여 기소될 경우에는 공판과정에서 무죄선고를 받기 위해, 위 주관용사건 수사 초기부터 자신의 피의사실을 밝혀줄 증거자료를 숨기고, 고소인이 소환 요구한 중요 참고인 박재근의 검찰 출석을 저지하는 등 온갖 고소인의 수사를 방해해 오면서, 고소인을 음해하기 위해 허위내용의 진정서를 2차례에

걸쳐 대검찰청 감찰본부에 제출하여 왔습니다.

- 결국, 고소인은 위 4-마항 범죄사실에 기재된 주관용의 제2차 무고 행위로 인하여 태평양 법무법인 고문변호사이자 검사장 출신 전관 변호사 성영훈의 충복들인 서울고검 감찰검사 김훈, 백방준으로 부터 2013. 6.초경부터 2014. 3.중순경까지 제2차 감찰수사를 받게 되었습니다.

특히, 고소인은 주관용의 무고 행위로 인해 위와 같이 제2차 감찰수사를 장기간 받아오면서 서기관 승진기회가 박탈됨은 물론 김훈, 백방준 검사로부터 고소인의 편파수사 혐의를 확인해야 한다는 명목 하에 위 주관용사건 고소인 홍성춘, 상피의자 이차남, 중요 참고인 박재근 등과 함께 약 9개월에 걸쳐 통화추적, 위치추적, 계좌추적까지 철저하게 파헤쳐지는 피해를 입었으며, 그로 인해 우울증을 앓기 시작하여 자살을 시도하다가 실패한 사실이 있고, 한 걸음 더 나아가 대검 감찰본부에 의해 근무할 기회조차 박탈당한 채 청춘을 바쳐 봉사해 왔던 정든 검찰조직을 떠나야 하는 불명예를 안고 말았습니다.

이와 같은 사정을 종합해 보면, 주관용이 저지른 이 사건 무고 행위는 죄질이 극히 불량하다는 점, 검찰수사 및 사법부의 판단을 어렵게 하여 사법질서를 훼손한 중대한 범죄라는 점, 피해자의 피해정도가 매우 심각하다는 점, 검사장 출신 전관 변호사 및 그의 부하직원 이었던 현직 검사들의 묵인 및 방조에 의해 이루어진 범죄로써 증거인멸이 심히 우려된다는 점, 이 사건 범죄가 중대하여 도주의 우려 또한 상존하고 있다는 점, 무고 행위가 주관용 자신에 대한 수사기간은 물론 재판과정에서도 장기간 이루어져 왔다는 점을 감안하여 반드시 구속수사를 실시하여 주시기 바랍니다.

결국, 피고소인 주관용의 고소인에 대한 무고 행위와 피고소인 성영훈, 안병익, 김훈, 백방준의 고소인에 대한 불법 감찰수사(검사비리사건) 범죄행위는 서로 톱니바퀴처럼 맞물려 갈 수밖에 없고, 주관용의 무고 행위를 처벌함으로써 검사비리사건의 실체를 더욱 명확히 확정 지을 수 있으며, 특히 수십 년의 기간 동안 검사생활을 해왔거나, 해오고 있던 성영훈, 김훈, 백방준이 주관용의 제2차 진정서가 허위내용으로 작성된 사실을 금방 확인이 가능함에도 불구하고, 오히려 이를 근거로 고소인에 대한 제2차 불법 감찰수사를 고소인이 자살소동을 일으키기까지 무려 약 9개월이라는 장기간에 걸쳐 실시할 수 있었던 이유는 우리나라 형사사법절차법상 검사에게 수사권은 물론 기소권, 각종 영장청구권 등 모든 권한이 집중되어 있는 것인 만큼, 견제와 균형이라는 헌법 원리에 따라 수사는 경찰, 기소는 검찰이 각각 분담하는 정책이 반드시 실현되어야 한다는 역사적 소명의식에 따라 이 사건 고소에 이르게 되었습니다.

※ 고소이유에는 피고소인의 범행 경위 및 정황, 고소를 하게 된 동기와 사유 등 범죄사실을 뒷받침하는 내용을 간략, 명료하게 기재해야 합니다.

6. 증거자료

이 사건 증거자료로써 첨부 책자 제31~56쪽에 기재된 2014. 7. 31.자 고소장 입증자료 및 첨부 책자 제640~688쪽에 기재된 2016. 6. 14.자 고소인 명의의 준비서면 입증자료에 대해서는 분량이 너무 방대할 뿐만 아니라, 이미 경찰수사과정에서 모두 제출한 바 있습니다.

따라서 이 사건 고소장을 배당받은 수사처검사 및 수사관께서는 현재 이 사건 수사기록(형제번호 2019형제80612)을 서울중앙지방검찰청으로부터 즉시 이첩 받아 이 사건 수사에 적극 활용해 주시기 바랍니다.

특히, 고소인은 이 사건을 약 2년 이상의 기간 동안 뭉개기식 수사 및 조작수사를 실시해 온 민갑룡 경찰 그리고 이를 토대로 허위내용의 불기소결정서를 작성한 윤석열 검찰이 서로 합세하여 이 사건 수사기록에 편철되어 있어야 할 성영훈 일당에게 불리한 자료를 고의로 위·변조 또는 파기했을 수도 있다는 우려가 있습니다.

따라서 고소인은 위와 같은 우려를 불식시키는 차원에서 고소인이 경찰수사를 받아오면서 제출해 온 자료 중 중요 자료들을 한군데 모아 이 사건 고소장에 별권 형식으로 제출코자 합니다.

(✓ 해당란에 체크하여 주시기 바랍니다)
☐ 고소인은 고소인의 진술 외에 제출할 증거가 없습니다.
☐ 고소인은 고소인의 진술 외에 제출할 증거가 있습니다.

☞ 제출할 증거의 세부내역은 별지를 작성하여 첨부합니다.

7. 관련사건의 수사 및 재판 여부*

(✓ 해당란에 체크하여 주시기 바랍니다)

① 중복 고소 여부	본 고소장과 같은 내용의 고소장을 다른 검찰청 또는 경찰서에 제출하거나 제출하였던 사실이 있습니다 ☐ / 없습니다 ☐
② 관련 형사사건 수사 유무	본 고소장에 기재된 범죄사실과 관련된 사건 또는 공범에 대하여 검찰청이나 경찰서에서 수사 중에 있습니다 ☐ / 수사 중에 있지 않습니다 ☐ / 형사재판(항소심) 중에 있습니다. ☐
③ 관련 민사소송 유 무	본 고소장에 기재된 범죄사실과 관련된 사건에 대하여 법원에서 민사소송 중에 있습니다 ☐ / 민사소송 중에 있지 않습니다 ☐

기타사항

※ ①, ②항은 반드시 표시하여야 하며, 만일 본 고소내용과 동일한 사건 또는 관련 형사사건이 수사재판 중이라면 어느 검찰청, 경찰서에서 수사 중인지, 어느 법원에서 재판 중인지 아는 범위에서 기타사항 난에 기재하여야 합니다.

8. 기타

(고소내용에 대한 진실확약)

본 고소장에 기재한 내용은 고소인이 알고 있는 지식과 경험을 바탕으로 모두 사실대로 작성하였으며, 만일 허위사실을 고소하였을 때에는 형법 제156조 무고죄로 처벌받을 것임을 서약합니다.

2021년 1 월 28일*
고소인   (인)*

※ 고소장 제출일을 기재하여야 하며, 고소인 난에는 고소인이 직접 자필로 서명 날(무)인 해야 합니다. 또한 법정대리인이나 변호사에 의한 고소대리의 경우에는 제출인을 기재하여야 합니다.

첨부(각 입증자료)
1. 2021. 1. 21.자 LPN 로컬파워뉴스 기사 1부
2. 2020. 12. 27.자 LPN 로컬파워뉴스 기사 1부
3. 2020. 12. 23.자 LPN 로컬파워뉴스 기사 1부
4. 2019. 10. 25.자 LPN 로컬파워뉴스 기사 1부
5. 2019. 2. 28.자 LPN 로컬파워뉴스 기사 1부
6. 2020. 2. 27.자 이 사건 불기소결정서 1부
7. 2020. 3. 30.자 이 사건 항고장 1부
8. 2020. 5. 12.자 이 사건 항고사건처분통지 1부
9. 2020. 5. 18.자 이 사건 재정신청서 1부
10. 2020. 8. 11.자 이 사건 재정신정 기각결정문 1부
11. 2020. 7. 25.자 LPN 로컬파워뉴스 기사 1부
12. 2018. 4. 16.자 "한종구 수사관 교체 및 특별감찰 실시 요구" 민원서류 1부
13. 2020. 11. 27.자 LPN로컬 파워뉴스 기사 1부 끝.

"이하 제출한 별권 첨부 자료들은 고소인이 이 사건 경찰수사과정에서 이미 제출한 사실이 있는 바, 민갑룡 경찰이 윤석열 검찰에 불법 송치한 이 사건 (주임검사 나하나, 2019 형제 80612호) 수사기록 일체를 현재 보관 중인 서울중앙지방검찰청으로부터 이첩 받아 고소인이 제출한 아래 별권 첨부 자료와 각각 대조해 가면서 위·변조 및 누락 여부를 철저하게 확인하여 주시고, 그에 대한 특별한 문제점이 발견되지 않을 시 이 사건 수사에 적극 활용해 주기를 바랍니다. 그 이유는 2020. 3. 30.자 이 사건 항고장에 기재된 바와 같이 민갑룡 경찰 및 윤석열 검찰이 서로 공모하여 약 2년 이상 뭉개기식 및 조작수사, 허위내용의 송치의견서 및 불기소결정서를 작성한 사실이 확인되고 있어, 고소인이 제출한 자료마저도 위·변조 및 누락시켰을 염려가 있기 때문입니다."

(별권자료 1) 2017. 9. 12.자 '검사비리사건' 재고소에 따른 고소인 진술조서 1부
(별권자료 2) 2017. 9. 12.자 피의자 성영훈, 안병익에 대한 피의자신문사항 1부
(별권자료 3) 2017. 9. 22.자 '무고사건' 피고소인 주관용에 대한 고소인 진술조서 1부
(별권자료 4) 2017. 9. 22.자 피의자 주관용에 대한 피의자신문사항 1부.
(별권자료 5) 2017. 12. 26.자 각 피의자별 신문 관련 고소인 의견서 1부.
(별권자료 6) 2018. 4. 9.자 피의자 김훈, 백방준, 임장호, 허승진(피의자 임장호 및 허승진은 추후 제출)에 대한 피의자신문사항 1부
(별권자료 7) 2018. 5. 16.자 제4차 공정수사 촉구 및 피의자 임장호, 허승진에 대한 피의자신문조서상 신문사항 1.

* 첨부 책자 : 2017. 4. 15.자 발행 사법정의 실현을 위한 새 대통령 당선조건 책자 1권(별권)

고위공직자범죄수사처 귀중

【첨부 2】

고 소 장

(고소장 기재사항 중 * 표시된 항목은 반드시 기재하여야 합니다.)

1. 고소인*

성 명 (상호·대표자)	임 찬 용	주민등록번호 (법인등록번호)	590410 - 이하 생략
주 소 (주사무소 소재지)	성남시 수정구 수정로 342번길 27-11(산성동) (현 거주지)		
직 업	LPN로컬파워뉴스 법조팀장 (前 검찰수사과장)	사무실 주소	서울시 강남구 논현로94길 13(역삼동) 예일패트빌딩 4층
전 화	(휴대폰) 010-5313-0000 (자택) - (사무실) -		
이메일			
대리인에 의한 고소	□ 법정대리인 (성명 : 연락처) □ 고소대리인 (성명 : 변호사 연락처)		

※ 고소인이 법인 또는 단체인 경우에는 상호 또는 단체명, 대표자, 법인등록번호(또는 사업자등록번호), 주된 사무소의 소재지, 전화 등 연락처를 기재해야 하며, 법인의 경우에는 법인등기부 등본이 첨부되어야 합니다.

※ 미성년자의 친권자 등 법정대리인이 고소하는 경우 및 변호사에 의한 고소대리의 경우 법정대리인 관계, 변호사 선임을 증명할 수 있는 서류를 첨부하시기 바랍니다.

2. 피고소인* : 뒷면

성 명	뒷장에 기재	주민등록번호	각 불상
주 소	(현 거주지)		
직 업		사무실 주소	
전 화	(휴대폰) (자택) (사무실)		
이메일			
기타사항			

※ 기타사항에는 고소인과의 관계 및 피고소인의 인적사항과 연락처를 정확히 알 수 없을 경우 피고소인의 성별, 특징적 외모, 인상착의 등을 구체적으로 기재하시기 바랍니다.

피고소인 명단

순번	성명	주소	범행 당시 직업	비고
1	이준호	불상	대검찰청 감찰본부장(검사장)	범죄사실 5-가항
2	김영기	〃	서울중앙지검 검사	〃
3	전해철	〃	민주당 소속 국회의원	범죄사실 5-나항
4	민갑룡	〃	경찰청장	범죄사실 5-다항
5	한종구	〃	경찰수사관(경위)	〃
6	김한호	〃	〃	〃
7	배은철	〃	경찰수사관(경감)	〃
8	김재훈	〃	〃	〃
9	성명불상	〃	검사	위 범죄사실 5-다항과 관련 경찰수사팀에게 뭉개기식 수사 및 조작수사, 불법송치를 지시한 비공식 검찰지휘라인에 있던 자
4	민갑룡	〃	경찰청장	범죄사실 5-라항
10	김혜미	〃	경찰감찰관(경위)	〃
11	김종애	〃	경찰감찰관(경감)	〃
12	이순명	〃	경찰감찰관(경감)	〃
13	윤석열	〃	검찰총장	범죄사실 5-마항
14	이윤구	〃	서울중앙지검 검사	〃
15	나하나	〃	〃	〃
16	성명불상	〃	서울중앙지검 부장검사	〃
17	성명불상	〃	서울중앙지검 차장검사	〃
18	이성윤	〃	서울중앙지검 검사장	〃
19	김 신	〃	서울고검 항고검사	〃

3. 고소취지*

*(죄명 및 피고소인에 대한 처벌의사 기재)

피고소인들은 우리나라 권력기관에 근무하고 있는 점을 십분 악용하여, 그들의 기득권을 유지하고자 응당 처리하여야 할 업무상 공적 의무를 저버리고 아래에서 소개되고 있는 '검사비리사건' 등 각 고소사건을 의도적으로 은폐하여 왔습니다.

특히, 피고소인들은 위 각 사건에 대해 경찰 및 검찰수사 과정에서 소위 뭉개기식 수사 및 조작수사를 통하여 실체적 진실을 은폐하고 사건을 왜곡하는 등 사법정의를 심각하게 훼손시켜 왔을 뿐만 아니라, 그동안 우리나라 형사사법 운영과정에서 병폐로 지적되어 온 전관예우, 권력형 비리 등을 방조하고 묵인해 온 결과, 아래 항목인 '5. 범죄사실'에 기재된 바와 같이 직권남용권리행사방해죄 및 직무유기죄, 허위공문서 작성죄 및 허위공문서 행사죄 등의 중대 범죄행위를 저질러 왔습니다.

이에, 고위공직자범죄수사처(이하, '수사처')에서는 국회 통과 시 설치목적에 부합할 수 있도록 위와 같은 피고소인들의 범죄행위에 대하여 예외 없이 엄격하고 강력한 형사처벌이라는 법집행을 행사함으로써, 우리나라가 진정으로 정의롭고 공정한 사회, 모든 국민이 직업이나 신분, 부의 축적 여부를 떠나 법 앞에 평등하고, 특권층이 없는 세상을 만들어주시기 바랍니다.

4-(1). 피고소인들이 은폐해 버린 각 사건 요지
가. '검사비리사건'

고소인은 2012. 7.경 서울동부지방검찰청 수사과 수사사무관 재직 당시, 박근혜 정부 검사장 출신이자 태평양 법무법인 고문변호사인 성영훈과 그의 부하직원 또는 후배검사로 근무한 적이 있는 대검찰청 감찰 제1과장 안병익, 서울고검 검사 김훈, 서울고검 검사 백방준(이하, '성영훈 일당')으로부터 금 54억 원 소송사기 등 피의사건(이하, '주관용사건')을 열심히 수사하였다는 이유만으로 아무런 근거 없이 위 주관용사건 고소인 홍성춘, 참고인 박재근, 상피의자(상피고인) 이차남과 함께 2차례에 걸쳐 약 1년 7개월간 통화추적, 위치추적, 계좌추적 등 모든 불법 강제처분을 받았다. 〔이하 '검사비리사건', 서울지방경찰청 사건번호 2017년도 5513호, 입건일자 2017. 8. 23.〕

위 검사비리사건 피의자들인 성영훈 일당이 고소인을 포함한 사건관계자들에 대해 위와 같이 불법 감찰수사를 실시하였던 이유는 2012. 5. 4.경 위 주관용사건 관련 민사소송(금 54억 원 공사대금 등 청구의 소) 항소심에서 이미 금 54억 원 승소판결을 받아놓은 상황에서, 대법원 판결문상 이자 포함 약 150억 원의 소송사기 범죄수익금을 착복하고자 함에 있었고, 실제로 위 주관용사건 공판과정에서 위 150억 원의 범죄수익금을 착복하려는 순간, 고소인의 목숨을 건 필사적인 저지노력30)과 당시 서울동부지방검찰청 공판검사 손아지의

---

30) 입증방법 : 이 사실 입증자료로는 고소인이 2017. 4. 15.경 당시 경찰수사권 독립을 선거공약으로 제시한 문재인 대통령 후보에게 도움이 될 수 있도록 저술한 '새대통령 당선조건' 책자 제40~48쪽에 자세히 기술되어 있음. (2014. 7. 31.자 검사비리사건 고소장 주석 16부터 주석 34까지 각 참조)

이와 관련하여 좀 더 구체적으로 살펴보면, 검사비리사건 피의자인 김훈 검사는 2013. 6.경부터 주관용 명의의 제2차 허위 진정서 및 거기에 첨부되어 있는 조작된 통화목록(91번) 등을 근거로 고소인에 대해 편파수사 및 강압수사와 관련된 감찰수사를 실시해 오면서, 이를 위 주관용사건 공판과정에서 성영훈이 소속된 태평양 법무법인 변호인들로 하여금 주관용의 무죄선고 변론에 활용토록 하기 위하여 즉각적이고도 신속하게 처리하지 아니하고, 그로인해 고소인의 서기관 승진기회까지 박탈하기에 이르자, 고소인은 2014. 1. 5. 08:00경 검찰 이프러스 게시판에 언제 끝날지도 모르는 김훈 검사의 계속된 불법 감찰수사에 항의하고, 그를 비롯한 대검 감찰부 검사들에 대한 형사처벌을 요구하는 취지의 "존경하는 김진태 검찰총장님께 드립니다"라는 게시글을 남기고 춘천 소양강

적극적인 방어로 인하여, 결국 그 뜻을 이루지 못하고 미수에 그쳤다.[31]

또한, 성영훈 일당 중 김훈, 백방준은 위 주관용사건 피의자인 주관용에 대해 무고죄로 입건하여 형사처벌을 하지 않는 등 그 직무를 유기하였다.[32]

댐에 달려가 투신자살을 시도하였으나, 차마 이를 감행하지 못하고 그다음 날 사무실에 복귀한 사실이 있음.

그러나 고소인의 자살소동을 계기로 당시 김진태 검찰총장을 비롯한 대검찰청 지휘부가 피감기관 대표인 서울동부지검 차장검사 및 감찰실시기관 대표인 서울고검 형사부장에게 고소인에 대한 감찰수사를 신속하게 마무리 짓도록 각각 지시함에 따라, 고소인은 김훈 검사 후임인 백방준 검사로부터 2014. 2. 18. 소환조사를 받은 후 같은 해 3.중순경 최종적으로 '혐의없음' 처분을 받게 됨. (이 감찰수사기록에는 김훈 검사 및 백방준 검사가 주관용의 거짓 진술 및 조작된 통화목록 91번을 근거로 고소인을 비롯한 주관용사건 사건관계자들에 대한 통화추적, 위치추적, 계좌추적 등 불법적인 감찰수사를 실시한 사실이 고스란히 기록되어 있음. 그러나 검찰에서는 2016. 5.경 검사비리사건 민사소송 수행 당시 법원으로부터 문서송부촉탁에 의한 인증등본문서 제출명령을 받았음에도 불구하고, 고소인에 대한 감찰수사기록 중 목록 및 고소인이 진술한 진술조서 이외에 어떠한 기재 내용에 대해서도 불법적으로 열람해 주지 않았음. 그럼에도 불구하고, 고소인은 이 감찰수사기록 목록만으로도 김훈 검사 및 백방준 검사의 불법적인 감찰수사 사실을 특정하고 확정 지은 바 있음. 이에 대한 입증자료로는 위 책자 제640~688쪽, 2016. 6. 14.자 검사비리사건 민사소송 준비서면 참조)

따라서 고소인은 목숨을 건 자살시도 사건을 계기로, 주관용사건 선고공판 이전에 백방준 검사로부터 위 주관용사건 수사에 대한 편파수사 및 강압수사와 관련된 모든 혐의점에 대해 무혐의 처분을 받음에 따라, 위 주관용사건 선고 공판 날짜를 불과 2주 앞둔 시점에서 2014. 4. 30.자 공판검사 손아지 명의로 된 의견서에 "고소인은 주관용 측의 부탁에 따라 약 1년 7개월 동안 대검 감찰부 및 서울고검 감찰검사실로부터 처절할 정도로 청탁감찰 및 불법감찰을 받아왔다"는 취지로 작성된 고소인 명의 진술서를 첨부하여 담당 재판부에 제출하였던 바, 그 결과 당시 공판검사 손아지가 예상하고 있던 주관용의 무죄선고를 뒤집고 주관용에게 징역 4년이라는 실형을 선고하여 법정구속을 시킬 수 있었음.(위 주석 20 참조)

31) 위 책자 제41쪽(검사비리사건 고소장 주석 20), 제46쪽(검사비리사건 고소장 주석 30), 제47쪽(검사비리사건 고소장 주석 32), 제642~643쪽, 제686~688쪽 각 참조

나. '무고사건'

위 주관용사건 피의자인 주관용은 자신에게 가해지고 있는 고소인의 수사를 방해하여 검찰에서 무혐의처분을 받거나, 기소된 후 공판과정에서 무죄선고를 받은 다음, 이에 터 잡아 위 소송사기 범죄수익금 약 150억 원을 편취할 목적으로, 고소인이 위 주관용사건을 편파적이고 강압적으로 수사하였다는 취지의 허위내용 진정서를 대검 감찰본부에 2회 제출하여 고소인으로 하여금 성영훈 일당으로부터 감찰수사를 받도록 함으로써 고소인을 무고하였다.(위 책자 제241~265쪽, 제669~670쪽 각 참조), 〔서울지방경찰청 사건번호 2017년도 6160호, 입건일자 2017. 9. 18.〕

다. '소송사기사건'

위 주관용의 변호인이자 태평양 법무법인 고문변호사인 성영훈과 그의 소송대리인 임장호, 허승진은 고소인이 2015. 9.경 서울중앙지방법원에 제기한 검사비리사건 민사소송에서 사실은 담당 재판부로부터 허위 내용의 승소판결을 받아냈음에도 불구하고, 2017. 6.경 마치 그 승소판결문이 사실인 것처럼 그 정을 모르는 사건 외 서울중앙지방법원 사법보좌관 조경애에게 제출하여 위 성영훈의 소송비용 약 1,200만 원 상당을 고소인으로부터 교부받았다. 〔서울지방경찰청 사건번호 2017년도 5513호, 입건일자 2017. 8. 23〕

4-(2). 위 각 사건의 성격(특성)

위 각 사건의 시발점 및 종착역은 당시 고소인이 수사하고 있던 위 주관용사건의 조작(무마)을 통하여 이미 승소판결을 받아놓은 관련 민사소송 항소심 판결금액 54억 원을 포함한 대법원 판결문상

---

32) 위 김훈, 백방준의 직무유기에 대한 자세한 범죄사실은 위 책자 제48~51쪽 참조

이자 포함 약 150억 원에 이르는 소송사기 범죄수익금을 착복하는데 있었으므로, 위 각 사건의 피의자 및 그 행위 태양만이 다를 뿐이지, 위 각 사건의 실체적 진실을 밝히는데 있어서는 서로 톱니바퀴처럼 맞물릴 수밖에 없고, 한 사건의 죄가 인정되면 또다른 사건 역시 자동적으로 죄가 인정되는 구조적인 특성을 갖고 있다.

특히, 위 검사비리사건은 형법상 여적죄 의미를 내포하고 있을 뿐만 아니라, 전형적인 전관예우사건이자 권력형 비리사건, 대형 부정부패 사건, 검찰조직을 악용한 국기문란사건이라는 성격을 갖고 있다.

성영훈 일당의 권력형 비리로 인해 당시 연 매출 3,000억 원 이상을 달성하고 있던 피해회사인 ㈜ 에스코넥은 부도 일보 직전까지 내몰렸고, 수천 명의 투자자들 역시 ㈜ 에스코넥의 상장 폐지로 수천억 원의 투자금액을 허공에 날릴 처지에 놓이게 되었으며, ㈜ 에스코넥 임직원은 물론 하청업체 직원을 포함한 약 3,000여 명이 직장을 잃고 길거리로 쫓겨나갈 수밖에 없는 급박한 상황까지 치달았다.

위 주관용사건의 성공적인 수사를 통해 위와 같이 급박한 상황을 해결해 온 고소인으로서는 성영훈 일당의 검찰수사권 남용이 개인적으로나 국가적으로나 얼마나 무서운 결과를 초래하여 왔는지, 그 두려움과 분노에 못 이겨 지금도 가끔씩 밤잠을 설치곤 한다.[33]

4-(3). 민갑룡 경찰 및 윤석열 검찰이 위 각 사건을 소위 뭉개기식 수사 및 조작수사를 통하여 은폐하여 왔다는 입증자료

---

33) 위 책자 제43쪽(검사비리사건 고소장 주석 24, 붙임 22), 제509~515쪽(피해 회사 측 고소인 홍성춘 고백수기), 제686~688쪽(검사비리사건 민사소송 입증 자료 갑 제8호증의 2, 갑 제8호증의 13, 14) 참조

- 위 각 사건에 대한 2020. 3. 30.자 고소인 명의의 항고장 (첨부1)

5. 피고소인들에 대한 범죄사실*

가. 피고소인 이준호, 피고소인 김영기의 각 범행34)

《사건 전개 및 배경》

고소인은 2012. 7. 2.경 서울동부지방검찰청 수사과 제1호 수사사무관으로 근무할 당시 정상적인 배당절차를 거쳐 수사과에 접수된 사건 외 홍성춘이 주관용 및 이차남을 고소한 사건(이하, '주관용사건'이라고 함)을 약 3개월 동안 수사한 후 2012. 10. 16.경 위 주관용에 대해서는 사기미수, 사문서위조, 위조사문서행사, 위증교사, 조세범처벌법위반죄로, 위 이차남에 대해서는 위증죄로 각각 불구속 송치하였고, 그와 같은 수사결과는 2012. 11. 19.경 수사지휘검사 장혜영에 의해 그대로 기소되어 2014. 5. 14.경 서울동부지방법원 제1심 판결에서 위 주관용은 징역 4년, 위 이차남은 징역 10월을 각각 선고받아 모두 법정 구속되었다.

한편, 위 주관용으로부터 사건을 수임받은 태평양 법무법인 소속 고문변호사 성영훈은 2012. 7~8.경 자신이 검찰 재직 당시 부하직원으로 근무한 적이 있는 대검찰청 감찰본부 감찰 제1과장인 안병익 검사와 공모하여,

---

34) 위 책자 제127쪽부터 제136쪽까지 기재된 부분을 그대로 옮겨놓은 내용들임. (피고소인 이준호 및 김영기에 대한 2015. 4. 30.자 검사 이동수 명의의 불기소 결정서가 허위로 작성되었다고 입증하고 있는 증거자료로는 2015. 5. 22.자 고소인 명의의 항고장, 위 책자 제195~216쪽 참조)

위 주관용사건 수사에서 고소인을 배제하여 위 주관용에게 검찰로부터 무혐의 처분을 받게 하고, 이에 터 잡아 관련 민사소송에서도 최종 승소함으로써 판결문상 법정이자 포함 약 150억 원에 이르는 승소금액을 착복할 목적으로, 대검 자체 첩보 3개를 수집한 후 이를 서울동부지방검찰청에 송부하여 고소인을 감찰하도록 지시하였다.

그러나 대검찰청 감찰본부로부터 고소인을 감찰하라는 지시를 받은 서울동부지방검찰청 석동현 검사장 등 지휘부에서는 대검 첩보 자체가 전혀 신빙성이 없는 데다 고소인이 수사를 중단할 정도로 중대한 감찰사유도 아닌 것으로 판단하여 고소인으로 하여금 위 주관용사건을 계속 수사하여 송치토록 조치하였고, 위 주관용이 2012. 11. 19.경 고소인의 수사결과를 토대로 주임검사 장혜영에 의해 기소되기에 이르자, 곧바로 위 대검 첩보 3개에 대해 고소인을 감찰하였으나 전혀 사실이 아닌 것으로 확인됨에 따라 2013. 3.중순경 대검 감찰본부의 사전승인을 받아 '혐의없음' 처분을 하였다.

위 성영훈은 당초 검찰수사단계에서 고소인에 대한 감찰을 통하여 주관용에게 '혐의없음' 처분을 받으려 하였으나, 오히려 기소되기에 이르자 2013. 6.초경 또다시 검찰 재직 당시 자신의 부하직원으로 근무한 적이 있거나 자신의 말을 잘 따랐던 서울고검 감찰검사들인 김훈, 백방준과 순차 공모하여,

 피고인 주관용에게 형사재판에서 무죄판결을 받도록 한 다음[35]),

---

35) 성영훈이 주관용에 대해 검찰수사단계에서 무혐의 처분을 받게 한 방법을 살펴 보면, 당시 주관용사건 중 소송사기 미수 부분은 이미 검찰에서 2차례에 걸쳐 무혐의 처분을 받은 전력이 있는 상황에서, 고소인이 서울중앙지검 조사과 수사 사무관, 대전지검 서산지청 수사과장 등 수사사무관 직책을 7년째 수행해 오면서 전국 수사사무관 중 직접 수사를 통해 피해규모가 큰 재산범죄 피의자를 가장

이에 터 잡아 관련 민사소송에서도 최종 승소함으로써 대법원 판결문상 법정이자 포함 약 150억 원에 이르는 승소금액을 착복할 목적으로, 주관용으로 하여금 고소인과 홍성춘 간 통화내역이 조작된 진정서를 대검 감찰본부에 제출토록 한 후, 이를 근거로 위 주관용사건 제1심 결심공판 무렵인 2014. 3. 중순경까지 고소인 및 홍성춘, 그의 변호인 홍만표 변호사의 계좌를 추적하는 등 불법·청탁 감찰을 실시하였고(이하 '검사비리사건'이라고 함), 그로 인해 2014. 7. 31.경 고소인으로부터 직권남용권리행사방해죄로 경찰에 피소되어36) 경찰 수사를 받아오던 중 2014. 10. 31.경 고소인도 모르는 사이에 불법적으로 검찰에 송치되었다.37),38)

> 많이 구속하는 등 혁혁한 수사실적을 쌓은 경험이 많을 뿐만 아니라, 6급 이하 직원과 달리 사무관인 고소인 명의로 압수수색영장 및 사전구속영장 신청 등 직접 강제처분을 실시할 자격까지 갖추고 있었기 때문에, 이전 2차례 무혐의 처분을 받을 때와 마찬가지로 고소인을 주관용사건 수사에서 배제시키고 6급 이하 직원으로 하여금 주관용사건을 수사하도록 하려는데 있었음.
>
> 또한, 성영훈이 주관용에 대해 재판과정에서 무죄선고를 받게 한 방법을 살펴보면, 주관용사건을 수사한 고소인이 2013. 3. 중순경 대검 첩보와 관련된 감찰 결과 무혐의 처분을 받게 되자, 또다시 고소인을 편파수사 및 강압수사를 한 혐의자로 몰고 가기 위해 2013. 6.경 조작된 통화목록이 첨부된 주관용 명의의 진정서를 대검 감찰부에 제출토록 한 후 이를 근거로 자신의 부하직원 또는 후배검사였던 서울고검 김훈, 백방준 검사로 하여금 고소인을 제1심 결심공판 무렵까지 계속 감찰수사를 실시하도록 하면서, 동시에 주관용사건 공판과정에서는 자신이 소속된 주관용 측 변호인으로 하여금 고소인의 편파수사 및 강압수사를 계속 주장토록 함으로써 고소인 명의로 작성된 모든 수사서류 신빙성에 타격을 가하여 담당 재판부로부터 주관용의 무죄선고를 이끌고자 함에 있었음.

36) 검사비리사건 고소장 및 그 입증자료 (위 책자 제31~56쪽)

37) 검사비리사건 불법송치와 관련된 주요 일간지 보도내용으로는 2014. 10. 31.자 발행 한국일보 기사 1부 참조 (이후 한국일보 등 주요 일간지 및 kbs, mbc 등 지상파 방송에서는 고소인으로부터 검사비리사건에 대한 실체적 진실을 취재해 갔음에도 불구하고 검찰의 로비 및 협박으로 인해 그 보도가 일체 중단됨)

38) '검사의 사법경찰관리에 대한 수사지휘 및 사법경찰관리의 수사준칙에 관한 규정'(대통령령 제25532호) 제78조(송치 지휘 등) 제①항에는 "검사는 사법

경찰관리가 수사를 진행하고 있는 사건에 대하여 수사절차상 이의가 제기되거나 동일한 사건이나 관련된 사건을 2개 이상의 기관에서 수사하는 경우 등 수사 과정에서 사건관계인의 인권이 침해될 우려가 현저하여 검사가 직접 수사할 필요가 있다고 인정되는 경우에는 즉시 사법경찰관에게 사건을 송치하도록 지휘할 수 있다"라고 규정되어 있다. 따라서 검사가 위 규정을 위배하여 경찰에서 수사 중에 있는 고소사건을 자신의 입맛에 맞게끔 처분하기 위해 송치하도록 지휘하는 행위는 경찰 수사권을 방해한 명백한 직권남용임.

특히, 고소인이 피해자의 신분으로 고소한 검찰비리사건은 말 그대로 현직 검사들의 비리에 관한 사건이기 때문에 당연히 경찰에서 수사를 해야 하고, 더 나아가 위 법령에서 규정하고 있는 내용, 즉 검사가 경찰 수사 중에 있는 사건에 대해 송치지휘를 할 수 있는 근거로서 사건관계인의 현저한 인권 침해 우려와 관련하여 살펴보면, 당시 경찰 수사팀에서는 검사비리사건을 적법절차에 따라 임의수사 방식으로 수사를 진행하고 있었기 때문에 피고소인들인 비리검사들에 대한 인권침해 우려가 전혀 없었고, 설사 강제수사를 하더라도 검사의 지휘, 통제를 받기 때문에 그에 대한 우려 또한 전혀 없으며, 오히려 검찰에서는 검사비리사건 수사에 필요한 고소인에 대한 감찰기록 등 관련자료를 경찰 수사팀에 제출하지 않은 채 수사방해가 있었고, 고소인이 경찰에 조사 요청한 참고인 홍만표 변호사마저도 검찰의 후환이 두려워 경찰 소환조사에 응하지 못하고 있었으며, 피의자 신분에 있는 비리검사들은 아예 대놓고 경찰소환조사를 거부하고 있는 상황에서 경찰 수사를 중단한 채 검사비리사건을 검찰에 송치될 경우 오히려 검찰의 사건 축소, 은폐에 따른 피해자인 고소인의 인권 침해가 더욱 심각한 상황에 놓여 있었음.

또한, 2014. 10. 23. 실시된 대검찰청 국정감사에서 감사위원 전해철 의원은 감찰본부장 이준호에게 "검사비리사건은 피해자가 경찰에 고소한 고소사건이기 때문에 검사라 하더라도 경찰수사에 응해야 하지 않겠느냐"라고 추궁하자, 검찰총장 및 감찰본부장은 이에 동의하고 경찰수사에 협조할 것을 약속하였음에도 불구하고 2014. 10. 31.경 검사비리사건이 법적 근거 없이 불법적으로 검찰에 송치된 것임. 고소인은 이에 대해 2014. 11. 1.경 국민신문고 인터넷을 통하여 경찰청장 및 서울지방경찰청장에게 1. 검사비리사건이 검찰에 송치하게 된 경위, 그 과정에서 검찰의 협박 내지 회유가 있었는지, 2. 경찰이 수사권 독립을 외칠 때마다 그 요구사항이 검찰에 의해 무산되자, "제발 검사들의 비리에 대해서만이라도 수사할 수 있는 권한을 달라"고 요구해 온 점에 비추어 볼 때, 금번 검사비리사건은 당연히 비리검사들에 대해 구속수사함이 상당함에도 구속수사는커녕 고소인의 보충진술만을 받은 채 수사를 중단하고 수사기록을 아예 검찰에 송치한 이유가 무엇인지, 앞으로 수사권독립 정책을 포기할 것인지, 3. 경찰에서 수사 도중 고소사건인 검사비리사건을 검찰에 송치하게 된 법적 근거, 송치하라고 지휘한 검사의 지휘내용 및 송치지휘 검사의 인적사항, 이와 관련된 언론 보도자료 등을 요구하였으나, 검사비리사건을 담당한 서울지방경찰청 지능범죄수사대 수사팀에서는 명확한 답변을 하지 않은 채 핵심 질의 내용에

(1) 피고소인 이준호의 범행

피고소인은 2012. 8.경부터 대검찰청 감찰본부장 직책을 수행해 오면서, 위 검사비리사건과 관련된 감찰업무를 지휘·감독하는 위치에 있었다.[39]

(a) 직권남용권리행사방해죄

피고소인은 사건 외 태평양 법무법인 고문변호사인 성영훈의 부탁을 받고 있을 뿐만 아니라, 자신의 지휘·감독을 받고 있는 사건 외 안병익, 김훈, 백방준 등과 공모하여 2014. 7. 31.자 검사비리사건 고소장에 기재된 범죄사실 '제1-가, 나항'을 범행하였다.

이로써 피고소인은 검찰공무원을 감찰하는 직권을 남용하여 약 1년 7개월간 2차례에 걸쳐 고소인을 감찰해 오면서 고소인의 위 주관용 사건 범죄수사에 관한 권리행사를 방해함은 물론 서기관 승진 기회를 박탈함으로써 고소인의 승진할 권리를 방해하였다.

대해 동문서답식 답변으로 일관하거나 이를 회피하는 답변을 보내왔고, 고소인은 2014. 11. 13.경 또다시 국민신문고 인터넷을 통하여 국민권익위원회에 동일한 내용을 질의하고 이를 답변해 달라고 요청하였으나 현재 그 답변이 오지 않고 있음. (위 책자 제75~83쪽)

39) 피고소인 이준호는 2012. 8.경부터 대검찰청 감찰본부장으로 재직해 오면서 태평양 법무법인 고문변호사 성영훈의 청탁을 받은 안병익 등 비리검사들의 고소인에 대한 감찰업무를 직접 지휘, 감독하여 왔음. (위 책자 제129쪽)

이에 따라, 고소인은 당초 이준호에 대하여도 실제 청탁·불법 감찰을 실시한 안병익 등 부장급 검사와 마찬가지로 검사비리사건 공모자로서 경찰에 고소할 예정이었으나, 검사장급인 이준호를 고소할 경우 검찰조직 차원에서 악착같이 검사비리사건을 은폐, 축소코자 경찰에 회유, 협박할 염려가 있을 것으로 판단하여 이준호를 검사비리사건 공모자로 고소하지 않았음. 그러나 돌이켜 보면 경찰 수사 중에 있던 검사비리사건이 갑자기 검찰로 불법 송치된 점에 대해 이준호가 관여했을 가능성이 매우 높다고 판단되므로 이준호를 검사비리사건 공모자로 확정짓고 금번 고소장에는 검사비리사건 피고소인으로 특정하게 된 것임.

(b) 직무유기죄

피고소인은 자신의 지휘·감독을 받고 있는 사건 외 김훈, 백방준 등과 공모하여 2014. 7. 31.자 검사비리사건 고소장에 기재된 '범죄사실 제2항'을 범행하였다.

이로써 피고소인은 사건 외 주관용을 무고죄로 처벌하지 아니하고, 오히려 고소인을 계속 감찰하는 등 정당한 이유 없이 그 직무를 행하지 아니하였다.

(c) 국회에서의 증언·감정등에 관한 법률위반

피고소인은 2014. 10. 23. 23:00경 서울시 서초구 서초동에 있는 대검찰청 회의실에서 국회 법제사법위원회가 실시한 2014년도 대검찰청 국정감사 증인으로 출석하여 선서하였다.

피고소인은 국회 법제사법위원회 소속 전해철 위원이 위 주관용 사건과 관련 "그리고 또 함께하는 민사소송도 1심과 2심이 결론이 달라지고, 대체적으로 이런 사건이지 않습니까, 그렇지요?"라고 묻자, "민사사항은 제가 잘 파악을 못하고 있습니다."라고 증언하였다.[40]

그러나 사실은 피고소인은 위 검사비리사건 진행상황을 직접 챙겨 온 최종 책임자였을 뿐만 아니라, 고소인에 대한 청탁·불법 감찰이 계속되고 있는 상황에서 고소인이 2014. 1. 5.경 검찰 이프로스 게시판에 "검찰총장님, 제 죽음으로 검찰조직을 지키렵니다"라는 주제어로 대검 감찰부 검사 등을 처벌해 달라는 취지의 비방 글을 게시하고 춘천으로 자살하러 가겠다며 사전 연가 신청 없이 근무지를 이탈한 사실과 관련

---

40) 2014. 10. 23.자 발행 대검찰청에 대한 2014년도 국정감사 법제사법위원회 회의록 1부 (위 책자 제130쪽)

하여, 검찰공무원의 품위 손상 및 직장이탈금지 의무규정을 위반한 혐의로 징계절차에 착수한 후 위 주관용사건 판결에서 주관용에게 실형 4년을 선고받을 수 있도록 훌륭한 수사를 한 고소인의 업적을 참작하여 2014. 5. 23.자 자신의 명의로 가장 낮은 수위의 경고 처분을 고소인에게 내렸기 때문에 위 주관용사건이 민사소송과 관련된 소송사기 범죄라는 사실을 어느 누구보다도 더 잘 알고 있었다.[41]

---

41) 피고소인 이준호는 "민사사항은 제가 잘 파악을 못 하고 있습니다."라고 허위 증언한 이유는 자신이 검사비리사건에 연루되어 있다는 사실을 숨기려는 의도가 있었을 뿐만 아니라, 자신의 감독하에 있던 대검 감찰부 및 서울고검 감찰검사들이 성영훈의 청탁을 받아 주관용에 대해 검찰수사에서 무혐의 처분을 받게 하거나, 공판과정에서 무죄판결을 받도록 한 후 이에 터 잡아 관련 민사소송에서 승소할 목적으로 고소인에 대해 2차례에 걸쳐 약 1년 7개월 동안 불법 감찰을 실시해 왔다는 사실을 숨기려는 의도가 있었기 때문임.

또한, 이준호가 기억에 반하는 명백한 허위 증언을 하였다고 본 근거로는, 고소인에 대한 2차례 걸친 비리검사들의 불법 감찰업무를 직접 지휘, 감독하여 왔을 뿐만 아니라, 그 감찰 결과 혐의유무를 최종 승인하는 결정권자로서의 직책을 수행해 왔고, 특히 장기간 동안 청탁, 불법 감찰수사에 불만을 품고 자살소동을 일으킨 고소인에게 직접 자신의 명의로 경고처분을 내린 바 있으며, 주관용사건 송치의견서, 공소장, 판결문 등에 기재된 범죄사실을 한번만 읽어보더라도 주관용은 공사대금 등 54억 원의 허위 채권을 받아내기 위해 홍성춘이 이사로 있는 에스코넥을 상대로 민사소송을 제기하여 제2심에서 승소함에 따라 오히려 에스코넥으로부터 형사고소를 당한 사실을 금방 알 수 있기 때문임.

이에 대한 입증자료로는 검사비리사건 고소장에 첨부된 붙임1, 붙임 9-1, 붙임 17, 주석 30(붙임 28), 붙임 29 [2014. 5. 26.자 고소인과 피고소인 이준호의 부하직원인 대검 감찰부 소속 장동철 검사와의 검찰 이프러스상 대화내용을 살펴보면, 고소인이 "대검 감찰부에서는 검찰에서 2번에 걸쳐 무혐의 처분을 받은 사건에 대해 성공적인 수사를 실시하였고, 그로 인해 주범 (주관용) 등 범법자 2명이 실형을 선고받았으며 피해자 회사 임직원 등 3,000명을 실직의 위기에서 벗어나게 한 수사사무관인 저에 대해 포상을 주고 진정인(주관용)을 무고로 구속시켜야 함에도 오히려 저를 아무런 근거 없이 1년 7개월 동안 감찰을 실시하고 이를 벗어날 수 있는 어떠한 제도적 장치가 없는 상황에서 자살하겠다고 한 수사사무관에 대해 경고라는 징계를 주다니 이게 말이 된다고 보십니까?"라고 묻자, 장동철 검사는 "사무관님이 (1년 7개월 동안 2차례에 걸친 감찰결과) 무혐의 처분되고, 관련자들이 징역 4년 등 실형이 선고된 것 모두 참작한 것입니다. 경고장 내용에 오해가 있으신 듯한데, (2014. 1. 5.자 검찰 이프러스 게시판에) 허위 글을 게시하셨다는 것이 아니라, 자살을 암시하는 글을 게시

그럼에도 불구하고, 피고소인은 자신의 기억에 반하는 허위 진술을 하여 위증하였다.

(2) 피고소인 김영기의 범행

피고소인은 2014. 8.경부터 서울중앙지방검찰청에서 검사로 근무해 온 자로서 위 검사비리사건 피의자인 성영훈과는 후배 검사이자 출신 대학교 및 동 대학원 후배 동문이다.[42]

피고소인은 경찰 소환조사 출석을 거부하고 있던 위 검사비리사건 피의자들에 대하여 2014. 10. 23.경 실시된 대검찰청 국정감사에서 검찰총장 김진태 및 대검 감찰본부장 이준호가 감사위원인 전해철 국회의원에게 경찰수사에 협조하겠다고 약속함에 따라 어쩔 수 없이 경찰수사를 피할 수 없는 상황에 이르자,[43] 그들이 경찰조사를 받을

하여 119등에 신고 되고, 소방관 등으로 하여금 출동하게 하는 등 품위손상을 하고, 무단결근을 하여 지시 위반 등을 하였다는 것입니다. 사무관님 말씀대로 이전 (주관용의) 진정사건에서 무혐의 처분을 받은 점, 이전 관련자들이 징역 4년의 실형을 선고받은 점 등은 정상참작 사유로 참작이 된 것이나, 품위손상 등 비위사실 자체는 인정되기 때문에 감찰본부장 경고 처분으로 결정된 것입니다"라고 답변하고 있어, 그 답변내용을 보더라도 피고소인 이준호는 고소인에게 경고처분을 내릴 당시 고소인이 약 1년 7개월 동안 감찰을 받아오는 동안 2번에 걸쳐 무혐의 처분을 받았을 뿐만 아니라, 고소인이 수사한 주관용에 대해 실형 4년의 판결문 내용을 참작하였다는 점 등을 명백히 하고 있음], 붙임 30. 등을 각각 들 수 있음.

[42] 법률신문사 한국법조인대관 발행 김영기 경력프로필 참조(위 책자 제131쪽) 검사비리사건 주범격인 성영훈은 이 사건 피고소인 김영기과는 약 15년의 검사 선배인 데다, 연세대 법대 및 연세대 대학원 법학과의 선배이기도 함(성영훈에 대한 프로필은 검사비리사건 고소장에 첨부된 붙임2 참조)

[43] 당시 고소인은 검사비리사건을 담당하고 있던 서울지방경찰청 지능범죄수사대 소속 신재성 경위에게 전화하여 수사진행상황을 물었더니, 신재성은 "성영훈 변호사 및 검사들에게 제2차 소환장까지 발송하였으나 이에 응하지 않고 있다"라고 답변하기에, 고소인이 "2014. 10. 23. 개최된 대검 국정감사에서 검찰총장 및 감찰본부장이 전해철 감사위원에게 경찰에서 충분한 수사가 이루어

경우 범죄 실체가 드러나 형사처벌을 면하기 어려울 것으로 판단하고 수사 중인 위 검사비리사건을 경찰로부터 불법으로 송치 받은 후44)

지도록 하겠다고 약속하였다"면서 "검사들이 경찰 소환에 불응하면 체포영장을 신청해야 되지 않겠느냐"라고 항의하였더니, 신재성은 "국정감사에서도 다루어진 만큼 검사들이 소환에 불응하면 반드시 체포영장을 신청하겠다. 다만, 경찰 수사업무 내규에는 제3차까지 소환장을 발부한 후 체포영장을 신청하게끔 규정되어 있으니, 그때까지 조금만 기달려 달라"고 답변한 사실이 있음.

44) 송치지휘검사 인적사항과 관련, 경찰에서는 2014. 11. 9.경 국민신문고 인터넷상 민원답변을 통해 "검사비리사건의 송치 경위, 검사의 송치지휘 내용 및 지휘 검사의 인적사항에 대하여는 수사사항에 해당되어 답변드릴 수 없음을 양지해 주시기 바랍니다."라고 통보해 왔으나, 피고소인은 2014. 12. 4.경 고소인과의 전화통화에서, 당초 검사비리사건 송치지휘 검사에 대해 확인해 주지 않다가, 2014. 12. 15.경 고소인과의 통화에서는 "송치 지휘검사는 저입니다." (2014. 12. 15.자 고소인과 피고소인 김영기와의 전화통화 녹취록 1부, 위 책자 제114~121쪽)라고 사실상 시인하였음.

또한, 검사비리사건 송치지휘에 대한 불법성과 관련, 피고소인은 2014. 12. 4.경 고소인과의 통화에서, 고소인이 피고소인에게 "경찰에서 수사 중인 사건이 아무 근거 없이 송치하면 그 자체가 불법 아닙니까. 그것도 고소사건인데⋯."라고 따지자, 피고소인은 "지금 그걸 가지고서 저하고 얘기하려고 전화드린 것은 아니고요."라고 고소인의 질의에 답변을 회피하였고, 다시금 고소인이 피고소인에게 "아니, 그러니까 검사님이 지금 제 기록(고소한 기록)을 가지고 있는 자체가 불법이라서 제가 말씀드리는 겁니다. 지금 제가 오죽했으면 언론플레이까지 하려고 마음먹고 있어요. 왜 경찰에서 수사 중인 사건을 그것도 국정감사에서 총장이나 감찰본부장이 경찰에 수사협조하고 비리검사들 소환에 차질 없다고 확답한 사건을 왜 검찰에서 불법적으로 강탈해 가버렸나 이 말이에요. 검사님 그걸 어떻게 생각하세요 그걸⋯."이라고 재차 답변을 요구하자, 피고소인은 "지금 그것 때문에 전화를 드린 것은 아니에요. 추가적으로 제출할 자료가 있느냐, 그걸 확인해서⋯."라고 재차 답변을 회피하였으며, 다시금 고소인이 피고소인에게 "지금 검찰이 내 사건(고소사건)을 왜 강탈해 갔냐 이거죠. 지금 그 법률 근거가 '검사의 사법경찰관리에 대한 수사지휘 및 사법경찰관리의수사준칙에 관한규정' 대통령령이거든요. 대통령령을 아무리 씻고 봐도 그런 규정 없어요. 검찰에서는 경찰이 검찰로 연장품신 올린 기록을 갖다가 왜 말도 안 되는 지휘를 내려가지고 사건을 강탈해 갔나, 이것이 제가 지금 밝히려는 내용이거든요. 사실⋯."이라고 끈질기게 검사비리사건 송치와 관련된 불법성을 지적하자, 피고소인은 (한숨을 크게 쉬면서) "지금 말씀하신 취지는 잘 알겠습니다."라고 답변하였고, 나아가 고소인이 피고소인에게 "그리고 검사님(피고소인)이 어떤 분인지 모르지만 설령 검사님이 사건을 강탈해 갔다고 하더라도 양심적인 검사 같으면은 제가 (검찰에) 나가서 모든 걸 추가적으로 할 말도 하겠고, 또 같이 수사도 협조해 주고 실제 진실을 밝히기 위해서 모든 걸 할 수 있어요. 용의가 있어요.

이를 각하처분하기로 마음먹었다.

(a) 위 검사비리사건 사건송치지휘에 대한 직권남용권리행사방해죄

피고소인은 수사 중에 있는 위 검사비리사건을 경찰로부터 송치 받더라도 이를 수사할 능력이나 의사가 전혀 없었다.[45]

> 근데 검사님은 (검사비리사건) 피의자의 주범격인 성영훈 변호사하고 연세대 법대 후배이고, 대학원까지 후배더라고요. 그런데 내가 어떻게 검사님한테 가서 모든 진실을 밝히겠냐 이거죠"라고 사건송치 지휘와 관련된 순수성을 의심하자, 피고소인은 "그렇게까지 말씀하시면 할 말이 없어요"라는 취지로 사실상 송치 지휘와 관련된 불법성을 시인하는 듯한 태도를 취하고 있음.
>
> 그 이후 고소인은 피고소인이 2014. 12. 10.경 검사비리사건을 일방적으로 기각하고 난 다음, 이에 항의코자 2014. 12. 15.경 피고소인에게 전화를 걸어 "검사님이 불법으로 송치지휘를 하였기에 사건 자체를 맡을 수 없는 자격이란 말이에요. 송치지휘를 한 근거가 뭐냔 말이죠, 그 근거가…"라고 이전 전화통화 때와 마찬가지로 따지자, 피고소인은 "(검사비리사건) 피고소인들이 검찰에서 직접 조사를 해달라고 진정서가 접수가 되었습니다. 경찰에도 접수가 된 것처럼…."이라고 답변하였음.
>
> 살펴보건대, 경찰에서 수사 중에 있었던 검사비리사건 피고소인들은 현직 부장검사급 이상 검찰간부인 점에 비추어 볼 때, 일개 평검사에 불과한 피고소인이 자신의 상사들을 직접 조사하여 처리하겠다는 자체가 생선가게를 고양이에게 맡긴 격으로 아예 대놓고 각하처분을 하겠다는 의미와 다를 바 없으며, 검사비리사건 피고소인들이 오히려 경찰 소환조사에 불응하고 검찰일반직 간부인 고소인에 대해 약 1년 7개월 동안 청탁, 불법 감찰을 실시해 온 당사자들이었다는 점에서 관련 법령에 규정한 내용대로 경찰수사로 인한 검사비리사건 피고소인들의 인권침해 우려가 현저할 수 있다고 볼 수 없는 것은 당연하고, 더 나아가 피고소인 김영기의 검사비리사건 수사기피로 인하여 오히려 고소인의 인권이 침해되는 것이 불을 보듯 뻔한 상황에서 피고소인의 검사비리사건 송치지휘에 대한 법적근거는 전혀 찾아볼 수 없고, 결국 피고소인 스스로 법적근거 없이 부당한 송치지휘를 한 사실을 자인함 셈에 불과함.

45) 이 점에 대해서는 수차례 언급한 바와 같이, 검사비리사건 피고소인 중 주범격인 태평양 법무법인 성영훈 고문변호사가 피고소인이 졸업한 연세대학교 법학과 및 연세대학교 대학원 법학과 선배이고, 검사비리사건 피고소인 안병익, 김훈, 백방준은 조만간 검사장급 승진대상자로서 검사동일체원칙 및 상명하복관계가 철저한 검찰조직의 특성상 일개 평검사에 불과한 피고소인이 그들을 소환조사하여 조사한다는 자체가 사실상 불가능함. 설사 백번 양보하여 피고소인이 성영훈, 안병익, 김훈, 백방준을 소환하여 조사한다고 하더라도, 검사비리사건 고소장에

그럼에도 불구하고 피고소인은 2014. 10. 31.경 서울중앙지방검찰청 자신의 사무실에서 경찰 수사팀에게 "피고소인들로부터 검찰에서 직접 조사를 해달라는 취지의 진정서가 접수되어 검찰에서 직접 수사를 할 예정이니 그대로 송치하기 바람"이라는 취지로 수사지휘를 하였다.[46]

이로써 피고소인은 검사로서의 수사지휘권을 남용하여 경찰에서 수사 중에 있는 검사비리사건에 대해 수사를 중단하고 그대로 송치 토록 지휘하여 경찰의 위 검사비리사건 범죄수사에 관한 권리행사를 방해하였다.

(b) 위 검사비리사건 각하처분에 대한 직권남용권리행사방해죄

피고소인은 2014. 12. 10.경 서울중앙지방검찰청 자신의 사무실에서 전항과 같이 불법으로 송치 받은 위 검사비리사건에 대해 전혀 수사를 진행하지 않은 채 허위내용의 불기소결정서를 작성하는 수법으로 각하처분 하였다.[47],[48]

이로써 피고소인은 검사에게 부여된 형사사건 종국처분권을 남용

첨부된 수많은 증거자료로 인해 그들을 무혐의로 처분한다는 것은 사실상 불가능 하기 때문에 피고소인이 수사지휘권을 남용하여 검사비리사건을 불법으로 송치받은 후 이를 수사도 하지 않은 채 각하처분을 할 수밖에 없는 사실은 너무나도 명백함.

46) 송치지휘 내용에 대해서는 2014. 12. 15.경 고소인이 피고소인과 통화한 내용 중에서 발췌한 것임. (위 책자 제120쪽 참조) 특히, 경찰에서 수사중인 검사 비리사건이 어떻게 검찰로 송치하게 되었는지, 그 경위를 반드시 수사하여 주시고, 그 과정에서 검찰의 경찰에 대한 협박 내지 회유가 발견된다면 그 점에 대하여도 공무집행 방해 등의 범죄로 처벌해 주시기 바람.

47) 2014. 12. 10.자 피고소인 명의의 불기소결정서 1부 (위 책자 제84~85쪽)

48) 피고소인 명의로 작성된 불기소결정서가 허위내용으로 작성되었다는 입증자료 로는 2015. 1. 2.자 고소인 명의의 항고장 1부 (위 책자 제87~113쪽)

하여 고소인의 위 검사비리사건에 대한 정당한 수사를 받을 권리행사를 방해하였다.

(c) 허위공문서작성죄 및 동 행사죄

피고소인은 전항과 같은 일시, 장소에서 위 검사비리사건 피의자들에게 면죄부를 주고, 나아가 '검찰 제 식구 감싸기'라는 '영구불변의 법칙'을 실현시키기 위해 위 검사비리사건 불기소결정서를 허위내용으로 작성하여 이를 행사하기로 마음먹었다.

피고소인은 사실은 위 검사비리사건 경찰 수사기록상 고소인이 이미 제출한 증거자료만으로도 각 피의자들의 범죄사실이 충분하고도 넉넉하게 인정됨에도 불구하고, 거기에 나타난 사실관계를 왜곡하고 이를 대법원 판례에 억지로 꿰맞추는 방식으로 2014. 12. 10.자 위 검사비리사건 불기소결정서를 허위내용으로 작성하였다.(구체적 허위기재 내용은 2015. 1. 2.자 고소인 명의의 항고장 참조)

이로써 피고소인은 행사할 목적으로 공문서인 위 불기소결정서를 허위로 작성한 후, 마치 이를 사실대로 작성된 것처럼 그 즉시 자신의 사무실에 비치하는 등 행사하였다.

나. 피고소인 전해철의 범행[49]

피고소인은 2014. 10. 23. 23:00경 서울시 서초구 서초동에 있는 대검찰청 회의실에서 당시 야당인 민주당 소속 국회의원이자 국회 법제사법위원회 감사위원 신분으로 '2014년도 대검찰청 국정감사'를

---

[49] 피고소인 전해철의 범행과 관련된 신문기사 (2020. 4. 18.자 LPN로컬파워뉴스) 참조. (첨부 2)

실시하였다.

피고소인은 위 국정감사를 실시하는 과정에서, 박근혜 정부하에 있는 강신명 경찰에서 수사 중에 있던 위 검사비리사건과 관련, 검찰총장 김진태 및 감찰본부장 이준호로부터 "위 검사비리사건에 연루된 현직 검사 전원을 경찰 소환조사에 응하도록 조치를 취하는 등 경찰수사에 적극 협조하겠다."는 취지의 약속을 받아냈다.[50]

이에 따라, 피고소인은 국회 법제사법위원회 감사위원으로서 추후 행정부 소속 김진태 검찰이 '제 식구 감싸기' 차원에서 위 검사비리사건을 은폐하기 위해 경찰수사를 방해하는지 감독하여야 할 업무상 의무가 발생하였다.

(1) 직권남용권리행사방해죄

피고소인은 사건 외 검찰총장 김진태가 자신의 약속을 채 1주일밖에 지나지 않은 시점인 2014. 10. 31.경 위 검사비리사건을 은폐하기 위해 서울중앙지검 검사 김영기로 하여금 경찰수사를 중단시키고 사건을 불법으로 송치 받아 2014. 12. 10.자 불기소결정서를 허위내용으로 작성하도록 한 사실을 인식하게 되었다.[51]

그럼에도 불구하고, 피고소인은 이듬해인 2015년도 대검찰청 국정감사에서 검찰총장 김진태의 위와 같은 위 검사비리사건 은폐행위에

---

50) 2014. 10. 23.자 발행 대검찰청에 대한 2014년도 국정감사 법제사법위원회 회의록 1부. (위 책자 제130쪽)

51) 이에 대한 자세한 내용은 앞서 게재한 피고소인 김영기에 대한 고소내용(범죄사실) 참조

대해 의도적으로 감사를 실시하지 아니하고 이를 묵인·방조하였다.52)

이로써 피고소인은 위 검사비리사건에 대한 고소인의 정당한 검찰 수사를 받을 권리를 침해하였다.

(2) 뇌물수수죄

피고소인은 2015년도 실시된 대검찰청 국정감사에서 김진태 검찰총장의 위 검사비리사건 은폐 사실을 묵인·방조한 대가로 무형의 이익을 취득하였다.53)

이로써 피고소인은 위 검사비리사건에 대한 국정감사 업무와 관련

---

52) 피고소인이 2014년도 대검찰청 국정감사와 달리 2015년도 대검찰청 국정감사에서는 김진태 검찰의 위 검사비리사건 은폐와 관련된 국정감사를 의도적으로 실시하지 않았다는 입증자료로는, ① 고소인이 피고소인 보좌관인 김동일 비서관(010-7310-0000)에게 김진태 검찰의 위 검사비리사건 은폐를 입증할 수 있는 모든 자료를 넘겨주면서 이를 재차 감사해 달라고 요청하였음에도, 피고소인은 이를 거부해 왔다는 점, ② 고소인은 피고소인이 위 검사비리사건 은폐에 대한 국정감사 실시를 거부함에 따라, 어쩔 수 없이 그 내용과 자료를 2015. 9. 7.경 국회 의정종합지원센터 민원부서에 '2015 국정감사 안건채택 및 검사비리 수사처 제도신설 요청'이라는 제목을 달아 제출하였다는 점에 있음. (첨부 3)

53) 여기에서 말하는 무형의 이익이란 대표적으로 사건 바꿔치기(피고소인이 자신에게 이해관계가 있는 사건을 검찰에 선처해 주도록 부탁한 대신 위 검사비리사건 은폐에 대한 국정감사를 실시하지 않는 것)나 정치적 거래까지를 포함하는 포괄적인 개념을 의미함.

피고소인의 뇌물수수 혐의가 짙다고 보는 이유는 국정감사에서 행정부의 부정과 부패를 감시·감독해야 할 야당 국회의원인 피고소인이 증거관계가 명백하고 범죄수익금 약 150억 원의 향방까지 걸린 위 검사비리사건에 대한 은폐를 묵인·방조하였다는 자체가 도저히 있을 수 없는 일이기 때문임.

따라서, 위 검사비리사건에 대한 국정감사 중단과 관련하여 피고소인과 김진태 검찰과의 사이에 대가성 있는 거래관계를 면밀하고도 세밀하게 수사처 조사가 이루어져야 할 것임.

하여 액수 미상의 뇌물을 수수하였다.

(3) 직무유기죄

피고소인은 2015. 10. 6.경 대검찰청 국정감사장에서 김진태 검찰총장이 전년도 국정감사 수감 시 위 검사비리사건 연루 검사들에 대한 경찰 소환조사 실시 약속을 파기한 사실, 나아가 위 검사비리사건을 아예 은폐까지 한 사실을 잘 알고 있었다.

그럼에도 불구하고, 피고소인은 위 시경, 장소에서 김진태 검찰총장을 상대로 전년도 약속 파기 사실은 물론 위 검사비리사건 은폐와 관련된 국정감사를 의도적으로 실시하지 않았다.

이로써 피고소인은 위 검사비리사건에 대한 국정감사 직무를 정당한 이유 없이 행하지 아니하였다.

다. 민갑룡 경찰 및 성명불상 검사의 각 범행(위 각 사건 은폐행위)

피고소인 민갑룡은 2018. 7.경부터 문재인 정부 제21대 경찰청장으로 재직 중에 있는 자, 피고소인 한종구, 김한호는 위 각 사건에 대한 수사 담당자(직급 : 경위), 피고소인 배은철, 김재훈은 위 각 사건에 대한 수사팀장(직급 : 경감)[54], 피고소인 성명불상 검사는 위 검사비리사건 피의자들인 성영훈 일당에게 면죄부를 주기 위해 위 각 사건을 수사 중에 있던 경찰수사팀에게 뭉개기식 수사 및 조작수사, 불법송치를

---

54) 피고소인 한종구는 2018. 1. 26.경부터 2018. 5. 7.경까지, 피고소인 김한호는 2018. 5. 8.경부터 송치날짜인 2019. 9. 19.경까지 위 각 사건 수사를 담당하였고, 피고소인 배은철은 위 검사비리사건 수사 시점인 2017. 8. 23.경부터 2019. 7.월 말까지 피고소인 김재훈은 2019. 7.월 말부터 위 각 사건 송치날짜인 2019. 9. 19.경까지 수사팀장을 맡은 바 있음

암암리에 지시한 비공식 검찰 지휘라인에 있던 자이다.55)

---

55) 피고소인 민갑룡을 비롯한 위 각 사건 경찰수사팀이 비공식 검찰 수사지휘라인인 성명불상 검사로부터 부당한 지시를 받고 위 각 사건에 대해 뭉개기식 수사 및 조작수사로 일관해 왔다고 보는 근거는 다음과 같다.

① 고소인과 민갑룡 경찰청장은 검사들의 중대범죄인 위 검사비리사건에 대한 실체적 진실을 밝히고, 이에 터 잡아 제19대 문재인 대통령 후보의 선거공약인 경찰수사권독립을 실현시키기 위해 수년간 동고동락을 해왔던 고향 선·후배 로서의 절친한 사이였다. 〔이에 대한 구체적인 내용은 2019. 9. 22.자 '민갑룡 경찰청장에게 배신과 변절을 강요한 배후는?'이라는 제하의 LPN로컬파워뉴스 신문기사 1부 (첨부 4) 참조〕

이를 부연 설명하면, 민갑룡 경찰청장은 자신의 평생 철학인 경찰 수사권독립을 위한 방안의 일환으로 경찰청 기획관으로 근무할 당시 2014. 7. 31.자 검사비리사건 고소장(위 책자 제31~56쪽)을 직접 경찰청 민원실에 접수시켜 서울지방경찰청 지능범죄수사대로 하여금 수사하도록 배려하였고, 위 각 사건 중 검사비리사건 및 소송사기사건 고소장 역시 2017. 7.경 자신이 서울지방경찰청 차장 근무 당시 일선 경찰서에 내려보내지 아니하고 서울지방경찰청 지능범죄수사대에서 직접 수사하도록 조치한 바 있다.(무고사건 고소장은 추후 고소인에 의해 서울지방경찰청에 접수되어 검사비리사건 및 소송사기사건 고소장과 병합됨)

그러나 피고소인 민갑룡은 2018. 7.경 경찰청장으로 임명되자마자, 위 각 사건 수사를 담당하고 있던 경찰수사팀에게 철저한 수사를 하도록 지시하기는커녕, 오히려 경찰수사팀이 그동안 보여 왔던 성영훈 일당에게 면죄부를 주기 위한 뭉개기식 수사 및 조작수사를 묵인하고, 조작수사를 실시한 한종구 수사관에 대해서는 후술하는 바와 같이 서울지방경찰청 청문감사담당관실로 하여금 허위내용의 공문서를 작성하여 무혐의 처분을 내리도록 하였으며(후술하는 '첨부 11' 참조), 더 나아가 경찰수사팀으로 하여금 위 각 사건에 대한 허위내용의 송치의견서를 작성하여 불법송치하도록 하였다.

당초 경찰수사를 통하여 위 검사비리사건에 대한 실체적 진실을 밝히고자 했던 민갑룡의 태도가 위와 같이 180% 바뀐 이면에는 당시 조국 청와대 민정수석 등 문재인 정권 핵심인사의 지시 또는 위 각 사건에 대한 경찰수사를 지휘하고 있는 검찰 핵심인사의 지시가 있었음을 의미한다.

② 피고소인 한종구 수사관은 2018. 4. 11.(수) 위 각 사건 중 무고사건 피의자 주관용과 고소인 간 대질조사를 실시한다는 명목하에 성영훈 일당에게 면죄부를 주기 위한 조작수사를 실시하였다. 그로 인해 한종구 수사관은 서울지방경찰청 청문감사담당관실(담당자 : 김혜미 경위)에서 2018. 12. 3.(월) 고소인과 대질조사를 받았던 바, 그 자리에서 한종구 수사관은 걸려오는 자신의 핸드폰으로 전화를 받을 당시 "네. 검사님" 하고 호칭을 하면서 조사실 밖으로 뛰어나가는

한편, 위 각 사건 중 검사비리사건 및 소송사기사건은 2017. 8. 23. 서울지방경찰청에 입건(사건번호 : 2017-5513)되었고, 무고사건은 2017. 9. 18. 서울지방경찰청에 입건(사건번호 : 2017-6160)되었다.

피고소인들은 고소인의 요청56)에 따라 위 각 사건을 병합한 후 성명불상 검사로부터 비밀리에 모종의 지시를 받아가면서 성영훈 일당에게 면죄부를 주기 위하여 약 2년 이상 뭉개기식 수사 및 조작수사로 대응

장면이 고소인에 의해 포착되었다.

그 반면, 고소인은 한종구 수사관과 대질조사를 받기 이전에 서울지방경찰청 청문감사담당관실에 한종구 수사관과 성명불상 검사와의 내통사실 확인이 필요하다며, 통화내역 조회 및 계좌추적을 실시해 줄 것을 강력하게 요구하였으나, 서울지방경찰청 청문감사담당관실 김혜미 감찰관은 자신들에게 검찰과 달리 피감찰자 한종구에 대한 강제수사 권한이 없다며 이를 거절하였다.

결국, 서울지방경찰청 청문감사담당관실에서는 한종구 수사관에 대해 면죄부를 줄 것을 마음먹고, 한종구가 2018. 12. 3.(월) 고소인과의 대질조사 과정에서 조작수사 사실에 대해 사실상 자백취지로 진술하였음에도 불구하고, (후술하는 '첨부 17' 참조), 2018. 12. 16.경 허위내용의 공문서를 작성하는 수법으로 '혐의없음' 처분 (후술하는 '첨부 18' 참조)을 하였다.

③ 한종구 수사관의 후임자인 김한호 수사관은 고소인과의 수차례 통화를 통해 검찰의 부당한 지시를 받아 위 각 사건에 대해 뭉개기식 수사 및 조작수사, 나아가 불법송치한 사실을 시인해 왔다. (후술하는 '첨부 12' 참조)

56) 고소인이 약간의 시차를 두고 무고사건을 추가로 고소한 후 이를 병합 처리해 달라고 요청한 이유는 앞서 고소한 위 검사비리사건 및 소송사기사건 피고소인들에 대한 범죄사실을 100% 확정짓고자 함에 있었다. 이는 위 각 사건 중 한 사건의 범죄사실이 인정되면 또 다른 사건의 범죄사실 역시 자동적으로 인정될 수밖에 없는 법리적인 결과를 낳게 한다. 그와 같은 이유 때문에 민갑룡 경찰은 주관용에 대한 무고죄 범죄사실이 수많은 증거자료에 의해 명명백백하게 입증되고 있음에도 불구하고 성영훈 일당에게 면죄부를 주기 위한 방안으로 주관용에게도 '혐의없음'이라는 허위내용의 의견을 달아 윤석열 검찰에 송치하였고, 윤석열 검찰은 여기서 한걸음 더 나아가 더 강력한 허위 내용인 '각하처분'으로 쐐기를 박았다는 사실을 2020. 3. 30.자 고소인 명의의 항고장 (첨부 1) 기재내용에서 이미 살펴본 바 있다.

해 오다가57), 그 조작수사가 검찰 수사과장 출신인 고소인에 의해 적발되자, 2019. 9. 16.경 아예 위 각 사건에 대한 허위내용의 송치 의견서를 작성한 후 이를 검찰에 불법송치하였다.58)

(1) 피고소인 민갑룡, 피고소인 한종구, 피고소인 김한호, 피고소인 배은철, 피고소인 김재훈의 공동범행

(가) 직무유기죄

피고소인들은 2017. 8. 23.경부터 위 각 사건에 대해 수사에 착수하였을 경우에는 사법경찰관리 수사준칙에 따라 2개월 이내에 신속하게 수사를 마무리하고 이를 검찰에 곧바로 사건을 송치하여야 한다.

---

57) 피고소인들이 위 각 사건에 대해 통상 2개월 이내에 수사를 마무리 하여야 한다는 관련 법령규정(검사의 사법경찰관리에 대한 수사지휘 및 사법경찰관리의 수사준칙에 관한 규정 제57조 제1항, 대통령령 제28211호, 2017. 7. 26.)에도 불구하고 약 2년 이상 뭉개기식 수사 및 조작수사로 대응해 왔다는 입증자료로는,

2017. 12. 26.자 검사비리사건 관련 공정수사 촉구 공문 (첨부 5), 2018. 3. 5.자 검사비리사건 관련 공정수사 재촉구 공문 (첨부 6), 2018. 4. 4.자 검사비리사건 관련 공정수사 제3차 촉구 공문 (첨부 7), 2018. 4. 16.자 한종구 수사관 교체 및 특별감찰 실시 요구 (첨부 8), 2018. 8. 3.자 검사비리사건 은폐수사를 또다시 시도하고 있는 현 경찰수사에 대한 답변요청 (첨부 9), 2018. 10. 1.자 경찰청장 민원 제기에 대한 허위답변내용 통지(허위공문서 작성죄 성립) 및 제5차 공정수사 촉구 요청 (첨부 10), 2018. 12.경 고소인과 민갑룡 경찰청장 간 위 각 사건 뭉개기식 수사 및 조작수사와 관련된 통화녹음 파일 USB 1개 (첨부 11), 2018년부터 2020년까지 고소인과 위 각 사건 수사 담당자 김한호 간 뭉개기식 수사 및 조작수사와 관련된 수차례 통화녹음 파일 USB 1개 (첨부 12) 등을 제시함. 그러나 이들 증거자료보다 가장 명백하고 확실한 입증자료는 위 각 사건에 대한 수사기록 자체라고 할 수 있음.

58) 피고소인들이 위 각 사건에 대해 허위내용의 송치의견서를 작성하여 검찰에 불법으로 송치하였다는 입증자료로는 2020. 3. 30.자 위 각 사건에 대한 고소인 명의의 항고장 (첨부 1)을 제시함.

특히, 위 각 사건 중 검사비리사건 범죄사실과 관련하여 사건 외 김훈, 백방준의 직무유기 죄책에 대해서는 공소시효가 2019. 3. 30.경으로 예정되어 있었으므로 그 이전에 검찰에 송치하여야 할 업무상 임무가 있다.

그럼에도 불구하고, 피고소인들은 성명불상 검사로부터 모종의 지시를 받고 위 각 사건을 은폐할 목적으로 약 2년 이상 뭉개기식 수사 및 조작수사로 대응해 오다가, 2019. 9. 16.경 고소인 몰래 허위내용의 송치의견서를 작성하여 검찰에 송치하였다.

이로써 피고소인들은 정당한 이유 없이 위 검사비리사건 중 직무유기 죄책부분 공소시효를 완성시키는 등 위 각 사건에 대한 수사를 실시하지 아니하고 그 직무를 유기하였다.

(나) 허위공문서작성죄 및 동 행사죄

피고소인들은 위 각 사건을 은폐하기 위해 허위내용의 송치의견서를 작성하여 이를 행사하기로 마음먹었다.

이에 따라, 피고소인들은 2019. 9. 16.경 서울시 중랑구 묵2동에 있는 서울지방경찰청 지능범죄수사대 사무실에서 '사법경찰관 경위 김한호' 명의로 위 각 사건 송치의견서(구체적인 허위내용은 2020. 3. 30.자 위 각 사건에 대한 항고장 참조, 첨부 1)를 허위로 작성하였다.

이로써 피고소인들은 행사할 목적으로 공문서인 위 각 사건에 대한 송치의견서를 허위내용으로 작성하여 그 즉시 이를 검찰에 송치하는 등 행사하였다.

(2) 피고소인 성명불상 검사의 직권남용권리행사방해죄

피고소인은 성영훈 일당에게 면죄부를 줌과 동시에 검찰조직에서 발생한 검사들의 중대한 범죄가 외부에 드러나는 것을 막기 위하여 위 각 사건을 수사하고 있는 경찰 수사팀에게 비공식 지휘절차를 통하여 전항과 같이 2년 이상의 기간 동안 뭉개기식 수사 및 조작수사를 지시하였다.

당시 경찰 수사팀에서는 위 각 사건 피의자들이 증거를 인멸하거나 도주할 우려가 상존하였으므로 가급적 빠른 시일 이내에 고소인이 이미 제출해 놓은 "위 각 사건 피의자들에 대한 피의자신문조서상 신문사항"[59])을 토대로 피의자신문을 각각 실시하고 이를 근거로 사전구속영장을 신청하여야 할 입장에 놓여 있었다.

그럼에도 불구하고, 피고소인은 경찰에 대한 수사지휘권을 남용하여 위 각 사건에 대한 은폐수사 및 조작수사를 지시하고 이를 검찰에 송치하도록 함으로써 경찰 수사팀의 위 각 사건 범죄수사에 관한 권리행사를 방해하였다.

---

[59]) 위 각 사건 피의자신문조서상 신문사항에 대해서는 각 피의자들이 부인을 하든 말든, 동문서답을 하든 말든, 묵비권을 행사하든 말든, 경찰수사관의 신문내용에 말꼬리를 잡든 말든, 어떠한 경우에 있어서도 반드시 이를 근거로 사전구속영장을 신청할 수 있게끔 작성되었다.

그 이유는 고소인이 제출한 위 각 사건 피의자신문조서상 신문사항들은 각 피의자들이 거짓말을 할 수 없도록 관련 증거를 제시하면서 작성되었기 때문이다. 이에 대한 입증자료는 "2017. 9. 12.자 피의자 성영훈, 안병익에 대한 피의자신문조서상 신문사항 (첨부 13)", "2017. 9. 22.자 피의자 주관용에 대한 피의자신문조서상 신문사항 (첨부 14)", "2018. 4. 9.자 피의자 김훈, 백방준, 임장호, 허승진에 대한 피의자신문조서상 신문사항 (첨부 15)", "2018. 5. 16.자 제4차 공정수사 촉구 및 피의자 임장호, 허승진에 대한 피의자신문조서상 신문사항 (첨부 16)" 각 참조

라. 민갑룡 경찰조직 중 감찰 부서를 통한 조직적 사건은폐 범죄

피고소인 민갑룡은 2018. 7.경부터 제21대 경찰청장으로 재직 중에 있는 자, 피고소인 김혜미(직급 : 경위)는 위 각 사건 수사를 담당한 바 있는 한종구 수사관(직급 : 경위)에 대한 감찰 담당자, 피고소인 김종애(직급 : 경감), 피고소인 이순명(직급 : 경정)은 공문서 결재라인에 있는 피고소인 김혜미의 각 상급자이다.

피고소인들은 고소인으로부터 "2018. 4. 16.자 사건무마 수사를 꾀하고 있는 한종구 수사관 교체 요구 및 특별감찰 실시 의뢰"라는 민원(첨부 8)을 제출받았고, 2018. 8. 초경 및 같은 해 10. 초경 "2018. 8. 3.자 '검사비리사건' 은폐수사를 또다시 시도하고 있는 현 경찰수사에 대한 답변요청"이라는 민원(첨부 9) 및 "2018. 10. 1.자 경찰청장 민원제기에 대한 허위 답변내용 통지 및 제5차 검사비리사건 공정수사 촉구 요청"이라는 민원(첨부 10)을 각각 제출받았다.

피고소인들은 위와 같이 제출받은 민원 중 2018. 4. 16.자 민원을 근거로 2018. 5. 7.경 한종구 수사관에 대해 위 각 사건 수사업무에서 배제시키고 그 즉시 감찰조사를 실시하기로 하였다.

이에 따라, 피고소인들은 2018. 12. 3.(월) 서울지방경찰청 청문감사담당관실에서 감찰대상자 한종구와 고소인 간 감찰 대질조사를 실시하였다.

당시 피고소인들이 위 감찰 대질조사에서 밝혀야 할 핵심 쟁점사항으로는, 감찰대상자 한종구가 2018. 4. 11.(수) 고소인과 무고사건 피의자 주관용 간 대질조사를 실시하는 과정에서 "사실은 무고사실 범죄사실이 고소인으로부터 제출받은 증거자료에 의해 이미 확정된 상태에서 더 이상 무고사건에 대한 조사는 필요가 없음에도 불구하고, 무고사건에 대한 대질조사를 실시한다는 명목을 달아, 무고사건과 전혀 관련이 없는 성영훈 일당에게 면죄부를 주기 위한 질문만을 골라 고소인에게 원하는 답변이 나올 때까지 피의자 다루듯이 추궁한 사실이 있는지"의 여부에 달려 있었다.60)

(1) 허위공문서작성죄

피고소인들은 위 일시, 장소에서 고소인과의 감찰 대질조사를 통해 감찰대상자 한종구로부터 사실상 위 쟁점사항에 대한 자백 취지의 진술을 받아냈음에도 불구하고,61) 그에게 면죄부를 주고 더 나아가 위 검사비리사건을 은폐하기 위해 허위내용의 공문서를 작성하기로 마음먹었다.

이에 따라, 피고소인들은 2018. 12. 19.경 서울지방경찰청 청문감사 담당관실에서 행사할 목적으로 위 대질 감찰조사의 결과보고서 성격인 '민원처리 결과 회신'(첨부 18)이라는 공문서를 허위내용으로 작성 하였다.

(2) 허위공문서행사죄

피고소인들은 전항과 같이 작성된 허위공문서를 그 즉시 고소인에게 통보하는 등 이를 행사하였다.

---

60) 이에 대한 입증자료로는 앞서 이미 제시한 첨부 8부터 첨부 12까지 각 참조

61) 이에 대한 입증자료로는 (첨부 8), (첨부 11), "2018. 12. 7.자 감찰요청자 (고소인)와 감찰대상자 한종구 간 대질신문 관련 추가 증거자료 제출 (첨부 17)"이라는 제목의 민원서류 1부. 그러나 가장 확실한 입증자료는 위 각 사건 수사기록에 편철되어 있는 한종구 수사관이 실시한 2018. 4. 11.자 고소인과 주관용 간 대질조서 그 자체 및 김혜미 감찰관이 실시한 2018. 12. 3.자 고소인과 한종구 간 감찰 대질조서 그 자체라고 할 수 있음.

마. 윤석열 검찰의 조직적 사건은폐 범죄

피고소인 윤석열62)은 2017. 5.경부터 2019. 7.경까지 서울중앙지방검찰청 검사장, 2019. 9.경부터 현재에 이르기까지 검찰총장으로 재직 중에 있는 자, 피고소인 이윤구, 피고소인 나하나는 위 각 사건에 대한 주임검사, 피고소인 OOO 등은 피고소인 이윤구, 피고소인 나하나에 대한 결재 라인 상급자인 부장검사, 차장검사, 검사장의 직에 있던 자, 피고소인 이성윤63)은 2020. 1.경부터 현재에 이르기까지 서울중앙지방검찰청 검사장으로 재직 중에 있는 자이다.

피고소인들은 '검찰 제 식구 감싸기' 차원에서 위 검사비리사건을 비롯한 위 각 사건을 경찰로부터 불법송치 받아64) 전혀 수사를 진행하지 않은 채 모두 각하처분 등 불기소처분하기로 마음먹었다.

(1) 위 각 사건 불법 송치지휘에 대한 직권남용권리행사방해죄

피고소인들은 2019. 9. 중순경 서울중앙지방검찰청 피고소인 이윤구 검사 사무실에서 이윤구 검사 명의로 서울지방경찰청 지능범죄수사대

---

62) 피고소인 윤석열이 위 검사비리사건을 인지하게 된 시기 및 경위를 밝혀줄 수 있는 입증자료로는 2019. 6. 21.자 "윤석열 검찰총장 내정자의 검찰수사권 행사 적정성 여부는? (검찰총장 임명 이전에 '검사비리사건' 은폐 의혹부터 밝혀라"제하의 LPN 로컬파워뉴스 기사 1부 (첨부 19) 및 2021. 1. 21.자 "금일 역사적인 공수처 출범에 부쳐!!(검찰총장 윤석열은 검찰개혁의 반항아!!)" 기사 1부 (첨부 22)

63) 피고소인 이성윤이 위 검사비리사건을 인지하게 된 시기 및 경위를 밝혀줄 수 있는 입증자료로는 2019. 10. 19.자 "문 대통령과 면담한 이성윤 검찰국장에게 묻는다.(강골검사 이성윤에게 나라의 운명이 달렸다)" 제하의 LPN 로컬파워뉴스 신문기사 1부 (첨부 20)

64) 윤석열 검찰이 위 각 사건을 불법으로 송치 받았다는 점에 대한 법률검토 사례로는 위 책자 제77~80쪽 참조.

소속 사법경찰관 김한호(팀장 김재훈)에게 위 각 사건에 대한 수사를 중단한 채 송치하도록 불법 지휘하였다.[65]

이로써 피고소인들은 검사에게 부여된 수사지휘권을 남용하여 위 각 사건을 불법 송치하도록 함으로써 경찰의 위 각 사건 범죄수사에 관한 권리행사를 방해하였다.

(2) 위 각 사건 불기소처분에 대한 직권남용권리행사방해죄

피고소인들은 2020. 2. 27.경 피고소인 나하나 검사실에서 위 각 사건에 대해 전혀 수사를 진행하지 않은 채 허위내용으로 작성되어 있는 경찰 송치의견서상 '수사결과 및 의견'을 그대로 인용하는 수법으로 검사 나하나 명의의 불기소결정서[66]를 허위내용으로 작성하여[67] 각각 불기소처분하였다.

이로써 피고소인들은 검사에게 부여된 형사사건 종국처분권을 남용하여 고소인의 위 각 사건에 대한 정당한 수사를 받을 권리행사를 방해하였다.

(3) 허위공문서작성죄 및 동 행사죄

피고소인들은 전항과 같은 일시, 장소에서 행사할 목적으로 공문서인 검사 이윤구 명의의 송치지휘서, 검사 나하나 명의의 불기소결정서를

---

65) 윤석열 검찰이 위 검사비리사건을 비롯한 위 각 사건을 송치 받게 된 경위 및 송치지휘 내용에 대해서는 모두 고소인에게 비밀로 하고 있어 전혀 알 방법이 없다. 다만, 분명한 점은 위 각 사건에 대한 불법적인 송치지휘는 위 각 사건을 은폐하기 위한 수단으로 사용되었다는 데 있음.

66) 첨부 1

67) 검사 나하나 명의의 불기소결정서가 허위내용으로 작성되었다고 입증하고 있는 증거자료는 2020. 3. 30.자 고소인 명의의 항고장 (첨부 1)

각각 허위로 작성하여 그 즉시 경찰에 지휘하거나 검사실에 비치하는 등 이를 행사하였다.

(4) 위 각 사건 항고와 관련, 피고소인 김신은 서울고검 항고검사라는 신분으로 "2020. 5. 12.자 항고사건 처분통지"(첨부 21)라는 공문서를 허위내용으로 작성하여 이를 고소인에게 송달한 사실이 확인되고 있으니, 피고소인 김신에 대하여도 허위공문서작성죄 및 동 행사죄로 반드시 처벌해 주시기 바람.

※ 범죄사실은 형법 등 처벌법규에 해당하는 사실에 대하여 일시, 장소, 범행방법, 결과 등을 구체적으로 특정하여 기재해야 하며, 고소인이 알고 있는 지식과 경험, 증거에 의해 사실로 인정되는 내용을 기재하여야 합니다.

6. 고소 이유

이 사건 핵심요지는 소위 우리나라 권력기관이라고 불리우는 경찰 및 검찰이 상호 합세하여 자신들에게 부여된 수사권을 남용하거나 의도적으로 행사하지 않음으로써, 약 150억 원 상당의 범죄수익금을 착복하기 위해 전관 변호사와 현직 검사들이 공동으로 저지른 '검사비리사건'을 비롯한 '무고사건', '소송사기사건' 등 각 범죄를 은폐해 버렸다는 것입니다.

이 사건 피고소인들의 위와 같은 범행을 발본색원하여 형사처벌 하지 않는다면, 현재 우리나라에서 가장 문제시되고 있는 형사사법 불신의 원인인 전관예우를 척결할 수 없을 뿐만 아니라, 권력기관인 경찰 및 검찰의 수사권남용에 따른 사건조작(무마)을 막을 방도가 없고, 이는 결과적으로 우리 사회에 공정과 정의는 오간 데 없고, 오로지 권력을 가진 자만이 출세하는 특권사회로 변질되고 말 것입니다.

이에, 고소인은 피고소인들의 사건 은폐에 따른 형사책임을 추궁함과 동시에 고소인의 피해를 보전하고, 검찰총장 및 경찰청장 수장들을 비롯한 수사 실무에 종사하는 피고소인들 전원에 대해 수사권 및 기소권을 부여받은 수사처로 하여금 구속수사를 할 수 있게끔 이 사건 고소에 이르게 되었습니다.

※ 고소이유에는 피고소인의 범행 경위 및 정황, 고소를 하게 된 동기와 사유 등 범죄사실을 뒷받침하는 내용을 간략, 명료하게 기재해야 합니다.

7. 증거자료

(✓ 해당란에 체크하여 주시기 바랍니다)
- □ 고소인은 고소인의 진술 외에 제출할 증거가 없습니다.
- □ 고소인은 고소인의 진술 외에 제출할 증거가 있습니다.
  ☞ 제출할 증거의 세부내역은 별지를 작성하여 첨부합니다.

8. 관련사건의 수사 및 재판 여부*

(✓ 해당란에 체크하여 주시기 바랍니다)

① 중복 고소 여부	본 고소장과 같은 내용의 고소장을 다른 검찰청 또는 경찰서에 제출하거나 제출하였던 사실이 있습니다 □ / 없습니다 □
② 관련 형사사건 수사 유무	본 고소장에 기재된 범죄사실과 관련된 사건 또는 공범에 대하여 검찰청이나 경찰서에서 수사 중에 있습니다 □ / 수사 중에 있지 않습니다 □
③ 관련 민사소송 유무	본 고소장에 기재된 범죄사실과 관련된 사건에 대하여 법원에서 민사소송 중에 있습니다 □ / 민사소송 중에 있지 않습니다 □

기타사항

※ ①, ②항은 반드시 표시하여야 하며, 만일 본 고소내용과 동일한 사건 또는 관련 형사사건이 수사재판 중이라면 어느 검찰청, 경찰서에서 수사 중인지, 어느 법원에서 재판 중인지 아는 범위에서 기타사항 난에 기재하여야 합니다.

9. 기타
첨부(증거자료)

1. 2020. 3. 30.자 위 각 사건에 대한 항고장 1부
2. 2020. 4. 18.자 LPN로컬파워뉴스 신문기사 1부
3. '2015 국정감사 안건채택 및 검사비리 수사처 등 제도신설 요청' 자료 1부
4. 2019. 9. 22.자 lpn로컬파워뉴스 신문기사 1부
5. 2017. 12. 26.자 검사비리사건 관련 공정수사 촉구 공문 1부
6. 2018. 3. 5.자 검사비리사건 관련 공정수사 재촉구 공문 1부
7. 2018. 4. 4.자 검사비리사건 관련 공정수사 제3차 촉구 공문 1부
8. 2018. 4. 16.자 한종구 수사관 교체 및 특별감찰 실시 요구 공문 1부
9. 2018. 8. 3.자 검사비리사건 은폐수사를 또다시 시도하고 있는 현 경찰 수사에 대한 답변요청 공문 1부
10. 2018. 10. 1.자 경찰청장 민원 제기에 대한 허위답변내용 통지 (허위공문서 작성죄 성립) 및 제5차 공정수사 촉구 요청 공문 1부
11. 2018. 12.경 고소인과 민갑룡 경찰청장간 위 각 사건 뭉개기식 수사 및 조작수사와 관련된 통화녹음 파일 USB 1개
12. 2018년부터 2020년까지 고소인과 위 각 사건 수사담당자 김한호 간 뭉개기식 수사 및 조작수사와 관련된 수차례 통화녹음 파일 USB 1개
13. 2017. 9. 12.자 피의자 성영훈, 안병익에 대한 피의자신문조서상 신문사항 1부
14. 2017. 9. 22.자 피의자 주관용에 대한 피의자신문조서상 신문사항 1부
15. 2018. 4. 9.자 피의자 김훈, 백방준, 임장호, 허승진(단, 피의자 임장호, 허승진은 추후 제출)에 대한 피의자신문조서상 신문사항 1부
16. 2018. 5. 16.자 제4차 공정수사 촉구 및 피의자 임장호, 허승진에 대한 피의자신문조서상 신문사항 1부

17. 2018. 12. 7.자 감찰 요청자(고소인)와 감찰대상자 한종구 간 대질신문 관련 추가 증거자료 제출(민원서류) 1부
18. 2018. 12. 19.자 '민원처리 결과 회신' 공문 1부
19. 2019. 6. 21.자 LPN로컬파워뉴스 신문기사 1부
20. 2019. 10. 19.자 LPN로컬파워뉴스 신문기사 1부
21. 2020. 5. 12.자 항고검사 김신 명의의 항고사건 처분통지 1부
22. 2021. 1. 21.자 LPN로컬파워뉴스 신문기사 1부

▶ **첨부 책자**
- 책자 명 : (제19대 대선 결정판!!) 사법정의 실현을 위한 **새 대통령 당선조건**
  (썩은 검찰 및 사법부개혁, 경찰수사권독립)
- 저 자 : 임찬용(위 각 사건 고소인)
- 출판사 : 정의로운 세상
- 발행일자 : 2017년 4월 15일

(고소내용에 대한 진실확약)

본 고소장에 기재한 내용은 고소인이 알고 있는 지식과 경험을 바탕으로 모두 사실대로 작성하였으며, 만일 허위사실을 고소하였을 때에는 형법 제156조 무고죄로 처벌받을 것임을 서약합니다.

　　　　　　2021년　 1 월　　 일*
　　고소인　　임 찬 용　　(인)*
　　제출인　　　　　　　 (인)

※ 고소장 제출일을 기재하여야 하며, 고소인 난에는 고소인이 직접 자필로 서명·날(무)인 해야 합니다. 또한 법정대리인이나 변호사에 의한 고소 대리의 경우에는 제출인을 기재하여야 합니다.

고위공직자범죄수사처 귀중

【첨부 3】

고 소 장

(고소장 기재사항 중 * 표시된 항목은 반드시 기재하여야 합니다.)

1. 고소인*

성 명 (상호 · 대표자)	임 찬 용	주민등록번호 (법인등록번호)	590410-이하 생략
주 소 (주사무소 소재지)	성남시 수정구 수정로 342번길 27-11(산성동) (현 거주지)		
직 업	LPN로컬파워뉴스 법조팀장 (前 검찰수사과장)	사무실 주소	서울시 강남구 논현로94길 13(역삼동) 예일패트빌딩 4층
전 화	(휴대폰) 010-5313-0000 (자택) - (사무실) -		
이메일			
대리인에 의한 고소	□ 법정대리인 (성명 : 연락처) □ 고소대리인 (성명 : 변호사 연락처)		

※ 고소인이 법인 또는 단체인 경우에는 상호 또는 단체명, 대표자, 법인등록번호(또는 사업자등록번호), 주된 사무소의 소재지, 전화 등 연락처를 기재해야 하며, 법인의 경우에는 법인등기부 등본이 첨부되어야 합니다.

※ 미성년자의 친권자 등 법정대리인이 고소하는 경우 및 변호사에 의한 고소대리의 경우 법정대리인 관계, 변호사 선임을 증명할 수 있는 서류를 첨부하시기 바랍니다.

2. 피고소인*

성 명	김 부 겸	주민등록번호	불상
주 소	불 상		(현 거주지)
직 업	전 국회의원 (현 국무총리 지명자)	사무실 주소	
전 화	(휴대폰)　　　　(자택)　　　　(사무실)		
이메일			
기타사항			

※ 기타 사항에는 고소인과의 관계 및 피고소인의 인적사항과 연락처를 정확히 알 수 없을 경우 피고소인의 성별, 특징적 외모, 인상착의 등을 구체적으로 기재하시기 바랍니다.

3. 고소취지*

*(죄명 및 피고소인에 대한 처벌의사 기재)

　피고소인은 우리나라 경찰을 지휘, 감독하는 행정안전부장관 재직 당시, 자신의 정치적 이익을 위해 응당 처리하여야 할 업무상 공적 의무를 저버리고 아래에 제시되고 있는 '검사비리사건' 등 각 고소사건을 의도적으로 은폐하여 왔습니다.

　특히, 피고소인은 위 '검사비리사건' 등에 대해 경찰 수사과정에서 소위 뭉개기식 수사 및 조작수사를 묵인·방조하여 실체적 진실을 은폐하고 사건을 왜곡하는 등 사법정의를 심각하게 훼손시켜 왔을 뿐만 아니라, 그동안 우리나라 형사사법제도 운영과정에서 병폐로 지적되어 온 전관예우, 권력형 비리 등을 해소하지 못함으로써, 아래 항목인 '5. 범죄사실'에 기재된 바와 같이 직권남용권리행사방해죄 및 직무유기죄 등의 중대 범죄행위를 저질러 왔습니다.

이에, 고위공직자범죄수사처(이하, '공수처')에서는 국회통과 시 설치목적에 부합할 수 있도록 위와 같은 피고소인의 범죄행위에 대하여 예외 없이 엄격하고 강력한 형사처벌이라는 법집행을 행사함으로써 우리나라가 진정으로 정의롭고 공정한 사회, 모든 국민이 직업이나 신분, 부의 축적 여부를 떠나 법 앞에 평등하고, 특권층이 없는 세상을 만들어주시기 바랍니다.

4-(1). 피고소인이 은폐해 버린 각 사건 요지

가. '검사비리사건'

고소인은 2012. 7.경 서울동부지방검찰청 수사과 수사사무관 재직 당시, 박근혜 정부 검사장 출신이자 태평양 법무법인 고문변호사인 성영훈과 그의 부하직원 또는 후배검사로 근무한 적이 있는 대검찰청 감찰 제1과장 안병익, 서울고검 검사 김훈, 서울고검 검사 백방준(이하, '성영훈 일당')으로부터 금 54억 원 소송사기 등 피의사건(이하, '주관용사건')을 열심히 수사하였다는 이유만으로 아무런 근거 없이 위 주관용사건 고소인 홍성춘, 참고인 박재근, 상피의자(상피고인) 이차남과 함께 2차례에 걸쳐 약 1년 7개월간 통화추적, 위치추적, 계좌추적 등 모든 불법 강제처분을 받았다. [이하 '검사비리사건', 서울지방경찰청 사건번호 2017년도 5513호, 입건일자 2017. 8. 23]

위 검사비리사건 피의자들인 성영훈 일당이 고소인을 포함한 사건

관계자들에 대해 위와 같이 불법 감찰수사를 실시하였던 이유는 2012. 5. 4.경 위 주관용사건 관련 민사소송(금 54억 원 공사대금 등 청구의 소) 항소심에서 이미 금 54억 원 승소판결을 받아놓은 상황에서, 판결문상 이자 포함 약 150억 원의 소송사기 범죄수익금을 착복하고자 함에 있었고, 실제로 위 주관용사건 공판과정에서 위 150억 원의 범죄수익금을 착복하려는 순간, 고소인의 목숨을 건 필사적인 저지노력과 당시 서울동부지방검찰청 공판검사 손아지의 적극적인 방어로 인하여, 결국 그 뜻을 이루지 못하고 미수에 그쳤다.

또한, 성영훈 일당 중 김훈, 백방준은 위 주관용사건 피의자인 주관용에 대해 무고죄로 입건하여 형사처벌을 하지 않는 등 그 직무를 유기하였다.

나. '무고사건'

위 주관용사건 피의자인 주관용은 자신에게 가해지고 있는 고소인의 수사를 방해하여 검찰에서 무혐의처분을 받거나, 기소된 후 공판과정에서 무죄선고를 받은 다음, 이에 터 잡아 위 소송사기 범죄수익금 약 150억 원을 편취할 목적으로, 고소인이 위 주관용사건을 편파적이고 강압적으로 수사하였다는 취지의 허위내용 진정서를 대검찰청 감찰본부에 2회 제출하여 고소인으로 하여금 성영훈 일당으로부터 감찰수사를 받도록 함으로써 고소인을 무고하였다. 〔서울지방경찰청 사건번호 2017년도 6160호, 입건일자 2017. 9. 18.〕

다. '소송사기사건'

위 주관용의 변호인이자 태평양 법무법인 고문변호사인 성영훈과 그의 소송대리인 임장호, 허승진은 고소인이 2015. 9.경 서울중앙지방법원에 제기한 검사비리사건 민사소송에서 사실은 담당 재판부로부터 허위 내용의 승소판결을 받아냈음에도 불구하고, 2017. 6.경 마치 그 승소판결문이 사실인 것처럼 그 정을 모르는 사건외 서울중앙지방법원 사법보좌관 조경애에게 제출하여 성영훈의 소송비용 약 1,200만 원 상당을 고소인으로부터 교부받았다. 〔서울지방경찰청 사건번호 2017년도 5513호, 입건일자 2017. 8. 23.〕

4-(2). 위 각 사건의 성격(특성)

위 각 사건의 시발점 및 종착역은 당시 고소인이 수사하고 있던 위 주관용사건의 조작(무마)을 통하여 이미 승소판결을 받아놓은 관련 민사소송 항소심 판결금액 54억 원 및 이를 포함한 판결문상 이자 포함 약 150억 원에 이르는 소송사기 범죄수익금을 착복하는데 있었으므로, 위 각 사건의 피의자 및 그 행위 태양만이 다를 뿐이지, 위 각 사건의 실체적 진실을 밝히는데 있어서는 서로 톱니바퀴처럼 맞물릴 수밖에 없고, 한 사건의 죄가 인정되면 다른 사건 역시 자동적으로 죄가 인정되는 법리적이고도 구조적인 특성을 갖고 있다.

특히, 위 검사비리사건은 형법상 여적죄 의미를 내포하고 있을 뿐만 아니라, 전형적인 전관예우사건이자 권력형 비리사건, 대형 부정부패 사건, 검찰조직을 악용한 국기문란사건이라는 성격을 갖고 있다.

성영훈 일당의 권력형 비리로 인해 당시 연 매출 3,000억 원 이상을 달성하고 있던 피해회사인 ㈜에스코넥은 부도 일보 직전까지 내몰렸고, 수천명의 투자자들 역시 ㈜에스코넥의 상장 폐지로 수천억 원의 투자금액을 허공에 날릴 처지에 놓이게 되었으며, ㈜에스코넥 임직원은 물론 하청업체 직원을 포함한 약 3,000여 명이 직장을 잃고 길거리로 쫓겨나갈 수밖에 없는 급박한 상황까지 치달았다.

위 주관용사건의 성공적인 수사를 통해 위와 같이 급박한 상황을 해결해 온 고소인으로서는 성영훈 일당의 검찰수사권 남용이 개인적으로나 국가적으로나 얼마나 무서운 결과를 초래하여 왔는지, 그 두려움과 분노에 못 이겨 지금도 가끔씩 밤잠을 설치곤 한다.

4-(3). 민갑룡 경찰 및 윤석열 검찰이 위 각 사건을 은폐·조작하여 왔다는 입증자료 : 위 각 사건에 대한 2020. 3. 30.자 고소인 명의의 항고장(이미 제출)

5. 피고소인의 범죄사실*

《사건 전개 및 배경》

고소 외 민갑룡은 2018. 7.경부터 문재인 정부 제21대 경찰청장으로 재직 중에 있는 자, 같은 한종구, 같은 김한호는 위 각 사건('검사비리사건', '무고사건', '소송사기사건')에 대한 수사 담당자(직급 : 경위), 같은 배은철, 같은 김재훈은 위 각 사건에 대한 수사팀장(직급 : 경감), 같은 성명불상 검사는 위 검사비리사건 피의자들인 성영훈 일당에게 면죄부를 주기 위해 위 각 사건을 수사 중에 있던 경찰수사팀에게 뭉개기식 수사 및 조작수사, 불법송치를 암암리에 지시한 비공식 검찰 지휘라인에 있는 자이다.

한편, 위 각 사건 중 검사비리사건 및 소송사기사건은 2017. 8. 23. 서울지방경찰청에 입건(사건번호 : 2017-5513)되었고, 무고사건은 2017. 9. 18. 서울지방경찰청에 입건(사건번호 : 2017-6160)되었다.

고소 외 민갑룡 등 경찰수사팀에서는 고소인의 요청에 따라 위 각 사건을 병합한 후 성명불상 검사로부터 비밀리에 모종의 지시를 받아 가면서 성영훈 일당에게 면죄부를 주기 위하여 약 2년 이상 뭉개기식 수사 및 조작수사로 대응해 오다가, 그 조작수사가 검찰 수사과장 출신인 고소인에 의해 적발되자, 2019. 9. 19.경 아예 위 각 사건에 대한 허위내용의 송치의견서를 작성한 후 고소인 모르게 검찰에 불법 송치하였다.

가. 피고소인의 직권남용권리행사방해죄

고소인은 2019. 1. 29.경 정부조직법상 민갑룡 경찰청장을 지휘·감독하는 위치에 있는 피고소인에게 국민신문고를 통하여, "검사비리사건 조작수사 관련 행정안전부장관 김부겸의 조치 요망"이라는 민원을 제기하였다.

위 민원내용의 요지는 "서울지방경찰청 지능범죄수사대 지능2계 2팀(팀장 배은철)에서는 별첨 검사비리사건 조작수사를 실시한 바 있으니, 아래 신문기사에 게재된 본 민원인의 요구사항에 대한 조치 및 답변요구(첨부 : 2019. 1. 26.자 LPN로컬파워뉴스 신문기사 연결)"라고 기재되어 있었다.

그러나 피고소인은 위 검사비리사건을 은폐하고 관련 피의자들인 성영훈 일당에게 면죄부를 주기 위한 목적으로 위 민원을 자신이 직접 처리하지 아니하고, 그 즉시 자신의 산하기관인 민갑룡 경찰청장에게 내려 보내 허위내용의 조치를 취하도록 하였다.

이로써 피고소인은 고소인이 경찰로부터 정당한 수사를 받을 권리를 방해하였다.

나. 피고소인의 직무유기

피고소인은 자신의 앞으로 송부된 위 민원을 맡지 않기 위해 이를 경찰로 내려 보냈으나, 경찰에서는 위 민원의 처리내용 성격상 당연히 행정안전부장관인 피고소인이 맡아야 한다고 주장하며 행정안전부로 재이첩하는 등 국민신문고 전산시스템상에서 소위 핑퐁게임을 하여 왔다.

그러나 피고소인의 지휘·감독을 받은 경찰에서는 위 민원을 처리할 수밖에 없었고, 경찰청 소속 안성근은 민원인에게 "우선, 귀하께서 행정안전부를 상대로 민원을 제기하였으나, 사건을 담당하고 있는 경찰청(수사팀)으로 (재)이첩되어 귀하의 민원을 답변하게 된 점에 대해서 양해의 말씀을 드립니다."라고 답변하였다.

이로써 피고소인은 위 민원에 대해 자신이 직접 처리하지 아니하고 경찰에 재이첩함으로써 정당한 이유 없이 그 직무를 유기하였다.

※ 범죄사실은 형법 등 처벌법규에 해당하는 사실에 대하여 일시, 장소, 범행방법, 결과 등을 구체적으로 특정하여 기재해야 하며, 고소인이 알고 있는 지식과 경험, 증거에 의해 사실로 인정되는 내용을 기재하여야 합니다.

6. 고소 이유

이 사건 배후의 핵심요지는 우리나라 권력기관이라고 불리우는 경찰 및 검찰이 상호 합세하여 자신들에게 부여된 수사권을 남용하거나 의도적으로 행사하지 않음으로써, 약 150억 원 상당의 범죄수익금을 착복하기 위해 전관 변호사와 현직 검사들이 공동으로 저지른 '검사비리사건'을 비롯한 '무고사건', '소송사기사건' 등 각 범죄를 은폐해 버렸다는 것입니다.

그런데, 우리나라 민주화세력이라고 자부하면서 문재인정부 행정안전부장관 자리까지 오른 피고소인이 이 사건 배후의 핵심요지를 차단하기는커녕 오히려 이를 묵인·방조하고 거기에 덧붙여 전관예우, 판·검사들의 사건조작, 법의 지배를 받지 않는 특권층 형성에 기여하였다는 사실은 공정과 정의를 앞세운 문재인 정부의 국정철학과는 전혀 어울리지 않습니다.

특히, 피고소인이 행정안전부장관에 재임하는 기간인 2018. 6. 21.경 검찰개혁 미명하에 서울 세종로 정부서울청사 별관에서 열린 '검경 수사권 조정 합의문 서명식'에 참석하여 당시 이낙연 국무총리와 조국 청와대 민정수석이 지켜보는 가운데 박상기 법무부장관과 합의문에 함께 서명하는 장면은 겉과 속이 다른 피고소인의 정치쇼를 단면적으로 보여주고 있습니다.

그 이유는 피고소인이 위 민원을 직접 처리하지 아니한 채 위 검사비리사건을 은폐해 버린 장본인이기 때문입니다.

위 검사비리사건과 같은 권력형 범죄나 이를 은폐한 피고소인의 범죄에 대하여 발본색원하여 형사처벌하지 않는다면, 현재 우리나라에서 가장 문제시되고 있는 형사사법 불신의 원인인 전관예우를 척결할 수 없을 뿐만 아니라, 권력기관인 경찰 및 검찰의 수사권남용에 따른 사건조작(무마)을 막을 방도가 없고, 이는 결과적으로 우리나라가 지향하는 공정과 정의는 오간 데 없고, 오로지 권력에 눈먼 자들만이 출세하고 호의호식하며 법의 지배를 받지 않는 특권사회로 나아갈 수밖에 없습니다.

이에, 고소인은 피고소인의 검사비리사건 은폐에 따른 형사책임을 추궁하고 공정과 정의사회로 나아갈 수 있게끔 이 사건 고소에 이르게 되었습니다.

특히, 국민신문고 인터넷시스템상 민원상담 항목 중 '민원상담 신청결과' 세부항목에 공인인증서 등을 이용하여 들어가 보면, 각 민원인별로 민원신청기간을 특정하여 검색버튼을 누를 경우 그 민원처리결과가 상세히 기록되어 보존되어 왔습니다.

그런데 이 사건의 경우에 있어서는 피고소인 측이 어느 날 갑자기 증거인멸을 시도코자, 고소인이 그 동안 이 사건 이외에 국민신문고에 신청한 민원내용 및 그 처리결과가 몽땅 삭제되어 버린 사실이 확인되고 있습니다.

즉, 삭제된 내용에는 2019. 1. 29.경 고소인이 국민신문고에 민원을 신청한 이 사건 혐의내용을 입증해 줄 수 있는 (위 5항 범죄사실에서 적시하고 있는 위 민원에 대한 행정안전부와 경찰 간 핑퐁게임 내역) 조회결과 자료 이외에 첨부 책자 제 75~76쪽에 기재된 바와 같이 2014. 11. 13.경 민원을 신청한 내용 및 조회결과를 포함한 수많은 고소인의 과거 자료까지 몽땅 삭제되어 버렸습니다.

따라서 고소인이 이 사건 고소장의 '5. 피고소인의 범죄사실'을 작성함에 있어서는 국민신문고 인터넷시스템상 민원신청내용 및 민원처리결과를 조회하여 활용할 수 없었고, 부득이 본지 2020. 7. 25.자 '전 검찰수사과장, 검사비리사건을 은폐한 김부겸 후보는 (민주당 대표) 부적격자다'라는 신문기사에 게재된 내용을 근거로 작성하였습니다.(동 신문기사를 작성함에 있어서는 당연히 국민신문고 인터넷시스템상 민원신청 및 민원처리결과를 조회하여 작성하였음)

이에, 수사처 검사께서는 국민신문고 운영자 측을 상대로 고소인의 민원신청 및 그 처리결과 자료가 몽땅 삭제된 경위 등을 철저히 조사하여 피고소인 측의 증거인멸 시도로 확인될 경우, 그 즉시 피고소인에 대한 사전구속영장을 청구해 주시기 바랍니다.

※ 고소이유에는 피고소인의 범행 경위 및 정황, 고소를 하게 된 동기와 사유 등 범죄사실을 뒷받침하는 내용을 간략, 명료하게 기재해야 합니다.

7. 증거자료

(✓ 해당란에 체크하여 주시기 바랍니다)

☐ 고소인은 고소인의 진술 외에 제출할 증거가 없습니다.
☐ 고소인은 고소인의 진술 외에 제출할 증거가 있습니다.
　☞ 제출할 증거의 세부내역은 별지를 작성하여 첨부합니다.

8. 관련사건의 수사 및 재판 여부*

(✓ 해당란에 체크하여 주시기 바랍니다)

① 중복 고소 여부	본 고소장과 같은 내용의 고소장을 다른 검찰청 또는 경찰서에 제출하거나 제출하였던 사실이 있습니다 ☐ / 없습니다 ☐
② 관련 형사사건 수사 유무	본 고소장에 기재된 범죄사실과 관련된 사건 또는 공범에 대하여 검찰청이나 경찰서에서 수사 중에 있습니다 ☐ / 수사 중에 있지 않습니다 ☐
③ 관련 민사소송 유 무	본 고소장에 기재된 범죄사실과 관련된 사건에 대하여 법원에서 민사소송 중에 있습니다 ☐ / 민사소송 중에 있지 않습니다 ☐

기타사항

※ ①, ②항은 반드시 표시하여야 하며, 만일 본 고소내용과 동일한 사건 또는 관련 형사사건이 수사재판 중이라면 어느 검찰청, 경찰서에서 수사 중인지, 어느 법원에서 재판 중인지 아는 범위에서 기타사항 난에 기재하여야 합니다.

9. 기타

이 고소장은 2021. 1. 28. 귀 처에 이미 제출한 고소장(접수증 접수번호 제46호)와 동일한 내용으로 구성된 관련사건이니, 병합 처리하여 주시기 바랍니다.

(고소내용에 대한 진실확약)
본 고소장에 기재한 내용은 고소인이 알고 있는 지식과 경험을 바탕으로 모두 사실대로 작성하였으며, 만일 허위사실을 고소하였을 때에는 형법 제156조 무고죄로 처벌받을 것임을 서약합니다.

2021년 4월 17일*
고소인   임 찬 용   (인)*
제출인   (인)

※ 고소장 제출일을 기재하여야 하며, 고소인 난에는 고소인이 직접 자필로 서명·날(무)인 해야 합니다. 또한 법정대리인이나 변호사에 의한 고소 대리의 경우에는 제출인을 기재하여야 합니다.

고위공직자범죄수사처 귀중

[칼럼시리즈(제2판) (23)] [2021. 6. 1.]

왜 우리 국민들은 다가오는 대선에서 정권교체를 꼭 이뤄야만 하는가?

- ● '검사비리사건'을 은폐한 범죄단체조직 두목 문재인, 부두목 김부겸, 행동대장 전해철 및 조국에 대한 구속수사를 위해서
- ● 가짜 검찰개혁을 추진하고, 가짜 공수처를 설립한 문재인 정권 및 민주당을 심판하기 위해서

2017. 5. 10.경 출범한 문재인 정부는 공정과 정의를 구현하기 위한 검찰개혁 그리고 이전 박근혜 정부의 적폐청산을 기치로 내걸고 스스로 촛불혁명에 의해 탄생하였다고 자랑해 왔다.

그도 그럴 것이 박근혜 전 대통령이 비선 실세 최순실의 국정농단에 의해 탄핵까지 받게 되었으니, 당시 야당인 민주당으로서는 정권을 그저 날로 얻은 것이나 다름없었다. 민주당이 깨끗하고 정직한 정치를 했기 때문에 정권교체가 이루어진 것이 아니라는 의미다.

우리나라 검찰은 형사소송법상 수사권 및 기소권, 영장청구권 등 모든 형사사법 권력이 검사에게 부여된 이래로 선택적 수사를 통해 청와대 등 살아 있는 정치권력에는 충성과 아부를, 죽은 정치권력과 일반 국민들을 상대로는 막강한 검찰권력을 남용하고, 전관예우 및 사건 조작을 통해 엄청난 부정축재를 해온 전력이 있다. 이는 우리나라 검찰이 최고 수사기관치고는 참으로 역겹고 더러운 조직이었음이 역사적으로 증명되고 있다.

즉, 청와대 등 정치권력자들은 검찰의 기득권을 인정해 주고, 검찰은 그 대가로 정치 권력자들의 비리나 불법을 눈감아주면서 악어와 악어새처럼 서로 공생관계를 유지해 오다가 양쪽이 정면으로 충돌한 계기가 된 시점은 박근혜 정부하에 있던 채동욱 검찰총장이 살아 있는 권력인 청와대를 상대로 국정원 댓글 사건을 수사하면서 시작된다.

검찰이 자신들의 인사권을 행사한 대통령 등 정치권력자들에게 순응하지 아니하고 그들의 비리와 불법에 대해 검찰의 칼날을 들이대겠다고 선전포고하면서 정면으로 대립하게 되는 현상은 박근혜 전 대통령을 구속수사로 이끈 공로를 인정받아 문재인 정부 검찰총장에 오른 윤석열이 들어서면서 절정기를 맞게 된다.

윤석열 검찰이 문재인 정부의 살아 있는 정치권력 비리에 맞서 검찰의 칼날을 세우는 자체는 '모든 국민은 법 앞에 평등하다'는 헌법 정신에 부합되는 정의로운 일이지만, 한편으로는 후술하는 바와 같이 검사들의 비리와 관련하여 '제 식구 감싸기' 차원의 사건은폐 행위는 검찰 스스로 비리집단임을 자인한 꼴이라서 참으로 애통하고 안타까운 일이다.

그렇다면, 우리나라 검찰이 그동안 선택적 수사를 통해 살아 있는 정치권력에는 아부와 충성을 해온 반면, 죽은 정치권력 및 일반 국민을 상대로 한 일반 형사사건에 대해서는 자신들에게 부여된 무소불위의 검찰권력을 남용하여 한없이 강한 면모를 보여온 사례들을 잠깐 살펴보고자 한다.

즉, 검찰은 제17대 대통령 선거 당시 가장 유력한 이명박 후보에게는 'BBK 사건'을 은폐해 버림으로써 당선 기회를 만들어주었다.

또, 검찰은 박근혜 전 대통령에 대해서도 박관천 전 행정관의 '정윤회 문건 유출 사건' 발생 당시 거기에 기재된 비선 실세들의 국정개입 농단에 대한 수사를 의도적으로 기피하였다. 이는 박근혜 전 대통령에게 부담으로 돌아갈 수밖에 없는 비선 실세들의 국정농단 사태를 은폐하기 위한 검찰의 선택적 수사를 통한 수사기피였으나, 역설적으로 박근혜 전 대통령에게 탄핵 기회의 빌미를 제공하고 말았다.

이에 반하여, 우리나라 검찰은 죽은 정치권력이라 할 수 있는 퇴임한 노무현 전 대통령에 대해서는 전임 대통령에 비해 죄질이나 뇌물 수수 금액이 보잘것없음에도 불구하고, 가혹하리만큼 무리한 수사와 망신주기식 수사를 실시함으로써 자살에 이르게 하였다. 이는 당시 자신들의 인사권자인 이명박 대통령에게 과잉 충성을 보이고 싶어 했을 뿐만 아니라, 검찰조직의 기득권을 유지하고 강화하는 측면이 있었음을 부인할 수 없다.

그만큼 검찰의 선택적 수사는 불순한 의도를 가지고 사건 은폐 또는 과잉수사로 이어지는 불법임에도 불구하고, 검찰의 기득권을 강화화고 유지하기 위해 자신들에게 유리한 대통령 후보를 당선시키기도 하고, 현직 대통령을 탄핵시키는 빌미를 제공하기도 하며, 힘없는 전직 대통령에게 자살이라는 극단적 선택을 강요하기도 하는 등 막강한 영향력을 발휘해 왔다.

검찰, 경찰, 공수처 등 우리나라 수사기관의 선택적 수사 및 선택적 정의실현은 고운 털이 박힌 자에게는 전관예우 등을 통하여 사건을 은폐 또는 무마해 버리면서도, 미운털이 박힌 자에게는 과잉수사, 먼지털이식 수사, 별건수사, 청탁수사, 보복수사로 나아간다.

즉, 수사기관의 선택적 수사 및 선택적 정의실현은 국가적 운명을 좌우할 정치적인 사건뿐만 아니라, 국민의 사법피해가 수반되는 일반 형사사건에 있어서도 이를 은폐해 버리기도 하고, 과잉수사 등 수사권 남용으로 작동하기도 한다.

이와 관련, 문재인 정부 기간 동안 윤석열 검찰이 모든 국민에게 공정과 정의에 대한 가치 판단에 정신적 혼란을 야기시키고, 국론이 찬·반으로 분명하게 갈려 극심한 갈등현상을 일으켰던 일명 '조국 사태'에 대해 살펴보기로 한다.

2019. 8. 9.경 조국이 법무부장관 후보자로 지명된 후 '조국 사태'가 발생하였고, 주요 대학교를 중심으로 조국 임명 철회를 요구하는 시위가 시작되었으나, 당시 문재인 대통령은 "본인이 직접적으로 책임질 불법행위가 드러난 것은 없다."고 하면서 조국에 대해 법무부장관 임명을 강행하였다.

그렇다면, 윤석열 검찰은 자신들의 상사라고 할 수 있는 법무부장관 조국을 상대로 검찰수사를 끝까지 밀고 나갔으니, 과연 윤석열 검찰과 당시 법무부장관 조국 사이에는 누가 더 잘못했으며, 그 책임을 누가 더 져야만 할까?

결론부터 말하자면, 본 필자가 보기에는 윤석열 검찰이 더 잘못했으며, 그 책임 역시 70:30 내지 60:40으로 봄이 타당하지 않을까 생각한다.

필자가 윤석열 검찰과 조국 전 법무부장관 사이에 비율까지 제시하며 서로의 잘잘못을 따지는 이유는 누가 옳고 그름을 떠나 문재인 대통령마저도 기자회견 공개 석상에서 "윤석열은 문재인 정부의 검찰총장"이라고 언급한 점에 비추어 볼 때, 문재인 정부 내의 윤석열 검찰과 문재인 정부 내의 조국 전 법무부장관 사이에 사법정의 실현을 위한 방법론에 있어 물과 기름처럼 화합할 수 없다는 의미로써, 이는 그만큼 문 대통령의 국정운영에 문제가 있다는 징표이자, 우리나라가 갈등과 혼란을 극복하고 공정과 정의사회로 나아가지 못하고 있음을 강조하고자 함에 있다.

조국은 당초 법무부장관으로 지명되지 않았다면 '조국 사태'는 발생하지도 않았다고 하면서 그 억울함을 호소한 바 있다. 이는 틀린 말이 아니다.

그러나 검찰을 지휘할 법무부장관으로 임명되려면 어떠한 범죄혐의라도 이를 스스로 소명해야 할 정치적 의무가 조국에게 있는 것도 사실이다. 아울러, 윤석열 검찰 역시 법과 원칙에 따라 조국 전 법무부장관의 비리혐의에 대해 수사하였다고 항변할 수 있다.

최근 개정하기 이전인 우리나라 형사소송법 제195조(검사의 수사)에는 "검사는 범죄의 혐의 있다고 사료하는 때에는 범인, 범죄사실과 증거를 수사하여야 한다."라고 강행규정을 두고 있다. 즉, 검찰은 조국 전 법무부장관의 비리 혐의가 있음에도 불구하고, 이를 수사하지 않는다면 직권남용 및 직무유기 등 범법행위에 해당한다는 의미다.

그럼에도 불구하고, 필자가 법과 원칙에 따라 조국 전 법무부장관 비리혐의를 수사한 윤석열 검찰에게 더 큰 책임이 있다고 주장하는 이유는 뭘까?

이는 앞서 살펴본 바와 같이 대한민국 검찰이 그동안 자신들의 기득권을 강화하고 유지하는 차원에서 자신들의 이해득실에 따라 미운털이 박힌 자에는 과도하리만큼 과잉수사로 대응하고, 고운 털이 박힌 자에게는 수사도 하지 않은 채 은폐해 버리는 등 너무나도 쉽게 선택적 수사 및 선택적 정의를 실현해 왔다는 점이다.

만일 법무부장관으로 지명된 조국이 검찰 출신이고, 검찰의 기득권을 인정하면서 검찰개혁을 부르짖지 않았다면, 윤석열 검찰은 문 대통령이 법무부장관 후보자로 지명한 조국에게 검찰의 칼날을 들이댔을지 의문이다.

필자는 검찰에서 약 28년간 근무해 오면서, 직접 경험해 왔던 검찰의 특권의식으로 인한 피해사례들을 본지를 통하여 자세히 소개한 바 있다.(2019. 2. 28.자 본지 "3·1절 100주년, 문재인대통령 탄핵운동에 깃발을 꽂다"라는 신문기사 참조)

즉, 검찰의 특권의식은 사법고시를 패스하지 못하고 나이마저 어린 조국에 대해 자신들의 상사인 법무부장관으로 맞이하는 것을 허용치 않았을 것이고, 거기서 한걸음 더 나아가 조국이 검찰을 개혁하기 위해 검·경 수사권조정 및 공수처 설립을 주도적으로 추진해 왔던 터라 법무부장관 임명을 미연에 막고자 선택적 수사를 실시하였던 것이다.

특히, 위 '조국 사태'에 대한 재판결과, 당초 의심하였던 권력형 비리는 찾아볼 수 없었고, 그 판결내용을 살펴보더라도 공수부대처럼 수많은 수사인력이 순식간에 투입되고 수십 회에 걸친 압수수색 등 강제처분을 실시했던 점에 비추어 보면 그 수사결과는 초라하기 짝이 없다. 빈대를 잡으려다 초가삼간을 태우는 격이다.

모든 국민은 법 앞에 평등하며, 그 법 앞의 평등 속에는 법 집행기관인 검찰로부터 공정하고도 공평한 수사를 받을 권리까지 포함한다.

이는 검찰에 미운털이 박혔다고 해서 소위 먼지털이식 수사나 별건수사, 보복수사, 과잉수사를 받아서는 안되며, 검찰에 고운 털이 박혔다고 해서 자신의 범죄 혐의가 은폐되어서도 안된다는 것을 의미한다.

당시 여러 정황 및 기존의 검찰 수사관행으로 비추어 볼 때, 조국 전 법무부장관은 분명 윤석열 검찰로부터 미운털이 박혔었고, 이는 선택적 수사를 통해 과잉수사 및 먼지털이 수사로 이어진 것이 분명한 사실이다. 나쁘게 말하면 검찰개혁을 외치다가 윤석열 검찰로부터 정치 보복을 당한 셈이다.

그러나 조국이 윤석열 검찰로부터 위와 같이 선택적 수사를 통하여 정치적 보복을 당했다는 사실과 모든 국민들로부터 이를 인정받고 정치적 사면을 받았다는 사실과는 전혀 별개의 문제이다.

그 이유는 조국이 문재인 대통령의 핵심 측근인 청와대 민정수석 및 사정기관 총수 격인 법무부장관에 있으면서, 검찰의 사건조작(무마)을 위한 선택적 수사를 받은 사법피해자들에게 어떠한 구제 조치를 취한 바가 없었고, 오히려 이를 방치하고 즐기는 불법 행위를 해왔기 때문이다.

우리나라 최고의 수사기관은 대통령이다. 즉, 모든 국민은 대통령에게 검사나 판사들의 권력적 비리행위로 인해 형사적 피해를 입었다며 고소장을 제출할 수 있고, 대통령은 이를 법무부장관이나 검찰총장에게 제대로 수사하여 관련 판·검사들을 처벌하라고 지시할 수 있다.

대통령이 우리나라 최고의 수사기관이라고 보는 이유는 대법원 판례에 근거한다. 대법원 판례는 대통령에게 허위내용의 고소장을 제출한 행위에 대해 대통령을 수사기관이라고 인정하고 무고죄로 처벌한 사례가 있다.

대통령이 수사기관이 아니라면 그리고 수사업무와 관련된 검찰의 선택적 수사를 통한 권한남용 등 비리행위에 대해 시정조치할 수 있는 권한이 없다면, 검찰의 '제 식구 감싸기' 사건에 대해서는 증거관계가 명백함에도 불구하고 영원히 은폐되고 말 것이며, 이는 우리나라가 법의 지배를 받지 않는 '특수 귀족층 사회'라는 사실을 스스로 인정하는 꼴이 되고 만다.

조국은 검찰이 일반 국민을 상대로 수사권을 남용한 사건에 대해 시정조치를 취할 수 있는 대통령을 대신하여 청와대 민정수석으로 재직한 바 있고, 그 뒤를 이어 문재인 정부에서 사정업무를 총괄하는 법무부장관으로 재직한 바 있다.

조국은 위 재직 기간 동안 검찰로 하여금 선택적 수사를 실시하지 못하도록 규정을 마련하고, 이와 관련 있는 비리 검사들에 대해서는 일벌백계로 다스려야 했다.

즉, 윤석열 검찰이 살아 있는 권력뿐만 아니라 모든 국민을 상대로 사건 은폐 또는 무마수사, 뭉개기식 수사, 조작수사, 과잉수사, 먼지털이식 수사, 별건 수사, 보복수사, 청탁수사 등을 모두 포괄하고 있는 검찰의 선택적 수사를 실시하고 있었다면, 조국은 청와대 민정수석 및 법무부장관의 직을 걸고 이를 방지하고 관련 검사들에 대해서는 구속수사를 실시했어야 했다.

그렇다면, 조국은 과연 그런 일을 해왔을까? 전혀 그렇지 않다. 만에 하나, 윤석열 검찰의 선택적 수사를 조금이라도 방지하는 노력을 기울여 왔다면, 이는 검찰권력으로부터 피해를 입은 일반 국민을 위해서가 아니라, 자신과 자신의 가족과 관련된 비리 혐의에 대해 검찰수사로부터 방어하는 데 노력했을 뿐이다.

이런 이유로 조국은 국민으로부터 위임받은 민정수석의 권한 그리고 법무부장관의 권한을 부당한 검찰권력으로부터 피해를 입은 일반 국민을 위해서 사용한 것이 아니라, 살아 있는 권력에 대한 검찰수사나 자신과 자신의 가족 범죄혐의에 대한 검찰수사를 방어하는데 사용해 버린 가장 비겁하고 정의롭지 못한 정치인으로 기억되고 있다고 볼 수 있다.

필자가 그 대표적인 실례를 제시하고자 한다.

필자는 2017. 4. 15.경 촛불혁명으로 박근혜 대통령이 탄핵되고 검찰개혁 요구가 봇물처럼 터져 나오고 있을 때쯤 검찰 수사권 및 기소권을 남용하여 사건조작을 일삼는 썩은 검사들을 처벌함과 동시에, 등대의 불빛처럼 검찰개혁의 선구자적 역할을 자임하기 위하여 '제19대 대선 결정판'인 "사법정의 실현을 위한 새 대통령 당선조건(썩은 검찰 및 사법부개혁, 경찰수사권독립), 출판사 : 정의로운 세상, 총 851면"이라는 책자를 발간하여 당시 더불어민주당 문재인 후보를 포함한 각 정당 대선 후보, 각 정당 대표를 비롯한 유력 정치인, 각 시도지사, 각 종교단체 대표는 물론 일반 시중 서점에까지 배포하였다.

위 책자에는 박근혜 정부 검사장 출신이자 태평양 법무법인 고문 변호사인 성영훈과 그의 부하직원으로 근무한 적이 있는 대검 감찰

제1과장 안병익, 서울고검 검사 김훈, 서울고검 검사 백방준(이하, '성영훈 일당') 등이 약 150억 원에 이르는 범죄수익금을 착복 내지 편취할 목적으로 당시 서울동부지방검찰청 수사과 제1호 수사사무관의 직책으로 금 54억 원 소송사기 등 피의사건(이하, '주관용사건')을 수사 중에 있던 필자를 비롯한 사건관계자 전원에 대하여 아무런 근거 없이 피의자 주관용과 짜고 2차례 걸쳐 약 1년 7개월간 통화추적, 위치추적, 계좌추적 등 검사에게 부여된 모든 강제처분을 장기간 실시하였다는 범죄사실(이하, '검사비리사건')과 박근혜 정부 검찰 및 양승태 대법원장 각급 법원에서는 위 검사비리사건을 허위내용의 결정문 및 허위내용의 판결문을 작성하는 수법으로 각각 은폐해 온 과정을 고스란히 담고 있다.

위 검사비리사건은 전형적인 전관예우사건이자 권력형 비리사건, 당시 실세 검사들이 필자로부터 수사를 받고 있던 피의자 주관용과 짜고 약 150억 원의 범죄수익금을 착복 내지 편취하려는 대형 부정부패사건, 검사의 월등한 수사권으로 수사사무관의 수사권을 짓밟아 버린 형사사법 쿠데타적 사건의 성격을 갖고 있다.

여기에는 당시 박근혜 정부 검찰총장인 김진태와 대검찰청 차장검사 임정혁이 공범으로 가담하고 있고, 박근혜 정부 전 법무부장관 황교안은 방조범으로 가담하고 있다.

즉, 범죄수익금 약 150억 원을 착복 내지 편취하기 위해 '검사비리사건'을 일으킨 주동 세력들은 박근혜 정부에서 주요 요직을 거친 바 있고, 현재는 야당인 '국민의 힘' 쪽에 가담하고 있거나 다리를 걸치고 있는 사람들이다.

그럼에도 불구하고, 문재인 정부는 이전 박근혜 정부의 적폐를 청산한다며 칼잡이 윤석열을 서울중앙지검장에 발탁한 후 그로 하여금 전직 대통령 2명을 포함한 수많은 반정부 인사들을 구속 수감해 왔고, 특히, 위 검사비리사건과 성격이 비슷하지만 그 죄질이나 범죄의 중대성이 훨씬 미약한 사건으로써 이명박 정부 시절 국가정보원 댓글 수사 방해혐의를 받고 있던 정 모 변호사에 대해 수사를 진행하다가 2017. 10.경 자살에 이르게 했고, 같은 혐의로 수사를 받고 있는 서울고검 변창훈 검사에 대해서도 2017. 11. 6.경 자살에 이르게 하는 등 가혹하리만큼 철저하고도 과도한 수사를 실시해 온 사정에 비추어 볼 때, 박근혜 정부에서 발생한 위 검사비리사건 관련 피의자들을 전원 구속하기는커녕 아예 위 검사비리사건 자체를 덮어버린 이유는 뭘까?

이는 정권교체를 통한 새로운 정부가 들어서면 꼭 밝혀야 할 부분임에는 틀림없다. 그 이유는 문 대통령 최측근 행정안전부장관 전해철이 2014. 10. 23.경 당시 야당 국회의원 자격으로 박근혜 정부 김진태 검찰총장을 상대로 국정감사를 실시하면서, 검찰이 위 검사비리사건에 대한 경찰수사를 방해하고, 이를 불법으로 송치받아 허위내용의 불기소 결정서를 작성하는 수법으로 사건을 은폐해 버린 사실을 인지했음에도 불구하고, 다음 연도 국정감사에서는 이를 묵인해 버리고는 김진태 검찰로부터 거액의 대가성 뇌물을 받았거나, 모종의 정치적 거래가 있었음이 분명하다고 보기 때문이다.

다시 본론으로 돌아와, 조국은 청와대 민정수석 및 법무부장관으로 재직하는 동안 필자로부터 위 검사비리사건과 관련된 진정서(탄원서) 및 고소장을 수차례 배달증명 우편으로 접수받아 왔다.

그럴 때마다, 조국은 위 진정서 및 고소장을 수차례 은폐를 거듭해 온 검찰에 그대로 이첩해 버림으로써, 조국 역시 위 검사비리사건을 은폐해 버린 범죄자가 됐다.

그러나 문재인 정부에서 전 법무부장관 조국만 위 검사비리사건을 은폐하지 않았다. 초대 법무부장관 박상기를 비롯하여 조국, 추미애, 박범계에 이르기까지 문재인 정부 소속 법무부장관들은 겉으로는 검찰개혁을 외치면서도 실제로는 위 검사비리사건을 은폐하기에 급급함으로써 검찰개혁과는 거리가 먼 정치적 행보를 보여왔다.

사실인즉, 문재인 정부가 검찰개혁을 추진하기 위해서는 그 선결조건으로 위 검사비리사건을 제대로 수사하여 관련자를 처벌하고, 거기서 나온 문제점들을 법과 제도적으로 보완하면 검찰개혁은 완성되는 것이나 다름없었다.

그 이유는 우리나라 검찰이 그동안 보여온 모든 적폐가 위 검사비리사건에 통째로 모여 있었기 때문이었다.

문재인 정부가 위 검사비리사건을 제대로 처리하지 않고서는 지금까지 필자가 강조해 온 검찰의 선택적 수사 및 선택적 정의 실현이라는 병폐를 개혁할 수 없었다.

즉, 위 검사비리사건이 제대로 해결되지 못함으로써 검찰의 적폐로 지적되어 온 전관예우, 검사들의 사건조작을 통한 부정축재, 수사권 및 기소권, 각종 영장청구권 등 검찰권력 남용, 검찰조직의 사적 이용, 뭉개기식 수사 및 조작수사 · 청탁수사 · 먼지털이식 수사 · 표적수사 · 보복수사 등 검찰권력 행사와 관련된 모든 문제점은 물론, 검찰조직 문화와 관련하여 검사들의 특권의식, 기수문화, 검찰총장을 정점으로 한 검사동일체 원칙에서 나오는 여러 가지 문제점 등 어느 것 하나 제대로 개혁할 수 없었다.

지금껏 문재인 정부 법무부장관들이 검찰개혁이랍시고 추진해 온 내용들을 살펴보라.

위 검사비리사건을 은폐해 버림에 따라 사건조작을 위한 검찰권력 남용 등 검찰의 핵심적인 적폐에 대해서는 손도 대지 못했다.

즉, 문재인 정부 법무부장관들은 윤석열 검찰이 치외법권 지대가 없어야 한다며 정권 실세인 조국 전 법무부장관 및 그의 가족에 대한 비리는 물론 살아 있는 권력인 청와대의 범죄 혐의에 대해 검찰의 칼날을 들이대자, 이를 은폐하거나 축소할 의도로써 검사들에 대한 인사권과 감찰권을 남용하여 수사 잘하는 검사들을 좌천시키거나 옷 벗기는 일, 정권 핵심부에 칼날을 들이댈 것을 염려한 나머지 미리 특수부, 강력부 등 힘 있는 부서를 폐지하거나 축소하는 일, 친정부 인사들이 수사대상에 오를 경우 어떻게 해서든지 범죄사실을 은폐하고픈 심정으로 형법상 구시대의 유물로 변해 버린 피의사실 공표죄를 관 속에서 들고 나와 해당 검사들을 징계하고 협박해 오지 않았던가? 한마디로 헌법에도 인정되는 국민의 알권리는 죽 쒀서 개 준 꼴이 되어버렸다.

도대체 이를 두고 어떻게 검찰개혁이란 말인가? 왜 한동훈 검사 등 수사 잘하는 검사들이 살아 있는 권력에 수사하였다는 이유만으로 문재인 정부의 정치놀음에 희생되어야 하는가?

국가는 그들을 일 잘하는 검사로 키워온 과정에서 지난 수십 년간 얼마나 많은 국민 혈세를 투입하였는지 생각해 보라. 국가 인재들이 문재인 정부에 의해 옷을 벗거나 한직으로 밀려나가 썩히고 있다고 생각하니, 위 주관용사건을 열심히 수사하였다는 이유 하나만으로 성영훈 일당으로부터 검찰조직을 쫓겨나온 필자로서는 가슴 깊숙이 치밀어 오르는 화를 참을 수 없다. 이는 청와대 등 살아 있는 권력의 부정부패가 만연하고 특권과 반칙이 날뛰는 사회로 가는 첩경일 뿐이다.

검찰개혁의 목표는 간단하다. 사법정의를 실현하는 검찰로 만들어 가야 한다.

즉, 검찰수사 및 기소 등 검찰권 행사와 관련하여 정권이나 특정정파 또는 검찰 스스로의 이해관계에 따라 지금껏 해왔던 방식인 선택적 수사 및 선택적 정의를 실현하도록 내버려둘 것이 아니라, 형사소송법상 소정의 규정에 따라 보편적 수사 및 보편적 정의가 실현되도록 법과 제도를 재정비하면 그만이다.

대통령을 비롯한 모든 공직자를 상대로 이 나라에 부정부패가 없고 깨끗한 공직문화를 담보하기 위해서는, 나아가 모든 국민이 검찰로부터 공정하고 평등한 형사사법 서비스를 제공받기 위해서는, 정당하고 법적 절차를 준수한 수사에 대해서는 검찰 수사력을 한층 더 강화해 주고, 수사 잘하는 검사에 대해서는 거기에 걸맞게 영전과 대우를 해주면서도, 사건조작이나 일삼는 정치검사, 비리검사에 대해서는 과감하게 퇴출시키는 법적·제도적 장치를 만들어주는 것이 진정한 검찰개혁이 아니겠는가?

결론적으로 말하면, 문재인 정부가 추진해 온 검찰개혁은 위 검사 비리사건을 은폐하는 것도 모자라, 자신들만의 비리를 은폐하거나 축소하려는 의도로 검찰개혁을 기획하고 추진해 왔으며, 이는 결국 대한민국을 범죄집단으로 변질시켜 버렸다.

그렇다면, 가짜 검찰개혁을 수행해 왔던 문재인 대통령과 집권당인 민주당은 국민과 역사 앞에 석고대죄하는 심정으로 책임을 져야 하지 않겠는가?

따라서 썩은 문재인 정부가 물러나고 정권교체를 통하여 새로운 정부가 들어서게 되면, ① 문재인 정부는 왜 그토록 자신들이 임명한 민갑룡 경찰 및 윤석열 검찰을 동원하여 위 검사비리사건을 은폐해 왔는지, ② 공수처는 누구의 지시로 위 검사비리사건을 수사도 하지 않은 채 은폐해 버렸는지 그리고 ③ 성영훈 일당은 범죄수익금 약 150억 원을 어디에 사용할 계획이었는지, 이 모든 궁금증이 제대로 규명되어야 한다.

문재인 정부 및 민주당이 검찰개혁의 일환으로 설립한 공수처를 보더라도 그렇다.

공수처는 당연히 위 검사비리사건을 제1호 사건으로 선정해야 함에도 불구하고, 문재인 정부 검찰과 마찬가지로 전혀 수사를 진행하지 않은 채 이를 은폐해 버리고는 공수처 설립목적과 수사대상에 전혀 맞지 않을 뿐만 아니라, 기소권마저도 없는 '조희연 서울시교육감의 해직 교사 특별채용 의혹사건'을 수사 중에 있던 경찰에서 억지로 끌고 와 제1호 사건으로 선정해 버렸다.

이는 공수처가 이전부터 검찰에서 해오던 방식과 마찬가지로 선택적 수사를 통하여 문재인 정권 핵심 세력 및 고위직 판·검사의 비리에 대해서는 은폐해 버리고, 공수처에 미운털이 박힌 자에 대해서는 인지권을 발동하여 구속수사로 보복하겠다는 속내를 그대로 드러내고 말았다.

한마디로 말하면, 공수처가 정상 가동한 지 채 1달이 지나는 시점에서 위 검사비리사건을 은폐해 버림으로써, 일부 야당의 우려대로 선택적 수사를 통한 문재인 정권에 대한 신변보호처 및 정적 제거용 수사기관으로 재탄생한 셈이 되어버렸다.

이 또한, 문재인 대통령과 민주당은 검찰개혁의 실패와 마찬가지로 아무 쓸모가 없고 국민 혈세만 낭비하며 선택적 수사를 통해 괴물로 변해 버린 공수처 설립에 대해 온 국민과 역사 앞에 석고대죄하는 심정으로 책임을 져야 하지 않겠는가?

정권교체를 통한 새 정부가 들어서면 공수처 폐지는 물론이고, 위 검사비리사건을 은폐해 버린 공수처장 김진욱과 담당 공수처검사 김수정에 대해서만큼은 구속수사 등 응징의 형사처벌이 뒤따라야 한다.

이제 공정과 정의로운 국가건설을 내팽개치고, 내로남불의 극치를 보여온 문재인 대통령 시대 및 민주당 정권이 서서히 저물고 있다.

필자는 전임 대통령 박근혜가 탄핵되고 검찰개혁을 외쳐댔던 촛불혁명에 이어 당시 민주당 대통령 후보 문재인이 당선되기를 바라던 심정에서 '사법정의 실현을 위한 새 대통령 당선조건'이라는 위 책자까지 발간하여 그에게 봉정했던 사람이다.

필자가 당초 문재인 대통령에게 기대했던 공약내용, 이를테면 검찰개혁을 완수하고 공정과 정의가 도도히 흐르는 나라다운 나라를 만들어 달라는 초심은 오간 데 없고, 다음 대통령 선거가 눈앞에 다가서고 있는 이 시점에서 사법정의를 망치고 가짜 검찰개혁 및 가짜 공수처를 설립한 문재인 대통령에게 책임을 묻기 위해 정권교체라는 카드로 대장정의 길로 나서야 한다니 어찌 이내 심정을 말로 표현할 수 있으랴?

그러나 이 길을 마다할 수 없다. 정권교체만 이루어지면 다시금 대한민국은 정의와 공정이 꿈틀대는 새 역사가 펼쳐질 가능성이 있기 때문이다.

원래 인간이라는 존재는 다소 풍족하지 않아도 공정과 정의만 살아 있다면 살아가는 데 전혀 지장이 없다. 우리 헌법에서도 모든 국민은 법 앞에 평등하며 인간다운 생활을 할 권리가 있음을 천명해 놓은 이유도 바로 여기에 있다.

그동안 문재인 정권은 위 검사비리사건 은폐에서 볼 수 있듯이 자신들의 잘못을 내로남불로 치장하고, 공정과 정의는 사라진 채 조국사태를 통하여 국민을 두 편으로 나눠 분열과 갈등만을 조장해 왔다.

최근 민주당 대통령 후보로는 이재명 경기지사, 이낙연 전 민주당 대표, 정세균 전 총리, 이광재 의원, 박용진 의원, 추미애 전 법무부 장관 등이 거론된다.

그러나 그들 중 누가 민주당 대통령 후보로 확정되든 범죄단체조직 두목인 문 대통령과 함께 역사에서 유물로 사라져야 할 사람들이다. 그 밥에 그 나물이라는 뜻이다.

그 이유는 그들 모두 위 검사비리사건을 은폐하는데 정치적, 법적 책임에서 자유로울 수 없을 뿐만 아니라 가짜 검찰개혁을 추진하고, 가짜 공수처를 설립하는 데 일정 부분 공조해 왔던 역적들이기 때문이다.

특히, 필자는 현재 대통령 후보 지지율 1위를 달리고 있는 이재명 지사에 대해서만큼은 이전 대통령 선거에서 민주당 후보로 나선 바 있어 위 책자를 등기우편을 통해 직접 송달한 바 있다.

이런 인물이 대통령에 당선된다면 문 대통령 시대와 마찬가지로 살아 있는 권력 및 판·검사들의 비리에 대해서는 처벌되지 않은 채 은폐되고 말 것이며, 그와 같은 범죄를 수사하라고 설립된 공수처는 집권자를 위한 선택적 수사를 통하여 정적만을 골라 죽이는 괴물로 변해 있을 것이 불 보듯 뻔해 보인다.

결국, 이번 대선에서는 정권교체만이 그동안 문재인 정부가 싸질러 놓은 모든 적폐를 청산하고 책임정치를 구현하며, 공정과 정의가 도도히 흐르는 대한민국을 다시금 건설할 수 있는 기회가 찾아올 수 있다는 믿음을 가질 수 있다.

그리고 그 믿음에 대한 희망의 끈을 놓지 말아야 한다.

● 이 신문기사는 다가오는 제20대 대통령 선거에 활용하기 위하여 호외 발행은 물론, 온 국민과 역사 앞에 봉정할 수 있도록 제2책자로도 발간될 예정임

〔칼럼시리즈(제2판) (24)〕 〔2021. 6. 12.〕

문재인 정부의 사건조작 범법행위는 하늘도 놀라 천벌을 받을 것이다!!

- **문재인 정부는 왜 자신들의 사건은폐 범죄를 일선 경찰서 수사관에게 떠넘기려 하는가?**
- **당장 공수처를 해체하고, 공수처장 김진욱 · 공수처검사 김수정을 즉각 구속하라.**

(1) 문재인 정부는 '검사비리사건'을 은폐한 범죄단체조직임이 이미 확인되었다. 따라서 나라가 정상적으로 운영되려면 정권교체 이전이라도 공무원조직의 우두머리이자 범죄단체조직 두목인 문재인 대통령의 목부터 따야 하지 않겠는가?

본 필자는 2021. 5. 17.자 본지 "모든 국민들은 횃불을 들고 일어나 범죄단체조직 두목 문재인 대통령을 하야시켜 국외로 추방하자!!"라는 제하의 신문기사에서, 2021. 5. 15.자 본지 "대한민국 정부는 권력형 부정부패 검사들을 감싸고 도는 범죄단체조직으로 변해 버렸다!!"라는 제하의 신문기사 내용 중 "금 150억 원의 범죄수익금을 착복하기 위해 검찰수사권을 남용한 일명 '검사비리사건'을 은폐해 버린 대통령 문재인을 범죄단체조직 두목으로, 국무총리 김부겸을 부두목으로, 행정안전부장관 전해철을 행동대장으로 임명하고 역사와 국민 앞에 이를 선포하였다."는 게재 글을 인용하였다.

위 '검사비리사건'은 우리나라 사법정의를 세우는데 있어 고질적인 병폐로 지목되어 온 전형적인 전관예우사건이자, 검사들의 권력형 비리사건이며, 사건조작을 통하여 범죄수익금 약 150억 원을 착복하려는 대형 부정부패사범이며, 국가기관인 검찰조직을 악용한 국기문란사범이며, 실세 검사들이 자신들의 더러운 뱃속을 채우기 위해 우월한 권한에 터 잡아 법과 원칙에 따라 열심히 수사업무에 열중하고 있는 수사사무관의 수사권을 짓눌러버린 사법 쿠데타의 성격을 띠고 있다는 사실 또한 본지를 통하여 입에 침이 마르도록 강조해 왔다.

범죄단체 두목 문재인, 부두목 김부겸, 행동대장 전해철의 구체적인 범죄사실 내용들은 본지 신문기사를 통하여 수차례 자세하게 게재해 놓았으므로 이를 생략한다. 다만, 그들의 범죄사실에 대한 중대성, 범죄행위 당시 국가최고 권력기관장이었다는 사실, 범행 이후 증거 인멸의 조작가능성 등을 고려해 볼 때 일반인의 신분이었다면 진즉 수백 번 구속되고도 남음이 있다고 하겠다.

(2) 공수처는 우리나라 검찰이 걸어온 길, 즉 선택적 수사 및 선택적 정의실현이라는 검찰 적폐를 그대로 이어받아 위 검사비리사건을 은폐해버린 수사기관으로 확인됨에 따라, 공수처의 존립 기반은 이미 무너져 버렸다. 공수처의 사법정의 실현은 이미 물건너갔으며, 선택적 수사를 통한 집권자의 권력 강화 및 정적 제거용 수사기관으로 전락하고 말았다.

(3) 문재인 정부는 왜 일선 경찰서 수사관들에게 범죄자의 멍을 씌우려 하는가?

필자는 2021. 5. 31. 17:30경 성남수정경찰서 수사과 지능범죄수사팀 백승화 수사관(경사)으로부터 한 통의 전화를 받았다. 그 내용인 즉 "고소인이 공수처에 제출한 접수번호 47번(검사비리사건) 및 909번(국무총리 김부겸의 검사비리사건 은폐범죄) 등 2개의 고소 사건이 고소인의 거주지를 관할하는 성남수정경찰서로 이송된 후 저에게 배당되었다. 제가 위 2건의 사건기록을 면밀히 검토해 보니, 사실관계가 명백하고 거기에 증거도 촘촘히 첨부해 놓아 굳이 고소인 보충 진술이 필요 없어 보인다. 그렇지만, 고소인의 의견도 중요하니 고소인 보충 진술을 할 의향이 있는지 물어보기 위해 전화를 드리게 되었다."라는 취지였다.

이에, 필자는 "위 검사비리사건은 박근혜 정부 검찰에서부터 은폐해 온 사건이라 이미 경찰에 나가서 수없이 고소인 보충진술을 해왔을 뿐만 아니라, 박근혜 정부 및 문재인 정부의 검찰에서 내려진 불기소 처분을 반박하기 위해 증거자료를 산더미처럼 제출해 놓았기 때문에 굳이 고소인 보충진술을 할 필요가 없다. 그리고 국무총리 김부겸의 혐의사실도 증거관계가 명백하므로 소환조사 후 곧바로 기소의견으로 송치해도 무방하다. 그런데 문제는 위 2개 사건이 공수처에 관할권이 있는 사안이지, 경찰이 어떻게 검찰이나 법원의 보호를 받고 있는 검사장 출신 전관변호사나 현직 검사, 특히 현 국무총리를 소환하여 조사할 수 있겠느냐? 경찰수사가 불가능한 사건을 공수처에서 굳이 내려 보낸 이유는 사건을 덮으라는 의미가 아니고 무엇이겠느냐? 위 2개 사건은 공수처가 사건은폐로 생성된 범죄물건과 뭐가 다른가?"라고 되묻자, 백 수사관은 "고소인이 이왕에 말을 꺼내서 솔직하게 말씀드리겠다. 우리 내부적으로 많이 토의를 해보고 고민도 수없이 해왔다. 증거관계가 명백한데다가 경찰의 힘으로 권력형 검사비리사건을 소환해서 조사할 수도 없다. 특히 현 국무총리는 더욱 그렇다. 결국, 공수처가 위 2개의 고소사건에 대해 혐의없음으로 조작하라는 의미인데 우리는 불법의 지시에 따를 수 없다. 우리는 위 사건을 처리할 의무가 없으므로 사건을 공수처에 다시 이송할 계획이다."라는 취지로 답변하였다.

그 이후, 필자는 약 10일이 지난 시점인 2021. 6. 10. 10:40.경 위 2개

사건을 당초 약속대로 공수처에 반환하였는지의 여부를 확인해 보기 위해 백승화 수사관에게 전화를 걸었다. 그런데 백 수사관의 답변은 의외로 뜻밖이었다. 그 내용인즉, "선생님, 죄송합니다. 위 2개의 고소사건을 공수처에 반환하지 못하고, 범죄발생지인 서초경찰서에 이송하였습니다. 공수처에 반환하기 위해서는 상급기관인 경기남부경찰청, 경찰청 본청, 공수처의 순서를 거쳐야 하는데, 당장 경기남부경찰청에서 어떻게 반대를 하든지 어쩔 수 없었습니다."라는 답변이었다.

이에, 필자는 "백 수사관은 공수처에 반환하여야 할 위 2개 사건을 자신의 책임회피를 위해 서초경찰서에 이송해 버린 행위는 형법상 직무유기 및 직권남용의 범죄에 해당합니다. 그럼 서초경찰서 담당자는 누굽니까? 서초경찰서에서는 위 2개 고소사건을 제대로 수사하여 모두 기소의견으로 송치한다고 합니까?"라고 백 수사관에게 되묻자,
백 수사관은 "서초경찰서 담당자는 수사과 지능범죄수사팀 이준 경사인데, 그 역시 고민을 많이 하고 있는 중입니다. 제가 그 담당자에게 전화를 걸어 위 2개 사건에 대한 은폐책임에서 벗어날 수 있도록 하기 위해 공수처에 반환될 수 있게끔 상급청인 서울지방경찰청에 바로 이송하도록 하겠습니다."라고 답변하였다. 그리고 한참 이후에 "위 2개의 고소사건 중 김부겸 국무총리 사건은 김부겸의 거주지 관할인 대구수성경찰서로 이송하였다."라고 정정해 주었다.

필자는 이상의 상황에서 뭔가 새로운 사실을 발견할 수 있었다.

청와대 등 권력자나 자신의 인사권자가 사건은폐 등 사건조작을 지시해도 일선에서 수사하는 경찰관들은 이를 거부하고 나섰다는 사실이다. 이는 정권 말기에 다가올수록 정권교체를 바라는 민심이 작용하지 않았나 하는 조심스러운 생각을 해본다.

문재인 정부 초기 또는 중반 때만 해도 필자에게 "형님, 위 검사비리 사건을 파헤쳐 경찰수사권독립의 발판을 마련하겠습니다."라고 다짐했던 민갑룡이 경찰청장이 되고 난 후 그 태도가 180도 바뀌어 오히려 위 검사비리사건을 뭉개기식 수사 및 조작수사로 대응하고, 허위내용의 송치의견서를 작성하여 검찰에 불법송치해 버렸던 과거와는 사뭇 달라지는 모습에서 대한민국에 희망의 새싹이 돋고 있음이 분명해 보인다.

마지막으로, 범죄집단조직 두목 문재인 대통령, 부두목 김부겸 국무총리, 행동대장 전해철 행자부장관에게 경고한다!!

당신들은 왜 당신들이 저지른 범죄를 당신들의 부하직원인 일선 수사경찰관들에게 범죄의 덫을 씌우려 하는가?

당신들이 싸지른 더러운 똥(범죄)을 스스로 치우지 아니하고 왜 일선 수사경찰관들에게 치우게 한단 말이냐? 일선 수사경찰관들은 당신들처럼 범죄에 오염되지 않은 대한민국의 아들, 딸들이고 한 가정의 가장이며 대한민국을 지키고 가꾸는 기둥들이다.

다시금 경고하는데, 당신들의 더러운 주둥이로 판·검사들의 사건조작을 감추는데 애쓰지 말 것이며, 판·검사들의 범죄를 감추기 위해 정직과 애국·애족의 정신으로 수사에 전념하고 있는 경찰관들에게 범죄의 덫을 씌우지 말라!!!

당신네들이 조금이라도 양심이 있고, 국가에 눈곱만큼이라도 봉사하고 퇴직하려는 애국심이 있다면, 위 검사비리사건을 은폐해 버린 공수처를 당장 폐지하고, 그 은폐 책임자인 김진욱 공수처장과 김수정 공수처검사를 당장 구속하라!!!

〔칼럼시리즈(제2판) (25)〕 〔2021. 6. 21.〕

공수처가 '금 150억 원 검사비리사건'을 은폐해 버렸다!!

- **가짜 공수처를 설치한 문재인 정부 및 민주당은 국민 앞에 석고대죄하라.**
- **당장 공수처를 폐지하고, 공수처장 김진욱을 구속수사하라.**

본 필자는 공수처장 김진욱 및 공수처 사건분석조사담당관실 검사 김수정의 범죄사실이 기재된 고소장을 금일 대검찰청에 제출하면서 이를 아래와 같이 전격 공개한다.

김오수 검찰이 위 고소장을 과거 '검찰 제 식구 감싸기' 방식대로 소위 뭉개기식 수사 또는 조작수사를 실시한 후 허위내용의 불기소 결정서를 작성하는 수법으로 은폐해 버린다면, 이는 수사기관 간 견제와 균형에 입각한 공수처 설립 취지에 정면으로 배치될 뿐만 아니라, 위 고소장에 게재된 이 사건으로 인해 범죄 집단으로 변질되어 버린 공수처에 대한 폐지 압박은 갑절로 증폭될 것이다.

앞으로 김오수 검찰이 이 사건 고소장을 수사준칙상 2개월 이내에 마무리 짓고, 피고소인들에 대한 구속기소까지 이어갈 수 있을 것인지, 그렇지 않으면 이전 윤석열 검찰 방식대로 은폐해 버릴 것인지 주의 깊게 지켜볼 일이다.

아울러, 필자는 이 나라에 사법정의가 조금이라도 살아 숨 쉬도록 하기 위해 이 사건 고소장에 대한 수사과정 및 처분결과까지 본지를 통해 온 국민과 역사 앞에 한 점 부끄럼 없도록 중간 중간 정직하게 보고드릴 것을 엄숙히 약속한다.

【첨 부】

고 소 장

(고소장 기재사항 중 * 표시된 항목은 반드시 기재하여야 합니다.)

1. 고소인*

성 명 (상호 · 대표자)	임 찬 용	주민등록번호 (법인등록번호)	590410-이하 생략
주 소 (주사무소 소재지)	성남시 수정구 수정로 342번길 27-11(산성동) (현 거주지)		
직 업	LPN로컬파워뉴스 법조팀장 (前 검찰수사과장)	사무실 주소	서울시 강남구 논현로94길 13(역삼동) 예일패트빌딩 4층
전 화	(휴대폰) 010-5313-0000 (자택) — (사무실) —		
이메일			
대리인에 의한 고소	□ 법정대리인 (성명 : 연락처) □ 고소대리인 (성명 : 변호사 연락처)		

※ 고소인이 법인 또는 단체인 경우에는 상호 또는 단체명, 대표자, 법인등록번호(또는 사업자등록번호), 주된 사무소의 소재지, 전화 등 연락처를 기재해야 하며, 법인의 경우에는 법인등기부 등본이 첨부되어야 합니다.

※ 미성년자의 친권자 등 법정대리인이 고소하는 경우 및 변호사에 의한 고소대리의 경우 법정대리인 관계, 변호사 선임을 증명할 수 있는 서류를 첨부하시기 바랍니다.

2. 피고소인*

성 명	(1) 김 진 욱	주민등록번호	(1) 불상
	(1) 김 수 정		(2) 불상
주 소	불 상		(현 거주지)
직 업	(1) 공수처장	사무실 주소	경기도 과천시 관문로47 정부과전청사 5동
	(2) 공수처검사		
전 화	(휴대폰)	(자택)	(사무실)
이메일			
기타사항			

※ 기타사항에는 고소인과의 관계 및 피고소인의 인적사항과 연락처를 정확히 알 수 없을 경우 피고소인의 성별, 특징적 외모, 인상착의 등을 구체적으로 기재하시기 바랍니다.

3. 고소취지*

　　　　　　　*(죄명 및 피고소인에 대한 처벌의사 기재)

고소인은 피고소인들을 직권남용권리행사방해죄, 직무유기죄, 허위공문서작성죄, 허위공문서행사죄 등으로 고소하오니 엄히 처벌하여 주시기 바랍니다.

4. 범죄사실*

《사건 전개 및 배경》

고소인은 2021. 1. 28. 태평양 법무법인 고문변호사이자 검사장 출신 전관 변호사 성영훈과 그의 부하직원으로 근무한 적이 있는 대검찰청 감찰1과장 안병익, 서울고검 검사 김훈, 백방준(이하, '성영훈 일당') 등이 2012. 7.경부터 2014. 3.중순경까지 약 150억 원의 범죄수익금을 착복 내지 편취하기 위해 검찰수사권을 남용한 일명 '검사비리사건' 등에 대한 고소장68)을 고위공직자범죄수사처(이하, '공수처')에 접수시키고 접수번호 47번의 접수증을 교부받았다.(첨부 1)

위 '검사비리사건'은 우리나라 사법정의를 세우는데 있어 고질적인 병폐로 지목되어 온 전형적인 전관예우사건이자, 검사들의 권력형비리사건이며, 사건조작을 통하여 범죄수익금 약 150억 원을 착복하려는 대형 부정부패사범이며, 국가기관인 검찰조직을 악용한 국기문란사범이며, 실세 검사들이 자신들의 더러운 뱃속을 채우기 위해 우월한 권한에 터 잡아 법과 원칙에 따라 열심히 수사업무에 열중하고 있는 수사사무관의 수사권을 짓눌러버린 사법 쿠데타의 성격을 띠고 있다.

고소인은 위 같은 날 문재인 정부의 민갑룡 경찰과 윤석열 검찰이 성영훈 일당에게 면죄부를 주기 위해 약 2년 이상의 기간 동안 소위 뭉개기식 수사 및 조작수사를 거쳐 허위내용의 송치의견서 및 허위내용의 불기소결정서를 각각 작성하는 수법으로 위 검사비리사건을 은폐69)해 버린 고소장을 공수처에 접수시킨 후 접수번호 46번의 접수증을 교부받았다.(첨부 3)

고소인은 2021. 4. 21. 피고소인 김부겸이 2019. 9. 19.경 행안부장관 재직 당시 성영훈 일당에게 면죄부를 줄 목적으로 자신의 휘하에

---

68) 공수처 접수번호 47번인 고소장에는 위 '검사비리사건' 이외에 피고소인 성영훈에 대한 범죄수익금 약 150억 원 상당 소송사기 미수사건, 피고소인 주관용에 대한 무고사건, 피고소인 성영훈, 임장호, 허승진에 대한 소송사기사건, 피고소인 황교안에 대한 위 '검사비리사건' 방조사건, 피고소인 김진태 및 임정혁에 대한 직권남용권리행사방해사건 등이 포함되어 있으나, 가장 대표적인 사건인 위 '검사비리사건'을 중심으로 공수처장 김진욱 및 공수처검사 김수정의 죄책을 언급하고자 한다.
69) 이를 입증하는 증거자료로는 2020. 3. 30.자 고소인 명의의 항고장.(첨부 2)

있는 민갑룡 경찰의 위 검사비리사건에 대한 조작수사를 묵인하였다는 취지의 고소장을 공수처에 우편으로 접수시키고, 유선전화를 통하여 그 접수번호가 909번인 사실을 확인하였다.

위 3건 고소사건의 범죄사실은 공히 100% 입증이 가능하게끔 증거자료를 촘촘하게 첨부해 놓았고, 이를 수사하여야 하는 공수처의 입장에서 보더라도 수사인력이 필요하지 않으면서도 단기간 내 각 피고소인들에 대한 소환조사를 통하여 곧바로 사전구속영장 청구가 가능하도록 되어 있었다. 〔입증자료 : 위 검사비리사건 고소장 및 거기에 첨부된 증거자료 (첨부 4), 위 검사비리사건 은폐사건 고소장 및 거기에 첨부된 증거자료 (첨부 5), 피고소인 김부겸의 위 검사비리사건 은폐사건 고소장 및 거기에 첨부된 증거자료 (첨부 6)〕

특히, 위 검사비리사건에 대해서는 2014. 7. 31.자 고소장(별권 책자 제31~56쪽)이 처음으로 박근혜 정부 휘하 강신명 경찰청장에게 제출된 이래로 박근혜 정부 휘하 김진태 검찰에서 허위내용의 불기소결정서를 작성하는 수법으로 수차례 은폐된 사실이 있고, 위 검사비리사건 민사소송에 있어서도 양승태 대법원장 휘하 각급 법원에서 허위내용의 판결문을 작성하는 수법으로 3차례 은폐된 사실이 있다.(입증자료 : 별권 책자 1권, 2015. 4. 15. 발행 사법정의 실현을 위한 새 대통령 당선조건 책자, 출판사 정의로운 세상, 총 851면)

한편, 공수처장 김진욱은 공수처 제1호 사건 선정과 관련, 2021. 4. 19.경 정부과천청사에서 취재진의 질문에 "공수처가 규정하는 사건이 1호 사건이 될 것"이며, 검찰로부터 이첩받은 사건이 아니라, 공수처에 접수된 사건 중 1호 수사사건을 찾겠다는 취지로 답변하였다.(첨부 7)

그러나 공수처는 2021. 4. 28.경 공수처장 김진욱이 공수처에 접수된 사건 중에서 1호 사건을 선정하겠다는 당초 답변과 달리 공수처의 설립 취지에 전혀 부합하지 않을 뿐만 아니라, 당시 경찰에서 수사 중에 있던 '조희연 서울시교육감의 해직교사 특별채용 의혹사건'을 억지로 끌고 와 '공수처 1호 사건'으로 선정하였다.

이에 반해, 공수처는 2021. 5. 6.경 그동안 치외법권 지대로 여겨져 왔던 판·검사 비리에 대한 수사 및 기소를 주목적으로 하는 공수처 설립 취지에 100% 부합할 뿐만 아니라, 고소인이 공수처에 직접 접수한 위 검사비리사건 등 3건의 고소사건에 대해서는 '입건' 결정을 하지 않고, 이를 은폐할 목적으로 다른 수사기관인 경찰 및 검찰에 '단순이첩' 결정을 하였다.[70]

---

[70] 공수처가 고소인에게 통지한 '수사처수리(내사)사건 처리결과 통지' 안내문에 의하면, 사건이첩의 경우에는 2가지 개념으로 분류된다.

즉, 다른 수사기관에 사건을 이첩하면서 수사처(공수처)가 추가조사 및 공소제기 여부를 판단할 수 있도록 해당 수사기관의 수사 완료 후 수사처(공수처)로 이첩하여 줄 것을 요청하거나, 인지통보를 받은 사건에 대하여 수사를 개시하기로 결정한 경우에는 '입건'으로 분류하고, 해당사건이 수사처(공수처)의 수사대상에 해당하지 않거나 다른 수사기관에서 수사하는 것이 적절하다고 판단되어 다른 수사기관에 송부하는 결정을 하는 경우에는 '단순이첩'으로 분류한다.
그런데 고소인이 공수처에 제출한 위 검사비리사건 등 3건의 고소사건에 있어서는 수사처(공수처)의 설립취지에 100% 부합하는 수사처(공수처)의 수사대상에 해당할 뿐만 아니라 (특히, 위 검사비리사건 및 이를 은폐한 고소사건은 수사처가 기소권까지 갖고 있음), 이미 경찰 및 검찰에서 수차례 은폐한 전력이 있어 수사처 이외에 다른 수사기관에서 수사하는 것이 전혀 적절하지 않다. 더군다나 위 3건의 고소사건 중 피고소인 김부겸 사건을 제외한 나머지 2건의 고소사건은 검사들의 고위공직자범죄에 해당되므로 수사처가 다른 수사기관에 이첩할 경우 공수처법 제25조 제2항에 정면으로 배치된다.
그럼에도 불구하고, 수사처(공수처)가 위 검사비리사건 등 3건의 고소사건에 대해 '입건' 결정을 하지 않고, '단순이첩' 결정을 했다는 의미는 위 검사비리사건 피고소인인 성영훈 일당은 물론, 위 검사비리사건 은폐사건 각 피고소인에게 면죄부를 주기 위해 모든 사건을 은폐하기로 결정했다는 의미와 전혀 다를 바 없다. 즉 전자와 후자가 각각 동일한 의미다.

【피고소인 김진욱, 피고소인 김수정의 공동범행】

가. 직권남용권리행사방해죄

공수처 접수번호 제47호인 위 검사비리사건은 검사장 출신 전관 변호사와 실세 검사들이 공모하여 범죄 수익금 약 150억 원을 착복 내지 편취하기 위해 검찰수사권을 남용한 권력형 비리사건이라는 점, 이로 인해 공수처 설립 취지에 100% 부합하는 수사대상 사건이라는 점, 공수처가 기소권까지 갖고 있는 사건이라는 점, 공수처법 제25조 제2항에 해당되는 사건이라는 점, 박근혜 정부 경찰 및 검찰에서부터 문재인 정부 경찰 및 검찰에 이르기까지 검·경이 서로 짜고 수차례에 걸쳐 은폐해 버린 사건이라는 점[71], 공소시효까지 임박한 사건이라는 점[72] 등으로 인하여 경찰에 절대 이첩해서는 안된다.

또, 공수처 접수번호 제46호인 위 검사비리사건 은폐사건 역시 박근혜 정부 경찰 및 검찰은 물론, 문재인 정부 경찰 및 검찰에 와서도 검·경이 서로 짜고 '검찰의 제 식구 감싸기' 차원에서 소위 뭉개기식 수사 및 조작수사를 통해 위 검사비리사건을 은폐해 버린 권력형 비리 사건이라는 점[73], 이로 인해 공수처 설립 취지에 100% 부합하는 수사 대상 사건이라는 점, 공수처가 기소권까지 갖고 있는 사건이라는 점, 공수처법 제25조 제2항에 해당되는 사건이라는 점 등으로 인하여 검찰에 절대 이첩해서는 안된다.

---

71) 이에 대한 입증자료로는 첨부 책자 및 2020. 3. 30.자 항고장 (첨부 2) 그리고 위 검사비리사건 고소장 및 거기에 첨부된 수많은 증거자료(첨부 4) 각 참조.

72) 이 점에 대해서는 공수처에 제출한 위 검사비리사건 고소장 표지에도 기재해 놓았음. (첨부 4)

73) 이에 대한 입증자료로는 첨부책자 및 2020. 3. 30.자 항고장 (첨부 2) 그리고 위 검사비리사건 은폐사건 고소장 및 거기에 첨부된 수많은 증거자료 (첨부 5)

또, 공수처 접수번호 제909호인 피고소인 김부겸의 위 검사비리 사건 은폐사건 역시 행정안전부장관의 권한을 남용한 권력형 비리 사건이라는 점, 이로 인해 공수처 설립 취지에 100% 부합하는 수사 대상 사건이라는 점, 피고소인 김부겸이 경찰을 직접 지휘하였던 행정 안전부장관 재직 당시 발생하였던 사건이라는 점, 피고소인 김부겸의 신분은 현재 국정을 통할하는 국무총리까지 올라와 있어 일개 경찰관이 피고소인을 소환하여 조사를 한다는 것은 사실상 불가능하다는 점[74] 등으로 인하여 경찰에 절대 이첩해서는 안 된다.

그럼에도 불구하고, 피고소인들은 위 검사비리사건 등 3건의 고소 사건을 입건[75]하여 직접 수사하지 아니하고 다른 수사기관에 단순 이첩하는 방식을 취해 사실상 은폐함으로써 성영훈 일당 등 해당 피고소인들에게 형사처벌을 면해 주기로 마음먹었다.

이에 따라, 피고소인들은 2021. 5. 6.경 경기도 과천시 관문로 47, 정부과천청사 5동에 있는 공수처 피고소인 김수정 사무실에서, 위 3건의 고소사건 중 위 검사비리사건(접수번호 47호) 및 피고소인 김부겸의 위 검사비리사건 은폐사건(접수번호 909호)에 대해서는 경찰에, 위 검사

---

[74] 경찰에 절대 이첩해서는 안 되는 이 모든 사유들은 피고소인 김부겸의 위 검사 비리사건 은폐사건 고소장을 대충 훑어보더라도 자세히 알 수 있음.(첨부 6)

[75] 공수처가 고소인에게 통보한 '수사처수사(내사)사건 처리결과 통지'에 기재된 내용에 의하면, '입건'의 개념에 대하여, "공직범죄사건으로서 접수하여 직접 수사를 개시하거나, 다른 수사기관에 사건을 이첩하면서 고위공직자범죄수사처가 추가조사 및 공소제기 여부를 판단할 수 있도록 해당 수사기관의 수사 완료 후 수사처로 이첩하여 줄 것을 요청하거나, 인지통보를 받은 사건에 대하여 수사를 개시하기로 하는 결정입니다."라고 규정하고 있다. 또한, '단순이첩'의 개념에 대하여, "해당 사건이 수사처의 수사대상에 해당하지 않거나, 다른 수사기관에서 수사하는 것이 적절하다고 판단되어 다른 수사기관에 송부하는 결정입니다." 라고 규정하고 있다.

비리사건 은폐사건(접수번호 46호)에 대해서는 검찰에 각각 단순이첩 결정을 하였다.

이로써 피고소인들은 공수처법상 고위공직자범죄를 수사할 수 있는 직권을 남용하여 고소인이 공수처로부터 위 3건의 고소사건에 대한 정당한 수사를 받을 권리행사를 방해하였다.[76]

나. 직무유기죄

공수처법 제23조(수사처검사의 수사)에 의하면, "수사처검사는 고위공직자범죄의 혐의가 있다고 사료하는 때에는 범인, 범죄사실과 증거를 수사하여야 한다."라고 규정되어 있다.

그럼에도 불구하고, 피고소인들은 전항의 일시, 장소에서 위 3건의 고소사건에 대하여 '입건'조치를 취하지 아니하고, 경찰 및 검찰 등 다른 수사기관에 단순이첩을 결정함으로써 정당한 이유 없이 그 직무를 행하지 아니하였다.

---

[76] 실제 공수처로부터 위 검사비리사건(공수처 접수번호 47) 및 피고소인 김부겸의 검사비리사건 은폐사건(공수처 접수번호 909호)을 단순이첩 형식으로 이송 받은 경찰에서는 해당 사건 수사를 거부한 채 공수처에 반납하는 절차를 취하고 있는 사실이 확인되었다.

즉, 위 2건의 고소사건들은 공수처로부터 경찰청 본청, 경기남부경찰청을 거쳐 고소인이 거주하고 있는 관할 성남수정경찰서로 이송되었던 바, 동 경찰서 수사과 지능범죄수사팀 백승화 수사관(경사)은 2021. 5. 31.경 고소인과의 통화에서, "우리 내부적으로 많이 토의를 해보고 고민도 수없이 해왔다. 증거관계가 명백한 데다가 경찰의 힘으로 권력형 검사비리사건을 소환해서 조사할 수도 없다. 특히 현 국무총리는 더욱 그렇다. 결국, 공수처가 위 2건의 고소사건에 대해 혐의없음으로 조작하라는 의미인데 우리는 불법 지시에 따를 수 없다. 우리는 위 사건을 처리할 의무가 없으므로 사건을 공수처에 다시 이송할 계획이다."라는 취지로 답변하였다.(2021. 6. 12.자 LPN 로컬파워뉴스 기사 참조, 첨부 8)

다. 허위공문서작성죄

피고소인들은 사실은 위 3건의 고소사건이 공수처법상 공수처의 수사대상이고 위 가항에 기재된 이유로 인하여 다른 수사기관에 단순이첩을 하여서는 안 된다는 사실을 잘 알고 있다.

그럼에도 불구하고, 피고소인들은 위 3건의 고소사건 피고소인들에게 형사처벌을 면해 주기 위하여 허위내용의 공문서를 작성하여 이를 행사하기로 마음먹었다.

이에 따라, 피고소인들은 전항의 일시, 장소에서 피고소인 김수정 명의로 작성된 '수사처수리(내사)사건 처리결과 통지'라는 공문서상 '결정결과'란에 사실은 위 3건의 고소사건에 대해 공수처가 직접 수사를 개시한다는 의미의 '입건'이라고 기재하여야 함에도 불구하고, 각 첨부자료와 같이 '단순이첩'이라고 허위내용을 기재하였다.[77]

이로써 피고소인들은 행사할 목적으로 위 3건의 고소사건에 대한 허위내용의 공문서를 작성하였다.

라. 허위공문서행사죄

피고소인들은 전항과 같이 작성한 허위공문서를 그 즉시 피고소인 김수정 사무실에 비치하고 고소인에게 통지하는 등 이를 행사하였다.

※ 범죄사실은 형법 등 처벌법규에 해당하는 사실에 대하여 일시, 장소, 범행방법, 결과 등을 구체적으로 특정하여 기재해야 하며, 고소인이

---

[77] 접수번호 47번(검사비리사건)에 대한 처리결과 통지 공문서(첨부9), 접수번호 46번(검사비리사건 은폐사건)에 대한 처리결과 통지 공문서(첨부 10), 접수번호 909번(피고소인 김부겸의 검사비리사건 은폐사건)에 대한 처리결과 통지 공문서(첨부 11)

알고 있는 지식과 경험, 증거에 의해 사실로 인정되는 내용을 기재하여야 합니다.

5. 고소 이유

이 사건 핵심요지는 문재인 정부 및 집권 여당인 민주당이 야당의 필사적인 반대에도 불구하고 검찰개혁의 일환으로 설립한 공수처가 자신들의 이해득실에 따른 이중 잣대를 적용하여 공수처 설립 취지와 직접적인 관련이 없는 '서울시 교육감 조희연 사건'을 수사 중에 있던 경찰에서 끌고 와 공수처 제1호 사건으로 선정하면서, 그 대신에 검사들의 총체적 비리 백화점이라고 할 수 있는 위 검사비리사건 등 3건의 고소사건에 대해서는 다른 수사기관에 단순이첩이라는 형식을 빌려 은폐해 버렸다는 것입니다. 공수처는 제1호 사건 시작부터 불법적인 수사기법인 선택적 수사를 통해 공수처 설립근거를 스스로 무너뜨려 버렸습니다.

즉, 공수처는 "고위공직자범죄의 혐의가 있다고 사료하는 때에는 범인, 범죄사실과 증거를 수사하여야 한다."는 공수처법 제23조의 규정을 쓰레기통에 던져버리고, 자신들에게 유리하게끔 선택적 수사를 통해 사건의 입건 여부를 결정해 버렸습니다.

수사기관의 적폐이자 보편적 사법정의를 실현시킬 수 없는 선택적 수사 및 선택적 정의실현의 기원은 형사사법 권력을 가장 많이 쥐고 있었던 우리나라 검찰에서 찾을 수 있습니다.

그동안 우리나라 검찰은 형사소송법상 수사권 및 기소권, 영장청구권 등 모든 형사사법 권력이 검사에게 부여된 이래로 선택적 수사를 통해 청와대 등 살아 있는 정치권력에는 충성과 아부를, 죽은 정치권력과 일반 국민들을 상대로는 막강한 검찰권력을 남용하고, 전관예우 및 사건조작을 통해 엄청난 부정축재를 해온 전력이 있습니다. 이는 우리나라 검찰이 최고 수사기관치고는 참으로 역겹고 더러운 조직이었음이 역사적으로 증명되고 있습니다.

검찰, 경찰, 공수처 등 수사기관의 선택적 수사 및 선택적 정의실현은 고운 털이 박힌 자에게는 전관예우 등을 통하여 사건을 은폐 또는 무마해 버리면서도, 미운털이 박힌 자에게는 과잉수사, 먼지털이식 수사, 별건수사, 청탁수사, 보복수사로 나아갑니다.

즉, 수사기관의 선택적 수사 및 선택적 정의실현은 국가적 운명을 좌우할 정치적인 사건뿐만 아니라, 국민의 사법피해가 수반되는 일반 형사사건에 있어서도 이를 은폐해 버리기도 하고, 과잉수사 등 수사권 남용으로 작동하기도 합니다.[78]

공수처는 고소인이 제출한 위 검사비리사건 등 3건의 고소사건에 대하여 과거 우리나라 검찰이 걸어온 선택적 수사를 통해 은폐해 버림으로써 공수처의 존립 기반은 스스로 무너져버렸습니다.

결국, 공수처는 선택적 수사를 실시해 버림에 따라 자신들의 비리를 감추고 자신들의 기득권을 강화하는 첫발을 내딛게 되었으며, 한편으로는 집권자의 권력 강화 및 정적 제거용 수사기관으로 전락하고 말았습니다.

---

78) 공수처 등 수사기관의 선택적 수사와 관련된 문제점을 자세하게 파헤친 신문기사로는 2021. 6. 1.자 "왜 우리 국민들은 다가오는 대선에서 정권교체를 꼭 이뤄야만 하는가?" 제하의 LPN로컬파워뉴스 신문기사 참조.(첨부12)

앞으로 공수처는 과거 검찰이 해온 방식처럼 임명권자인 대통령과 자신들의 이해득실에 따라 선택적 수사를 통하여 미운 털이 박힌 자에게는 과잉수사, 청탁수사, 별건수사, 먼지털이식 수사, 보복수사 등으로 대응하고, 고운 털이 박힌 자에게는 불입건 수사, 뭉개기식 수사, 봐주기식 수사, 사건은폐를 위한 조작수사 등으로 대응해 나갈 것입니다.

이에, 고소인은 위 검사비리사건 등 3건의 고소사건에 대해 선택적 수사를 실시하여 사건 자체를 은폐해 버린 공수처장 김진욱 및 담당 검사 김수정에 대한 형사 책임을 추궁하고, 이로 인해 당초 공수처의 설립 취지가 상실한 상황에서 국가와 국민을 위해서는 공수처 폐지로 나아가야 한다는 신념에 따라 이 사건 고소에 이르게 되었습니다.

따라서 앞으로 이 사건 수사방향 및 초점은 위 '4항 범죄사실'에 대한 실체적 진실을 밝히는 것은 물론이거니와, 공수처가 눈에 훤히 보이는데도 불구하고 위 검사비리사건 등 3건의 고소사건을 수차례에 걸쳐 은폐 전력이 있는 경찰이나 검찰 등 다른 수사기관에 '단순이첩'을 할 수밖에 없었던 이유는 무엇인지, 그 배후 인물은 누구인지, 한 단계 건너뛰면 우리나라 모든 국민이 연고가 있는 상황에서 누구로부터 청탁을 받았는지, 이 모든 사항이 명명백백하게 밝혀짐으로써 수사기관의 선택적 수사가 근절되어야 함은 물론, 나아가 사법정의실현을 위한 국가 수사체계를 재정립하는 계기가 되어야 할 것입니다.

※ 고소이유에는 피고소인의 범행 경위 및 정황, 고소를 하게 된 동기와 사유 등 범죄사실을 뒷받침하는 내용을 간략, 명료하게 기재해야 합니다.

6. 증거자료

(✓ 해당란에 체크하여 주시기 바랍니다)

☐ 고소인은 고소인의 진술 외에 제출할 증거가 없습니다.
☐ 고소인은 고소인의 진술 외에 제출할 증거가 있습니다.
☞ 제출할 증거의 세부내역은 별지를 작성하여 첨부합니다.

7. 관련사건의 수사 및 재판 여부*

(✓ 해당란에 체크하여 주시기 바랍니다)

① 중복 고소 여부	본 고소장과 같은 내용의 고소장을 다른 검찰청 또는 경찰서에 제출하거나 제출하였던 사실이 있습니다 ☐ / 없습니다 ☐
② 관련 형사사건 수사 유무	본 고소장에 기재된 범죄사실과 관련된 사건 또는 공범에 대하여 검찰청이나 경찰서에서 수사 중에 있습니다 ☐ / 수사 중에 있지 않습니다 ☐
③ 관련 민사소송 유무	본 고소장에 기재된 범죄사실과 관련된 사건에 대하여 법원에서 민사소송 중에 있습니다 ☐ / 민사소송 중에 있지 않습니다 ☐

기타사항

※ ①, ②항은 반드시 표시하여야 하며, 만일 본 고소내용과 동일한 사건 또는 관련 형사사건이 수사재판 중이라면 어느 검찰청, 경찰서에서 수사 중인지, 어느 법원에서 재판 중인지 아는 범위에서 기타사항 난에 기재하여야 합니다.

8. 기타

고소인은 이 사건 고소장을 김창룡 경찰에 제출해야 할지, 김오수 검찰에 제출해야 할지, 많은 고민을 했습니다.

그 이유는 이 사건 고소장에 언급되고 있는 위 검사비리사건 및 검사비리사건 은폐사건에 대해 과거 경찰이나 검찰에서는 서로 짜고 지금까지 은폐를 해왔기 때문입니다.

그러나 최근의 분위기는 검찰과 공수처가 '전 중앙지검장 이성윤에 대한 황제조사' 및 '김학의 불법 출금' 그리고 '이에 대한 수사 외압' 등 사건과 관련하여 서로 물고 물리는 상황이 연출되고 있는 점으로 비추어 볼 때, 아무래도 김오수 검찰이 공수처장 김진욱 및 공수처 검사 김수정의 범죄에 대해 김창룡 경찰보다 더 수사의지가 있어 보입니다.

이에 따라, 고소인은 이 사건 고소장을 검찰에 제출하기로 하였으니, 김오수 검찰에서는 피고소인들이 막 출발한 공수처의 설립근거를 무너뜨려버렸다는 점, 피고소인들의 범행이 매우 중대하다는 점, 가장 나쁜 선택적 수사기법을 사용하여 사건을 은폐함으로써 죄질이 극히 불량하다는 점, 사법정의를 심각하게 훼손해 버렸다는 점 등을 들어 전원 구속수사를 실시해 주시기 바랍니다.

만에 하나 김오수 검찰에서는 이전의 윤석열 검찰처럼 이 사건 수사를 수사준칙에 규정된 2개월 이내에 마무리하지 않고 지금껏 해 온 방식대로 뭉개기식 수사 및 조작수사를 통해 허위내용의 불기소 결정서를 작성하는 수법으로 또다시 사건을 은폐해 버린다면, 김오수 검찰 역시 범죄집단조직 문재인 정부와 전혀 다를 바 없을 것이며, 결국 검찰의 선택적 수사를 통한 사건조작 행위는 두고두고 온 국민과 역사 앞에 영원히 씻을 수 없는 역적으로 남을 것임을 경고해 두고자 합니다.

(고소내용에 대한 진실확약)

본 고소장에 기재한 내용은 고소인이 알고 있는 지식과 경험을 바탕으로 모두 사실대로 작성하였으며, 만일 허위사실을 고소하였을 때에는 형법 제156조 무고죄로 처벌받을 것임을 서약합니다.

2021년 6월 21일*

고소인   임 찬 용   (인)*
제출인   (인)

※ 고소장 제출일을 기재하여야 하며, 고소인 난에는 고소인이 직접 자필로 서명·날(무)인 해야 합니다. 또한 법정대리인이나 변호사에 의한 고소대리의 경우에는 제출인을 기재하여야 합니다.

첨부(입증)자료

1. 공수처 접수번호 47번 사건접수증
2. 2020. 3. 30.자 고소인 명의의 항고장
3. 접수번호 46번 사건접수증
4. 검사비리사건 등 고소장
5. 검사비리사건 은폐사건 고소장
6. 피고소인 김부겸의 검사비리사건 은폐사건 고소장
7. 2021. 4. 19.자 JTBC 뉴스 기사 1부
8. 2021. 6. 12.자 LPN로컬파워뉴스 기사 1부
9. 공수처 접수번호 47번(검사비리사건)에 대한 처리결과 통지 공문서 1부
10. 공수처 접수번호 46번(검사비리사건 은폐사건)에 대한 처리결과통지 공문서 1부
11. 공수처 접수번호 909번(피고소인 김부겸의 검사비리사건 은폐사건)에 대한 처리결과 통지 공문서 1부
12. 2021. 6. 1.자 LPN로컬파워뉴스 기사 1부

첨부 책자 1권 :
(제19대 대선 결정판) 사법정의 실현을 위한 새 대통령 당선조건
(2017. 4. 15. 발행, 출판사 : 정의로운 세상, 총 851면)

대검찰청 귀중

〔칼럼시리즈(제2판) (26)〕 〔2021. 8. 2.〕

문제는 결국 문재인, 대통령이 썩어서 사법정의 실현 불가능!!

- 대통령이 임명한 김진욱 공수처장과 김오수 검찰총장은 금 150억 원 검사비리사건을 은폐한 공동정범
- 가짜 공수처를 설립하고, 가짜 검찰개혁을 추진한 문재인 정부 및 민주당은 국민과 역사 앞에 사죄하라.

본 필자는 본지 2021. 6. 21.자 "공수처가 '금 150억 원 검사비리사건'을 은폐해 버렸다" 제하의 기사에서, 공수처장 김진욱과 공수처 검사 김수정을 직권남용권리행사방해죄, 직무유기죄, 허위공문서작성죄, 허위공문서행사죄 등으로 김오수 검찰에 각각 고소한 사실을 독자들에게 알리면서 그 고소장을 첨부해 놓았다.

그런 다음, 필자는 위 기사 말미에서 "이 나라에 사법정의가 조금이라도 살아 숨 쉬도록 하기 위해, 이 사건 고소장에 대한 수사과정 및 처분결과까지 본지를 통해 온 국민과 역사 앞에 한 점 부끄럼 없도록 중간 중간 정직하게 보고드릴 것을 엄숙히 약속한다."라고 끝을 맺었다.

필자는 위 약속에 따라, 이 사건 고소장이 주임검사와 통화마저도 거절당한 채 각하처분되어 금일 필자에게 송달되기까지의 전말을 간략하게 독자들에게 보고한다.

1. 범죄피해자의 검사와의 통화 원천 차단, 검사의 일방적 각하처분 통보

 필자는 약 3주 후인 2021. 7. 12. 13:30.경 당초 고소장을 제출한 대검찰청을 거쳐 서울중앙지검에 이송된 이 사건 고소장이 형사사법 포털인 킥스를 통하여 형사 제9부 이승희 검사에게 배당된 사실을 확인하였다.

 그 즉시 이승희 검사실(02-530-4123, 4124)에 전화를 걸었더니, 여직원이 필자의 전화를 받았다.

 필자는 여직원에게 "고소인이다. 검사님과 통화를 원한다."라고 얘기했더니, 여직원이 필자에게 사건번호를 물어본 후 컴퓨터 조회를 거쳐 공수처장 고소 사건임을 알아챈 다음 "검사님이 잠깐 회의에 들어가셨다. 조금 기다려보면 고소인 보충진술을 해달라고 연락이 갈 것이다."라고 답변하였다.

 당시 필자는 여직원이 책상에 앉아 있는 이승희 검사와 교감을 나눈 뒤 '회의에 들어갔다'라고 에둘러 거짓말을 하고 있다는 사실을 직감적으로 알고 있었으나, 나중에 전화하기로 마음먹었다.

 그 후 10일쯤 지난 2021. 7. 23. 17:30.경 필자는 또다시 이승희 검사실에 전화를 걸었더니, 이번에는 남자 직원이 전화를 받았다. 그 남자 직원은 검찰주사보 박석정이었다.

 필자는 그 직원에게 28년간 검찰에서 근무하였다가 퇴직한 이 사건 고소장을 제출한 고소인이라고 신분을 밝힌 다음 "검사님을 바꿔

달라"고 요청하자, 그 남자 직원은 검사를 바꿔줄 듯 머뭇거리다가, 컴퓨터에 조회를 실시한 후 피고소인이 공수처장임을 확인한 다음 갑자기 태도를 바꿔 "내가 사건기록을 갖고 있다. 검사님에게 하고 싶은 말을 나에게 하라."는 취지로 필자와 검사와의 전화통화를 차단하려고 하였다.

이에, 필자는 "내가 검사님에게 고소인 보충진술 및 사건 처리일정을 구체적으로 물어보고 상의 드리려고 하는데 당신이 왜 앞에서 막느냐, 고소한 지 한 달이 넘었는데 고소장을 한 번이라도 읽어보기라도 했느냐"라는 취지로 큰 소리 쳤더니, 그 남자 직원 역시 큰 소리로 "당신이 뭔데 지시하느냐, 내가 이 사건 고소장을 읽어보든 말든 당신이 상관할게 아니다. 고소장이 제출되었으면 우리 맘대로 처리한다. 내 책임으로 이 고소장을 처리할 테니 앞으로 전화하지 말라."는 취지로 내뱉고는 일방적으로 전화를 끊어버렸다.

사실인 즉, 주사보 박석정의 필자에 대한 답변내용은 100% 새빨간 거짓말이다. 필자가 28년간 검찰청에 근무한 바로는 그리고 십 년 이상 수사업무에 종사해 오면서 수사과장직까지 수행해 온 바로는 검사실에서 주사보가 단독적으로 결정할 수 있는 업무는 단 한 건도 없다. 100% 검사 보조자에 불과하다.

검찰총장도 처리하지 못한 공수처장 김진욱에 대한 사건을 일개 주사보 박석정이 책임지고 처리하겠다니… 그 부은 간댕이는 어디에서 나온 것일까?

이런 거짓답변으로 고소인과 검사와의 전화통화를 막는 행위는 고소인에 대한 업무방해죄로 처벌받아 마땅하다.

당시 필자는 민원인의 신분에서, 그것도 범죄피해를 입은 고소인의 신분에서, 주임검사 이승희와 전화통화를 시도하다가, 약 30년 보다 늦은 검찰 후배 직원에게, 그마저도 자식보다 훨씬 어린 사람으로부터 받은 모욕감과 치욕감은 지금도 잊을 수 없다.

필자는 화가 난 마음을 진정하고 또다시 이승희 검사와 통화하겠다며 전화를 걸었으나, 주사보 박석정은 끝내 전화를 바꿔주지 않고 일방적으로 끊어버렸다.

왜 이런 사람들(당초 사건조작을 마음먹고 전화를 받지 않는 이승희 검사 및 그 전화를 바꿔주지 않는 입회계장 박석정)에게 문재인 정부는 국민의 혈세로 봉급과 연금을 줘가며 사건을 조작하게 하고 사법피해자를 양산하는 것일까?

검찰의 사건조작을 통해 피해를 보는 사법피해자는 물론, 잠재적 사법피해자인 모든 국민은 이 점에 대하여 한번쯤 골몰히 생각에 잠겨 볼 필요가 있다고 생각한다.

그 일이 있고 난 다음, 2021. 8. 2. 금일 서울중앙지방검찰청으로부터 한 통의 등기송달이 필자의 집에 날아 왔다. 이 사건 고소장에 대한 2021. 7. 28.자 주임검사 이승희 명의의 불기소처분결과 통지서였다. 물론 위 불기소처분결과 통지서 기재내용은 100% 새빨간 거짓말이었다.

그런데 문제는 위와 같은 허위 기재내용이 필자의 전화를 받지 않는 이승희 검사의 뜻과 의지에 의해서 이루어진 것이 아니라, 김오수 검찰총장, 조금 더 나아가 보면 박범계 법무부장관, 문재인 대통령의 암묵적 지시 내지 묵인에 의해서 이루어졌다는 사실이다.

그 이유는 검찰의 사건조작 책임은 궁극적으로 우리나라 최고의 수사기관이자 임명권자인 대통령에게 돌아가기 때문이다.

그러나 박근혜 정부 국정농단에서 보았듯이, 주임검사 이승희 역시 문재인 정부의 부역자로서 그 죗값을 반드시 받아야 한다. 사법정의를 실현하고, 정의롭고 공정한 사회를 건설하며 판·검사들의 비리를 처벌하겠다고 설치한 공수처가 제 역할을 할 수 있도록 하기 위해서라도 반드시 필요한 일이다.

2. 문제는 결국 대통령 문재인이다. 실타래처럼 얽혀버린 판·검사들의 비리를 일거에 해결하기 위해서는 정권교체 이외에는 답이 없다.

문 대통령과 민주당 및 민주당 대선 후보자(이하, '집권세력')에게 마지막으로 고언하고자 한다.

집권세력들은 금 150억 원 검사비리사건을 은폐하기 위해 민갑룡 경찰 및 윤석열 검찰로 하여금 약 2년 이상의 기간 동안 소위 뭉개기식 수사 및 조작수사를 거쳐 불법송치하도록 하였고, 이에 터 잡아 허위내용의 송치의견서 및 허위내용의 불기소결정서를 각각 작성하는 수법으로 위 검사비리사건을 은폐하도록 하였다.

그 과정에서 문 대통령이 직접 임명한 민갑룡 경찰청장 및 윤석열 검찰총장은 당초 위 검사비리사건에 대한 실체적 진실을 파헤쳐 보겠다는 필자와의 약속을 헌신짝처럼 내던져 버리고는 배신과 변절로 대응함으로써 후손들에게 정의롭게 물려줘야 할 대한민국을 범죄단체조직으로 변질시켜 놓았다.

한편, 범죄단체조직 두목 문재인 대통령, 부두목 김부겸 국무총리, 행동대장 전해철 행자부장관 및 조국 전 법무부장관의 범죄 실상까지 본지를 통하여 만천하에 공개되었다.

여기서 한걸음 더 나아가, 문 대통령 및 민주당이 야당의 반대에도 불구하고 사활을 걸고 추진해 왔던 공수처 역시 위 검사비리사건을 덮는데 앞장섬으로써, 공수처는 선택적 수사를 통한 정권 앞잡이 역할을 하는 수사기관으로 전락하고 말았다.

특히, 필자는 공수처장 김진욱 및 공수처검사 김수정에 대해서는 위 검사비리사건 은폐 책임을 물어 구속수사를 요구하는 이 사건 고소장을 김오수 검찰에 제출하였으나, 앞서 살펴본 바와 같이 김오수 검찰 역시 이전 윤석열 검찰과 마찬가지로 2021. 7. 28.자 검사 이승희 명의의 불기소결정서를 허위내용으로 작성하는 수법을 택해 은폐해 버렸다.

결국, 김진욱 공수처와 김오수 검찰은 판·검사 비리 및 정권 실세 비리에 대해서만큼은 늘상 한통속이라는 사실이 입증되었다.

그동안 집권세력들은 위 검사비리사건 은폐과정에서 알 수 있듯이 선택적 수사를 통하여 사건을 조작하고 정적을 제거해 오면서 사법정의를 훼손해 왔으며, 비리 판·검사들에게는 치외법권을 인정해 온 헌법 파괴자들이다.

따라서 집권세력을 등에 업고 제20대 대통령선거 대통령 후보로

나서고 있는 민주당 소속 추미애·이재명·정세균·이낙연·박용진·김두관 후보(기호 순)들은 선거 운동과정에서 사법정의, 법 앞의 평등, 공정과 정의, 헌법가치 등에 대하여 단 한 자라도 입에 담지 말아야 한다. 그 이유는 공정과 정의를 사랑하고 실천하고픈 국민의 명령이기 때문이다.

물론, 민주당 대통령 후보로 누가 확정되든 가짜 검찰개혁을 추진하고 가짜 공수처를 설립한 공동 책임에서 단 한치도 벗어날 수 없다는 사실 또한 명심해야 할 것이다.

첨부 1. 공수처장 김진욱 및 공수처 검사 김수정에 대한 이 사건 고소장 (생략, 2021. 6. 21.자 본지 기사 참조)
    2. 2021. 2. 28.자 공수처장 김진욱에 대한 각하처분 통지서 1부 (생략)
    3. 2021. 2. 28.자 공수처장 김수정에 대한 각하처분 통지서 1부 (생략)